L'AFFAIRE DU LACONIA

DU MÊME AUTEUR

chez le même éditeur :

ON A VOLÉ SAINT BLAISE (coll. Le Gibert), 1957.

COULEZ LE TIRPITZ (coll. Ce jour-là), 1965.

HISTOIRE GÉNÉRALE DE LA GUERRE SOUS-MARINE, 1970

LA BATAILLE DE L'ATLANTIQUE, préface du grand-amiral Karl Dönitz (2 vol.), 1975 ; réédité en 1 vol. en 1987.

LE TRÉSOR DU TUBANTIA, récit, 1978.

LÉONCE PEILLARD

L'AFFAIRE
DU LACONIA

(12 septembre 1942)

ÉDITION REVUE ET AUGMENTÉE

ÉDITIONS ROBERT LAFFONT
PARIS

© Éditions Robert Laffont, S.A., Paris, 1961 et 1988
ISBN 2-221-03439-2

A la mémoire de deux marins :
les capitaines Werner Hartenstein
et Rudolf Sharp.

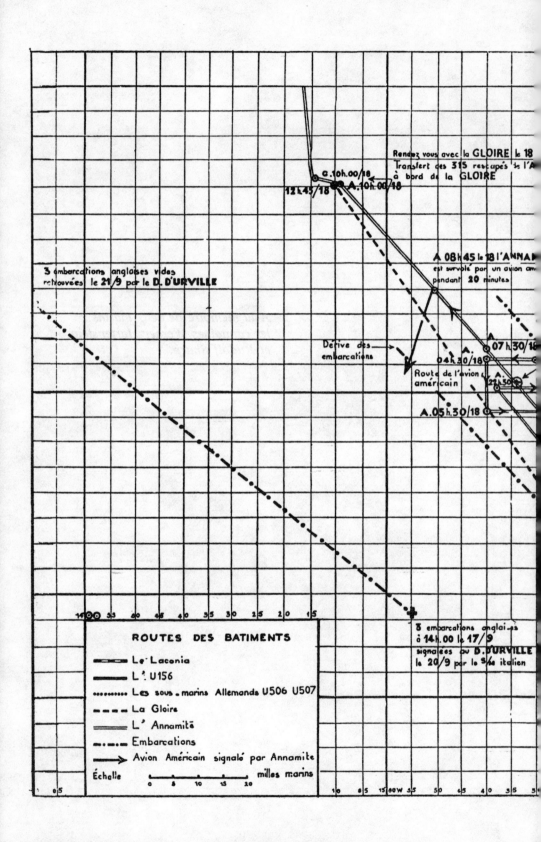

Rendez vous avec la GLOIRE le 18
Transfert des 315 rescapés de l'A...
à bord de la GLOIRE

a.10h.00/18
A.10h.00/18
12h45/18

A 08h45 le 18 l'ANNAM...
est survolé par un avion am...
pendant 20 minutes

3 embarcations anglaises vides
retrouvées le 21/9 par le D. D'URVILLE

Dérive des
embarcations

A. 07h30/18
04h30/18
Route de l'avion A.
américain 22h30...

A.05h30/18

15.00 35 30 45 40 35 30 25 20 15

ROUTES DES BATIMENTS

━━━━ Le Laconia
━━━━ L' U156
········· Les sous-marins Allemands U506 U507
- - - - La Gloire
═══════ L' Annamité
─·─·─·─ Embarcations
────→ Avion Américain signalé par Annamite
Échelle   milles marins
          0   5   10   15   20

8 embarcations anglai...
à 14h.00 le 17/9
signalées au D. D'URVILLE
le 20/9 par le S/es italien

05   10   05   15 60W 35   50   45   40   35   3

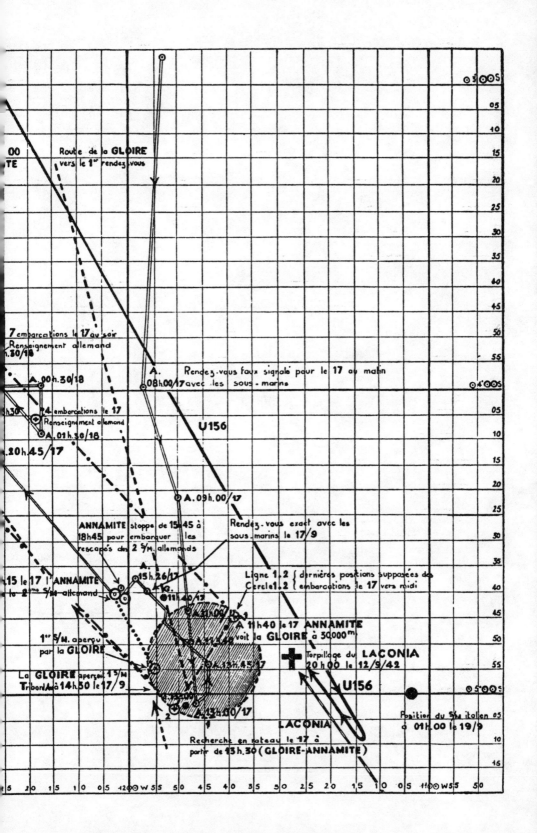

Route de la GLOIRE
vers le 1ᵉʳ rendez-vous

7 embarcations le 17 au soir
Renseignement allemand
h.30/18

A.00h.30/18

A. Rendez-vous faux signalé pour le 17 au matin
08h00/17 avec les sous-marins

h.30 4 embarcations le 17
Renseignement allemand
A.01h.30/18

U156

20h.45/17

A.09h.00/17

ANNAMITE stoppe de 15h45 à
18h45 pour embarquer les
rescapés du 2 S/M. allemands

Rendez-vous exact avec les
sous-marins le 17/9

15 le 17 l'ANNAMITE
le 2ᵐᵉ S/M allemand

A.
15h.26/17

11h.40/17

Ligne 1.2 { dernières positions supposées des
Cercle 1.2 { embarcations le 17 vers midi

A.11h00

A 11h40 le 17 ANNAMITE
A.11h00 voit la GLOIRE à 30.000 ᵐ

1ᵉʳ S/M. aperçu
par la GLOIRE

A.13h.45/17

✝ Torpillage du LACONIA
20h00 le 12/9/42

La GLOIRE aperçoit 1 S/M
Tribord à 14h30 le 17/9

A.13h00/17

U156

Position du S/M italien
à 01h.00 le 19/9

LACONIA

Recherche en bateau le 17 à
partir de 13h.30 (GLOIRE-ANNAMITE)

PRÉFACE

*Avant de faire revivre ces journées de septembre 1942 qui virent un sous-marin allemand, l'*U 156*, torpiller en plein Atlantique le* Laconia, *paquebot anglais surchargé de soldats britanniques, de prisonniers italiens, de Polonais, de femmes et d'enfants et être la cause d'un des drames les plus effroyables de la guerre sur mer, que le lecteur me permette d'évoquer un souvenir personnel.*

Mon père était marin, ingénieur mécanicien de la Marine militaire. Ayant habité les ports de la mer du Nord lors d'une jeunesse itinérante, je fus amené à apprendre l'anglais. A treize ans, peu de temps avant la Première Guerre mondiale, mon père m'envoya en Angleterre et je fréquentais, à Douvres, Saint Mary's School. Là, un peu perdu au milieu des boys *dont la turbulence n'était tempérée que par les coups de* sticks *donnés par les maîtres sur le plat de la main, devant toute la classe, et qu'ils recevaient en se mordant les lèvres, je suivais les cours que des professeurs nous donnaient. La lecture d'un manuel d'Histoire me bouleversa. Avec stupeur, avec peine, je constatais que les victoires françaises étaient minimisées ou même passées sous silence. Il n'y en avait que pour Waterloo, Trafalgar, Aboukir. Nelson et Wellington éclipsaient la gloire de Napoléon, mon héros à l'époque, appelé Buonaparte et présenté comme un bandit,*

Ce jour-là, la confiance que j'avais en la vérité historique fut détruite et je commençais à en entrevoir la relativité. Je négligeais l'Histoire au profit de la Géographie que mon sens pratique estimait plus utile si ce n'est plus exacte. Sans me déjuger, cette désillusion d'enfant, cette opinion d'adolescent, si elles se sont atténuées avec l'âge, m'auront contraint à un exigeant scrupule dans ma quête de la vérité à propos de ce drame de la mer dont les protagonistes sont des Anglais et des Allemands, des Américains, alors que les seconds rôles sont tenus par des Italiens, des Français et même quelques Polonais.

En toute loyauté, j'ai tenté de serrer la vérité au plus près, multipliant enquêtes et appels aussi bien en Angleterre et en Italie, parmi les resca-pés, qu'en Allemagne, auprès des sous-mariniers du Reich. Si les détails varient, l'optique, le tempérament, la langue de chacun étant différents, l'esprit de sacrifice, d'humanité émerge des divers récits que l'on m'a donnés oralement ou par écrit. Il se mêlera à quelques horreurs, à des lâchetés bien pardonnables dans un véritable struggle for life, *alors que près de trois mille malheureux se débattent sur une mer aussi cruelle que vide de tout secours.*

Par une annonce dans le Leinen los, *journal des sous-marins allemands, j'ai trouvé d'abord quelques rescapés des sous-marins engagés, l'U 156, l'U 506, l'U 507, l'U 459. Ces bâtiments ont tous été coulés avec leurs commandants et leurs équipages lors de sorties postérieures au torpil-lage du* Laconia. *Quelques-uns de ces hommes sont encore de ce monde grâce à des conjonctures personnelles ou militaires : maladies, accidents, permissions, cours de perfectionnement, mutations.*

J'allai donc frapper à leur porte à Mannheim, à Bochum, à Hambourg et à Kiel, ignorant de leur vie actuelle, à la fois inquiet et ému de me retrouver face à face avec d'anciens ennemis. Je n'oublierai jamais la réserve qu'il me fallut vaincre pour que ces anciens marins, encore très jeunes d'âge et de cœur, s'ouvrissent à moi de leurs souvenirs ; si, enfin, ils se confièrent, ils le firent au marin que je fus. La mer, par-delà les frontières, nous unissait. A un mot, une expression, la façon de s'habil-ler, la démarche, le comportement, à des riens, la « grande famille salée », selon l'expression de Claude Farrère, reconnaît les siens.

Rares étaient ceux qui naviguaient encore au commerce ou dans la nouvelle flotte allemande. Tous gardaient au fond du cœur un regret de la mer, de leurs vingt ans merveilleux aux risques mortels, de la cama-raderie autour de leurs « vieux », ces commandants de sous-marins qui atteignaient à peine la trentaine. L'un d'eux m'entraîna à travers le port de Hambourg jusqu'à un quai où était amarré un grand croiseur anglais; et là, rêveur, devant ce bâtiment de guerre gris sur lequel circulaient allé-grement des hommes de la mer, pensif il demeura.

Nous parlâmes du torpillage du Laconia *par Hartenstein, le comman-dant de l'U 156, bien sûr, et les naufragés au secours desquels il se porta.*

« La plus belle des décorations pour un marin est la médaille de sau-vetage », me dit l'ex-grand-amiral Dönitz lors de la première visite que je lui fis, en octobre 1959, dans les environs de Hambourg, à propos de l'affaire du Laconia *et des ordres qu'il donna à l'époque. Étrange rencontre ! Nous avions navigué tous les deux dans les mêmes eaux, la Méditerranée, notre seul point commun ! Karl Dönitz m'avait ouvert lui-même sa porte, il m'avait regardé bien en face de ses yeux gris, m'avait tendu la main comme s'il me recevait à la coupée de son navire.*

Mme Dönitz, qui faisait penser à une lady, se tenait derrière lui. Vaste bureau bibliothèque. J'étais impressionné par cet amiral hautain, courtois, qui, aux approches de ses soixante-dix ans, en paraissait dix de moins. Il avait perdu la maigreur et la dureté de ses traits tels que je les avais vus sur les photographies, lors de la guerre. En français — Mme Dönitz le reprenait quelquefois gentiment —, sans toucher à la politique dont, par une tacite convention, nous évitâmes de parler, l'amiral Dönitz répondit à toutes mes questions. Celui qui avait commandé tous les sous-marins allemands de 1936 à 1945, celui qui avait succédé à Hitler durant vingt jours, l'homme enfin qui avait « fait » dix ans de prison à Spandau m'exposa ses idées, me fit part de ses doutes, de ses hésitations, m'expliqua les raisons de ses ordres. J'avais lu dans leurs détails les actes d'accusation, les plaidoiries, les réponses du Grossadmiral lors du procès de Nuremberg à propos de l'affaire du Laconia. Mon interlocuteur ne tarda pas à comprendre, par la précision audacieuse de mes questions, que je n'ignorais rien de ce qui s'était dit.

« Oui, je me souviens. L'eussé-je voulu, je ne pouvais pas, l'opération de sauvetage étant commencée par Hartenstein, lui donner l'ordre de l'interrompre. Le moral de mes hommes était très élevé et leur donner un ordre contraire aux lois de l'humanité l'aurait détruit irrémédiablement... Survint le bombardement de l'U 156 par un Liberator. Militairement, j'avais donc eu tort, cependant j'ordonnai de continuer le sauvetage jusqu'à l'arrivée des Français. Mon état-major n'était pas d'accord avec moi. Je me souviens d'un officier rouge de colère qui tapait sur la table... » me dit Karl Dönitz.

— Votre chef des opérations, le capitaine de frégate Günther Hessler! C'était son gendre, que j'avais vu la veille à Bochum.

— Hessler était chargé des opérations. Sa mission était d'organiser la destruction des bâtiments et des équipages ennemis. Il voulait alors que cette opération de sauvetage entreprise par les sous-marins soit interrompue. J'ai refusé net, malgré les risques courus par les U boote. « Nous ne pouvons jeter ces gens à la mer, continuons », ai-je conclu.

Cela se passait en septembre 1942, à Paris, boulevard Suchet. J'imaginais la scène dramatique de cet amiral en opposition avec ses officiers, doutant peut-être de lui et sous la menace des redoutables invectives de son Führer.

Plaidoyer pro domo! Beau rôle que l'on se donne après coup! Je ne le pense pas. Le lecteur jugera le comportement de l'amiral Karl Dönitz au sujet de cette affaire et d'elle seulement en se reportant aux documents, à l'extrait du procès de Nuremberg donné à la fin de cet ouvrage.

Il est hors de doute qu'Hartenstein commença à sauver les naufragés du Laconia uniquement parce qu'il entendit crier « au secours » en italien. Il le dit dans son premier message à l'amiral Dönitz : « Coulé Laconia malheureusement avec 1 500 prisonniers italiens... » Le doigt dans l'engre-nage, Hartenstein ne pouvait que continuer à se montrer humain et aller jusqu'au bout, au risque de perdre son sous-marin.

« *Cet homme était un excellent officier, dur dans la guerre et humain le combat terminé, me dit l'amiral Dönitz. S'il avait vécu, je l'aurais nommé chef des opérations à la place de mon gendre* [1]. *Hessler avait fait son temps à terre.* »

Tous les naufragés britanniques que nous avons pu joindre sont una-nimes à rendre hommage à leur ancien ennemi, le capitaine Werner Har-tenstein. Leurs témoignages, publiés à la fin de l'ouvrage, confirment tout le bien que m'en ont dit l'amiral Dönitz, le capitaine de frégate Hess-ler et ses collègues de la Marine allemande. C'est pourquoi, en tête de cet ouvrage, j'ai voulu unir dans une même pensée deux hommes, deux marins, deux adversaires, qui, s'ils eussent survécu, auraient été heu-reux de se rencontrer et de se serrer la main : Hartenstein et Sharp, le commandant du Laconia, *mort sur sa passerelle.*

Je ne veux pas fermer le chapitre allemand sans exprimer ma grati-tude à ceux qui m'ont aidé dans mes recherches : le capitaine de frégate Klug, attaché naval à l'ambassade de la République fédérale allemande à Paris, M. Rudolf Krohne qui dirige Leinen los, *le directeur de la revue* Marine-Offizier-Hilfe *à Krefeld, M. Ekkehard Scherraus (*U 507*) qui me confia de rares photographies, MM. Alfred Geoge et Wolfgang von Kirschbaum, tous deux anciens de l'*U 459, *qui, grâce à mes recherches, se retrouvèrent ! Je mentionnerai particulièrement M. Walter Remmert, un des rescapés de l'*U 156, *quartier-maître T.S.F. à bord de ce sous-marin, fonction qui ne l'empêcha pas d'amputer une jambe à un offi-cier du bord, le lieutenant von dem Borne, devenu mon ami. Je n'oublierai pas M. Robert Rüter (*U 506*) qui me donna une image exacte de son commandant, le lieutenant de vaisseau Würdemann. J'exprimerai enfin ma gratitude à M. Feldmann, à son traducteur M. Fitchel, qui a mis à ma disposition son fichier et ses connaissances. Grâce à eux, à mon embarquement sur le* Laubie (*ex.-U 766*), *j'ai pu imaginer le drame du* Laconia, *la vie à bord des sous-marins, la figure de leurs commandants disparus, les Hartenstein, les Würdemann, les Wilamowitz, les Schacht.*

Côté anglais, si le Department of the Chief of naval information Admi-ralty *n'a pu que me faire savoir ses regrets de n'avoir trouvé dans ses archives aucun renseignement relatif à cette affaire, la* Cunard Steam ship C° *m'a aidé dans mes recherches en me mettant en rapport avec la veuve du commandant du* Laconia, *Mrs. Florence Sharp, qui me confia des lettres émouvantes du disparu, avec le troisième officier du* Laco-

---

1. Günther Hessler avait commandé l'*U 107* comme lieutenant de vaisseau et avait à son actif quatorze bateaux coulés, 87 000 tonnes.

nia, *Mr. Buckingham, dont le rapport circonstancié me fut précieux.*

J'exprime ma gratitude à Mrs. Dorothy Davidson qui m'adressa son « journal », écrit après le naufrage, dans un camp, sur un cahier d'écolier acheté à la Papeterie Lyonnaise, à Casablanca, en s'excusant du mal qu'elle disait des Français, à sa fille Molly qui avait dix-neuf ans à l'époque. Des femmes — et des Anglaises — dans un camp, comment ne pas se trouver maltraitées ! Je souris en pensant au pacifiste M. Ian Peel qui, d'abord, refusa de me répondre en invoquant son horreur de tout ce qui touchait de près ou de loin à la guerre, précisant qu'il ne voyait jamais un film, ne lisait jamais un livre se rapportant à ces wasted years *! L'humour qu'il entrevit entre les lignes de ma réponse lui fit rendre les armes et il m'adressa un émouvant récit de ces journées d'épouvante qu'il souhaite oublier à jamais.*

J'imagine le général-brigadier H.E. Creedon, compagnon de voyage de Mrs. Davidson, surnommé « craker », comme un vieil officier supérieur de l'armée britannique qui, après avoir parcouru le monde, cultive aujourd'hui son jardin dans le Cumberley. Son rapport est d'une précision toute militaire. Je citerai Mrs. Gladys Forster, Messrs. Miller, Middleton, Batchelor, A.V. Large, qui me racontèrent leur sauvetage; les silences du lieutenant A. Dickens, responsable des gardes polonais et des prisonniers italiens, s'expliquent.

Depuis la traduction de cet ouvrage en anglais, sa publication dans le Sunday Express, *j'ai reçu de nombreuses lettres de rescapés du Laconia. Certaines sont émouvantes. J'ai tenu compte de ces nouveaux témoignages dans cette édition.*

Les Britanniques, dans leurs relations, glissèrent sur tout ce qui concernait les prisonniers italiens, soit qu'ils voulussent ignorer la triste condition des captifs, soit qu'ils eussent mauvaise conscience. Les prisonniers de guerre sont rarement bien traités et, souvent, lors de leur transport, on les entasse comme des bêtes. Que ces prisonniers, en termes véhéments, exprimassent leurs plaintes, il n'y a rien d'étonnant, surtout lorsqu'ils sont de cette race italienne, excessive dans les manifestations de joie comme de malheur. Nous entendrons leurs cris, les prières et les imprécations de quelques-uns d'entre eux.

Ils sont rares, ces rescapés italiens, et c'est à l'amiral Fioravanzo, directeur du Service historique de la Marine italienne, que je dois d'en avoir retrouvé quelques-uns qui me contèrent leur calvaire. Le capitaine de corvette Marco Revedin me fit parvenir un extrait du livre de bord du Cappellini, ce sous-marin italien qu'il commandait en 1942 et qui se porta au secours des naufragés du Laconia.

Remercions les officiers de marine français qui me confièrent leurs souvenirs, en particulier le capitaine de vaisseau Graziani, commandant de la Gloire, le capitaine de corvette Quémard, commandant de l'Anna-

mite. *Avec le* Dumont-d'Urville, *ces deux bâtiments furent envoyés sur les lieux du naufrage dans des conditions délicates puisque, à cette triste époque, la France était en état d'armistice avec l'Allemagne sans que sa flotte fût en paix avec la* Home fleet.

Je n'ai retrouvé, hélas ! qu'un seul Polonais. Leur rôle se borna à celui de garde-chiourme à bord du Laconia. *J'ajoute que leur conduite dans les embarcations, à bord des sous-marins allemands, est au-dessus de tout éloge.*

Restent les Américains ! Par les survivants du Laconia, *ceux de l'*U 156, *je savais qu'un quadrimoteur américain, un* Liberator, *avait bombardé le sous-marin avec des naufragés sur le pont, l'*U boot *remorquant quatre canots de sauvetage — action peut-être compréhensive en la circonstance, certainement pas un exploit à l'honneur des Américains !*

Interrogés, les départements de l'U.S. Air Force et de l'U.S. Navy opposèrent d'abord à mes recherches le mur du silence...

Le 5 octobre 1959, enfin, l'amiral E.M. Eller, directeur du Service historique de l'U.S. Navy, répondait à une de mes lettres. L'amiral me faisait savoir que « ses recherches dans les dossiers et son enquête du ministère de l'Air n'avaient donné aucun résultat ».

L'amiral me conseillait de m'adresser... aux Britanniques et formulait avec une ironie supposée « ses meilleurs vœux pour mon livre » !

J'insistai. Le 12 novembre, l'amiral Eller reconnaissait que « l'avion était bien américain mais ne dépendait pas de l'U.S. Navy ». Il me renvoyait au ministère de l'Air de Washington, renouvelait ses vœux pour mon livre...

*L'*U.S.A.F. Historical Division *me fit parvenir un long rapport, assez confus. A nouveau, il était question des Anglais qui eux aussi avaient des avions dans l'Atlantique Sud... Une ligne cependant :*

« Le 16 septembre 1942, un B-24 a attaqué un U boot à environ 130 milles au nord-nord-est de l'île Ascension [1]. *» Un aveu !*

Plusieurs années s'écoulèrent...

En février 1963, le hasard me fit rencontrer à l'O.T.A.N. à Saint-Germain-en-Laye, le brigadier-général Robert E. Richardson, l'homme qui avait donné l'ordre de bombarder : « Sink Sub [2]. »

En septembre 1942, cet Américain, alors jeune capitaine à la base aérienne d'Ascension, m'expliqua les raisons de ce bombardement, sous le sceau du secret militaire. La première de ces raisons résidait dans le fait qu'il fallait détruire ce sous-marin qui, par la suite, coulerait d'autres navires alliés. La seconde, le secret à garder sur la base aérienne d'Ascension. Incidemment, le général avait ajouté : « Il y avait aussi ces bâti-

---

1. Voir en annexe les documents cités.
2. *Sink Sub* : coulez le sous-marin.

ments de guerre français, approchant de l'île. Nous avons envisagé de les bombarder... Quelles complications diplomatiques seraient advenues ?... »

J'attendis la publication du numéro de mars-avril 1980 de l'Air University Review *(Journal de l'*United States Air Force*)* et l'article « Origin of the Laconia order » par le Dr. Maurer Maurer et Lawrence J. Paszek, pour révéler ce que m'avait dit le brigadier-général R. Richardson, et une nouvelle édition fut publiée. Manquait un volet à l'histoire. Comment les aviateurs américains, officiers et équipage du B-24, ayant bombardé l'U 156 et les canots remplis de rescapés avaient-ils vécu le drame ? Quels avaient été leurs sentiments, leurs réactions à la vue de cet insolite spectacle : un U boot presque stoppé, un drap avec une croix-rouge largement étalé sur son canon, les tentatives d'appels par lampe Aldis ? Et ces canots de sauvetage en remorque ?

Grâce à un Américain d'origine franco-anglaise, producteur de films pour la télévision à Hollywood, nous le savons aujourd'hui : Patrick Boyriven a retrouvé, dispersés aux États-Unis, le chef pilote, le navigateur, le bombardier du B-24... Il les a interviewés. Le récit détaillé de ce qui s'est passé à bord du Liberator, ce jour-là, se trouve relaté dans cet ouvrage. La flotte française y prend un relief inattendu.

Ainsi, avec les années, et de l'obstination, la vérité parut !

L'affaire du Laconia ne sera pas close avec le retour de plus d'un millier de naufragés britanniques et italiens à bord des navires de guerre français et l'ordre général Triton Null donné les jours suivants par l'amiral Dönitz à ses commandants de sous-marins. Non ! Cet ordre général relatif aux secours à porter aux naufragés des navires torpillés — Dönitz les interdisait expressément et disait à ses sous-mariniers d'être durs — sera analysé, discuté, disséqué, article par article, presque mot par mot au procès de Nuremberg par le colonel H.J. Phillimore, substitut du procureur général britannique auquel répondront l'amiral Dönitz, accusé de conjuration de crimes contre la Paix et de crimes contre les lois de la guerre, et son avocat le Flottenrichter Otto Kranzbühler.

Comme dans tous les procès, arguments, réfutations, témoignages et arguties se croisent et se mêlent dans une confusion judiciaire.

L'amiral Dönitz fut condamné lors du procès de Nuremberg non pas pour sa conduite comme grand chef des U boote mais pour des raisons politiques. Il sembla n'en garder aucune amertume. « Dix ans, j'ai eu le temps de penser, de méditer », avait conclu l'amiral.

Je souhaite au lecteur de voir dans « l'Affaire du Laconia » au-delà d'un simple récit de la guerre navale et de ses conséquences au procès de Nuremberg.

La main tendue aux naufragés, l'humanité qui ressort de ce sauvetage où se mêlent les nationalités entrent dans la tradition des marins.

Les lois, les conventions internationales, conformes à ladite tradition, veulent que, le combat terminé, les naufragés, même dans les canots de sauvetage, soient secourus, ravitaillés, soignés, dans des conditions déterminées.

A cette obligation, une seule exception : quand le navire attaquant ou venu au secours risque sa propre perte et celle de son équipage. Les commandants qui contreviennent à ces règles sont, par la suite, jugés et éventuellement condamnés.

Si l'ordre Triton Null *ou* Laconia, *donné par l'amiral Karl Dönitz à ses commandants d'U boot, de ne plus sauver les naufragés... et de se montrer dur envers l'adversaire, peut se comprendre après les événements du 16 septembre 1942, il doit être définitivement proscrit.*

Au commandant seul, même si aujourd'hui il n'est plus entièrement « maître à bord après Dieu », doit demeurer la décision de sauver les naufragés, en tenant compte des risques encourus par son navire, son équipage, éventuellement ses passagers.

Ainsi, les marins peuvent plus tard se rencontrer, se serrer la main et boire ensemble le pot de l'amitié[1].

Léonce Peillard

---

1. Le « Comitato Nazionale aï dispersi in mare del Laconia », réunissant les naufragés britanniques, italiens, polonais du *Laconia*, les marins français venus à leur secours, les sous-mariniers allemands, a été fondé par le major Bruno Beltrami. L'auteur de ce livre, membre d'honneur de cette association, a jeté à la mer, le 12 septembre 1969, une couronne de lauriers à l'emplacement du naufrage, de l'arrière du paquebot *France*, revenant de Sainte-Hélène, tandis qu'une messe était dite à bord.

I

LE CAPITAINE WERNER HARTENSTEIN
ET L'*U 156*

12 septembre 1942, 11 h 30[1].

Le soleil des tropiques coule du plomb sur une mer blanchâtre et sans horizon. Cap au sud, l'*U 156* fait route dans le carré 8747, à 550 milles au sud du cap des Palmes.

Werner Hartenstein, capitaine de corvette, commandant du sous-marin, a tout lieu d'être satisfait. Son équipage est heureux de cette expédition qui, en doublant le cap de Bonne-Espérance, doit mener l'*U 156* jusqu'au canal du Mozambique. Composé uniquement de volontaires, cet équipage — formé par Hartenstein dès la construction du sous-marin aux chantiers Deschimag A. G. Wesser à Brême, type IX C[2], lancé en octobre 1941 — en est maintenant à sa quatrième mission. Son commandant tient bien en main ces hommes jeunes, expérimentés, souhaitant le combat et la victoire du Reich.

L'*U 156* avait quitté Lorient le 17 août pour rejoindre en mer quatre autres sous-marins, leurs sorties des ports français de l'Atlantique s'étant échelonnées du 16 au 17 août. Il y avait l'*U 68*, capitaine de corvette Merten ; l'*U 172*, lieutenant de vaisseau Emmermann ; l'*U 504*, capitaine de corvette Poske, enfin l'*U 459*, un sous-marin de ravitaillement, un nouveau venu parmi la flotte des sous-marins de Dönitz. Commandé par le capitaine de corvette von Wilamowitz-Möllendorf, ce pétrolier sous-marin (type XIV) de 1 700 tonnes pouvait céder 560 tonnes de combustible. « La vache à lait » allait permettre aux sous-marins de se ravitailler à leur retour de l'océan Indien, augmentant ainsi d'un bon tiers leur

---

1. Soit 9 h 30, G.M.T. Au cours de ce récit, nous donnerons l'heure allemande chaque fois qu'il s'agira d'Allemands et l'heure anglaise pour les Britanniques, celle-ci ayant à l'époque deux heures de retard sur celle-là.
2. Voir caractéristique du sous-marin en hors-texte.

rayon d'action. Ce groupe *Eisbär* (ours blanc) sera suivi du groupe *Blücher*.

Les bâtiments naviguent en râteau dont chaque dent nettoie un secteur de la mer sur 50 milles.

L'*U 156* atteint le 5° de latitude sud. A partir de cette ligne, le sousmarin ne doit déceler sa présence en attaquant un navire ennemi que si le gibier est de choix et vaut le risque de se découvrir.

Heureux, Hartenstein l'est de tout son être. Célibataire, il ne laisse derrière lui aucune famille comme Schacht, son ami, le commandant de l'*U 507* qui a femme et enfants. En ce moment, l'*U 507*[1], le rival de l'*U 156* par le tonnage coulé, doit naviguer quelque part sur les côtes du Brésil.

Sans chasser décorations et galons, Hartenstein a été nommé capitaine de corvette au mois de juin dernier, à trente-trois ans, l'âge limite pour un commandant d'U boot. Mais ces raisons personnelles ne sont rien auprès de la profonde satisfaction, de l'orgueil suscités par les brillantes victoires que le Reich remporte sur tous les fronts.

Le mois précédent, le 20 août, une tentative de débarquement des Canadiens sur la côte française, près de Dieppe, n'a-t-elle pas échoué lamentablement ? A l'est, les éclaireurs allemands n'ont-ils pas planté le drapeau à croix gammée sur l'Elbrouz, le plus haut sommet du Caucase, tandis que von Manstein atteignait les rives du Terek ? Plus au nord, le général Paulus s'est emparé des défenses extérieures de Stalingrad et, en ce moment même, on se bat dans la ville dont on attend la chute. En Égypte, Rommel tient Alexandrie à portée de canons. En Extrême-Orient, les alliés japonais, après la défaite navale américaine de l'île de Savo, étendent leur avance jusqu'à Port-Moresby, en Nouvelle-Guinée.

Toutes ces victoires annoncées triomphalement par la T.S.F. du bord ont été affichées en brefs communiqués dans le carré des officiers.

Oui, avant l'hiver, l'Axe doit vaincre et définitivement cette fois !

Quant à eux, les sous-mariniers du grand Reich hitlérien, tous, non sans fierté, savent par cœur les tonnages coulés chaque mois par les U boote du *Freikorps Dönitz*[2]. Image de l'âme guerrière allemande, son amour de la musique, le total de ces tonnages est proclamé au monde après quelques mesures des préludes de Liszt !

A terre, dans les mess, officiers et matelots additionnent, discutent tonnages coulés comme en temps de paix les sportifs comptaient les buts de leur équipe locale, et ceux de l'*U 156* ne sont pas les derniers dans la compétition. Un nommé Klaus Schäle, mécanicien à bord de l'*U 506*

---

1. L'*U 156* est du même type IX C que l'*U 507*. Ils ont été lancés presque ensemble. L'écart des numéros est destiné uniquement à brouiller les renseignements de l'ennemi.
2. Corps franc de Dönitz.

(commandant Würdemann), avait même ajouté aux dix navires coulés dans le golfe du Mexique un plein sac de bateaux de bois sculptés qui fut offert à « papa Dönitz » par le commandant lors du rapport qu'il lui fit à Paris.

Depuis sa première sortie, l'*U 156* possède à son actif 96 499 tonnes, sans compter les deux pétroliers d'Aruba incendiés[1], ce qui est un chiffre honorable.

Oui, la vie est belle pour Werner Hartenstein, commandant de l'*U 156*, ce 12 septembre 1942, alors que son bâtiment se trouve à 550 milles du cap des Palmes dans le carré 8747.

11 h 37.

« Une fumée gisement 230° ! » crie soudain l'homme de veille sur bâbord arrière.

Aussitôt, chacun dans la baignoire dirige ses Zeiss sur le point signalé. Il a de bons yeux, le bougre, pour de si loin apercevoir cette fumée qui se traîne sur la surface plane de l'Atlantique[2].

Aussitôt, Hartenstein donne des ordres. Il s'agit de se rapprocher le plus possible du navire à peine perceptible à la limite de l'horizon. De la vitesse de croisière de 10 nœuds, on passe à 16 nœuds. Les deux Diesel à 9 cylindres ronronnent de leurs 2 500 chevaux chacun. Ils peuvent donner au bâtiment une vitesse maxima de 18 nœuds[3], vitesse atteinte aux essais à toute puissance. Mais ici, 16 nœuds suffisent amplement pour donner la chasse à ce cargo qui ne vaut peut-être pas une torpille.

---

1. Voir à la fin de l'ouvrage « Document 5 », p. 238, date, noms et tonnage des navires coulés par l'*U 156*.

2. Selon certains commentateurs, les opérateurs du service secret allemand auraient décrypté un télégramme chiffré de l'Amirauté enjoignant au *Laconia* de modifier sa route et sa vitesse pour se diriger sur Freetown (Sierra Leone) ; ils en auraient informé l'amiral Dönitz qui, de Pignerolles (Maine-et-Loire), dirigeait les opérations de ses sous-marins. Celui-ci aurait aussitôt avisé le commandant de l'*U 156* de la position du *Laconia*. Nous avons interrogé à ce sujet l'amiral Dönitz lui-même et son gendre, le capitaine de frégate Günther Hessler, alors chef des opérations de l'état-major. « Non, nous ont-ils répondu, nous n'avons eu connaissance d'aucun télégramme et encore moins Hartenstein qui ne possédait pas le code secret britannique, lequel changeait souvent comme le nôtre. C'est le hasard, et le hasard seul, qui mit Hartenstein sur la route du *Laconia* qui, de son côté, n'avait envoyé aucun message radio. Quant à Pignerolles, je n'y suis allé que deux ou trois fois, a ajouté l'amiral Dönitz. Pendant l'affaire du *Laconia*, j'étais boulevard Suchet, à Paris. J'avais fait faire de grandes installations à Pignerolles, près d'Angers, car j'estimais difficile de diriger les opérations de Paris, somme toute assez loin de la mer. Mais Pignerolles terminé, je fus nommé grand-amiral en remplacement de Raeder. Dès lors, je demeurai à Paris, entre Berlin et la zone opérationnelle des U boote. »

3. Trente-cinq kilomètres à l'heure.

Sur le pont, les hommes bénéficient d'un peu plus de brise donnée par la vitesse accrue. Le soleil à pic au-dessus de la baignoire surchauffe les tôles tandis que l'étrave fait jaillir un peu plus haut une gerbe d'eau tiède. Les mécaniciens, une serviette autour du cou, torse nu dans une chaleur moite, dans l'étroite coursive qui sépare les Diesel, sont plus malheureux. Là, l'air est vicié par les odeurs d'huile et de mazout et on respire mal.

Hartenstein s'est adossé à la tôle de la baignoire. Le soleil pompe une flaque d'eau demeurée dans le fond de cette cuvette ouverte sur le ciel, depuis la plongée d'excercice du matin ; ses chaussures blanches sont agréablement humides. Les hommes sont pour la plupart en short et maillot de corps, pieds nus, la tête protégée par un casque tropical, mais lui, le commandant du sous-marin, est toujours en tenue correcte, chaussures de toile et casquette à coiffe blanche ; ainsi, quand un matelot voit surgir un de ces signes du commandement d'une de ces étroites échelles d'acier qui vont de la baignoire au kiosque et du kiosque au poste central, il sait qu'il doit s'effacer.

Hartenstein observe la fumée à la longue-vue pivotante sur un axe. A sa base, tournant avec elle, une aiguille indique le gisement du but. Un but, cette fumée ? Peut-être ! Pour le moment, elle ressemble à un de ces nuages bas qui traînent sur l'horizon brumeux. A la portée de l'officier, se trouve la manette de l'interrupteur de mise à feu. Tout à l'heure, d'un geste sec, en l'abaissant, lui-même fera partir la torpille. Derrière lui, s'élèvent les deux périscopes, celui de veille et celui de combat dont le capitaine de corvette se sert le plus rarement possible. En cela, il suit les instructions de l'amiral Dönitz : « Ne plonger que pour assurer la sécurité du submersible ou pour attaquer de jour. Plonger, c'est faire tomber la vitesse du bâtiment à 7 ou 8 nœuds[1]. » Et l'amiral comparait le U boot attaquant en plongée à un fauve s'abstenant de chasser, guettant patiemment le passage d'une proie. « En agissant ainsi, on ne peut espérer de grands succès », concluait-il.

Hartenstein, comme les autres commandants de U boot, attaque donc le plus souvent en surface.

La bordée de repos s'ébat sur une petite plate-forme surélevée placée derrière le kiosque dont la surface est encore réduite par la pièce de 20. C'est le jardin d'hiver, un jardin sans plante ni fleur, brûlant, où les hommes en slip s'arrosent les uns les autres à la manche à incendie. Hartenstein sait qu'à la moindre alerte — un avion bombardier, un bâtiment de guerre ennemi — tous se précipiteront vers le panneau du kiosque[2]. Il faut être mince et souple pour se glisser dans ce trou

---

1. Les batteries d'accumulateurs, à huit nœuds, ne permettaient qu'une plongée de deux heures, sans être rechargées.
2. Lors de la navigation, les quatre autres panneaux sont toujours fermés.

d'homme de 60 cm de diamètre. Certains alors n'hésitent pas à sauter à la verticale pour aller plus vite, sans toucher l'échelle d'acier. En bas, dans le central, un camarade les tire promptement afin que le suivant ne tombe pas sur eux. L'exercice a été maintes fois répété. Ainsi la bordée qui n'est pas de service gagnera son poste de combat : les torpilleurs à la salle de torpilles, de l'avant ou de l'arrière. Dans la première, quatre tubes sont toujours prêts à faire feu, dans la deuxième, deux. D'autres torpilles reposant sur des berceaux d'acier demeurent parées pour prendre la place des engins partis. Il n'y a presque pas de place pour circuler dans ces compartiments encombrés de torpilles longues de 7 mètres, d'un diamètre de 53 mm. En cas de plongée, Hartenstein et le premier officier de garde (I.W.O.)[1] Mannesmann qui se tient auprès de lui et deux hommes de veille descendront dans le kiosque au-dessous. Et le commandant rabattra lui-même le capot, ce couvercle d'acier, bien étanche, qu'il bloquera. Alors, le sous-marin isolé du monde extérieur sera paré à plonger.

Dans le kiosque se trouvent les oculaires des deux périscopes, celui de veille, grosse machine précise, souple dans ses manœuvres. Assis sur un siège métallique qui pivotera avec l'ensemble du périscope, Hartenstein manœuvrera pour le hisser, le descendre, l'adapter habilement au mouvement incessant des vagues, pour ne laisser paraître que le minimum du miroir observateur. Si l'ennemi approche, Hartenstein rentrera le périscope de veille pour hisser celui de combat[2], dont l'œil minuscule, presque invisible à la surface de la mer, n'émergera que quelques secondes.

Cet *U 156* possède un des derniers perfectionnements de la marine allemande : dans le kiosque, à côté d'un deuxième interrupteur de mise à feu, se trouve un tableau électronique. Il indique le gisement du but, sa vitesse, l'inclinaison et le résultat donne directement au gyroscope de la torpille la direction exacte de l'objectif. L'instrument si précis qu'il soit ne suffit pas. Il faut, en outre, une expérience, mieux, une sorte de sens du combat à la mer et le commandement de l'*U 156* le possède au plus haut degré.

A bord, il est bien secondé par le lieutenant-ingénieur (L.I.) Wilhelm Polchau, nonchalant, d'humeur toujours égale, une qualité à bord d'un sous-marin. Pour le moment, Polchau se trouve dans le poste central, l'âme de la plongée dont il est le maître. Avec cette « machine à calculer », on est tranquille et cet ingénieur est une véritable assurance sur la vie ! Il connaît son sous-marin et le manœuvre avec un doigté léger, en virtuose. Ce central est situé au milieu du bâtiment, sous le kiosque,

---

1. *Erster Wachoffizier.*
2. Il permet aussi d'observer les avions.

et au premier abord, tout ici semble terriblement compliqué. On ne voit que tableaux, manettes, voyants, leviers, tubes, volants. Des niveaux indiquent la profondeur, d'autres, le degré d'assiette du bâtiment. Il faut agir sur les ballasts plus ou moins remplis d'eau en tenant compte du poids du sous-marin à une torpille près, agir sur les hélices, les gouvernails de plongée situés à l'avant et à l'arrière. Polchau, maître de ces problèmes, est assisté par l'homme de barre qui manœuvrera le gouvernail de direction et par deux hommes de plan qui agissent sur ceux de plongée. Avec attention, il observe le compas gyroscopique qui, seul, peut être utilisé, la masse d'acier environnante rendant inopérant le compas magnétique. Un matelot est installé devant le *Nibelungen* qui transmet tous les bruits d'hélice au-dessus du sous-marin et les situe. Tous ses hommes sont à leur poste dans cette belle machine.

Hartenstein en se penchant par le panneau a aperçu dans le central les cheveux blonds de Polchau.

Une chevelure aux ondulations qu'auraient enviées bien des femmes, un grand front, un regard bleu d'enfant rieur un peu voilé de mélancolie montent de l'intérieur du sous-marin. C'est bien ce cher Wilhelm dont les yeux, aveuglés, clignotent. Estimant qu'il vaut mieux se reposer quand on le peut sur un sous-marin, Polchau dormait sur sa couchette, dans la demi-obscurité, quand un matelot était venu le prévenir : « Une fumée à l'horizon. » Etrange tenue : en pyjama ! Sa mimique est expressive : ai-je le temps ?...

Surpris par une alerte, un jour, ne s'est-il pas installé en pyjama dans le poste central et n'est-il pas demeuré dans cette tenue jusqu'à la fin du combat ?

Hartenstein sourit et répond par un signe de tête affirmatif : « Oui, tu as tout ton temps pour revêtir une tenue plus militaire. » D'un geste, il lui montre la fumée qui, maintenant, se précise...

Alors, l'ingénieur, trente-six ans, une grande carrure qui le gêne pour circuler dans le sous-marin, disparaît de l'étroite ouverture.

La chasse au bâtiment qui fait route ouest-nord-ouest commence. Elle sera longue. Hartenstein, qui a longtemps navigué en surface, sait qu'il ne faut pas se presser. Une attaque hâtive, non préparée, est presque toujours vouée à l'échec, sans compter les risques courus de se trouver face à face avec un bateau-piège, à portée de canons à tir rapide. Il faut donc attendre le soir pour approcher sans trop de risques et frapper à coup sûr.

Hartenstein se souvient trop des navires de surface qu'il a commandés avant l'*U 156*, le torpilleur *Seeadler*, puis le *Jaguar*, commandements qui lui valurent celui, en second, de la 6e flottille de torpilleurs, pour ne pas se mettre à la place du capitaine de ce navire inconnu dont on approche sans qu'il s'en doute[1]. La fumée noire est maintenant plus visible. « Mauvais charbon, pense Hartenstein. Le commandant doit pester de voir ainsi déceler de loin sa présence à la surface de la mer. » Mannesmann, lui aussi, regarde le vapeur à la jumelle.

— Eh bien ! mon bon, ce n'est pas un simple nuage ! plaisante Hartenstein, dans son dialecte saxon.

Le commandant de l'*U 156*, le « vieux[2] », est né à Plauen, dans le Vogtland, le 27 février 1910, et il a conservé de son pays saxon l'accent et même le dialecte dont il use parfois. Dans les bons moments, Hartenstein est pris d'un rire sarcastique ; il sait être gai, ceci malgré les ennuis, les déceptions qu'il a rencontrés dans sa vie et qu'il a toujours surmontés.

— Il suit une route ouest-nord-ouest, ajoute Mannesmann[3] qui a longuement observé le vapeur. Peut-être est-il plus gros qu'on ne le pense.

Hartenstein avec ses Zeiss fait un tour d'horizon.

— Les Anglais arment leurs bâtiments de commerce... A cette distance, il ne peut nous voir... Ce n'est pas lui que je crains, mais les avions... Que les vigies écarquillent bien leurs yeux. Ces satanées abeilles deviennent de plus en plus dangereuses.

Mannesmann transmet l'ordre : « Attention aux avions. » Lui-même regarde le ciel, serein, avec la légère brume à peine perceptible de ces régions chaudes. On est ébloui par un invisible soleil. Et quelle chaleur ! Les hommes au repos qui, tout à l'heure, se rafraîchissaient sur le pont, sans qu'on eût à les commander, ont regagné leur poste.

Hartenstein, dans la baignoire, a enlevé sa casquette blanche. Il s'éponge le front, un grand front que prolonge un nez en bec d'aigle. Certains de ses hommes ont fait une curieuse remarque : avec ce nez, ces yeux enfouis dans leurs orbites, ces joues creuses, qui font ressortir les pommettes et le menton d'attaque, ce qui lui donne un air d'arrogance, Hartenstein fait penser à Goebbels. Mais là s'arrête la ressemblance avec le ministre de la Propagande du Grand Reich hitlérien ! Hartenstein est grand et il n'a pas le pied bot, lui ! C'est un officier, un vrai marin que ses hommes craignent et admirent, dur envers lui-même et envers les autres.

Enfant de la défaite, tandis que ses compagnons tentaient de s'amoindrir, de s'annihiler dans le vagabondage et les plaisirs de la rue, le jeune Werner avait travaillé. La marine, ce terrien y avait pensé alors comme on rêve à une princesse lointaine, inaccessible. A cette époque, le traité

---

1. « Pour bien commander un sous-marin, il est nécessaire de bien connaître la tactique des navires de surface. » (Dönitz.)

2. Dans la Marine française, les officiers et les marins appellent familièrement leur commandant le « pacha ».

3. M. Mannesmann, fils d'un grand industriel, a été tué vers la fin de 1944 à Hambourg, lors d'un bombardement aérien sur les chantiers navals.

de Versailles avait réduit la marine allemande à quelques bateaux sans grande valeur militaire et cinq à six cents jeunes gens se présentaient chaque année à l'examen d'entrée de l'Ecole navale alors qu'on n'en acceptait qu'une dizaine.

En 1926, Werner avait tenté sa chance et il avait échoué. Après deux ans d'études, enfin reçu en 1928, il était entré dans la marine comme matelot avant d'être aspirant, puis officier. De son séjour à l'Université, il garde une certaine cicatrice à peine visible sur la joue gauche : un coup de rapière, selon la tradition estudiantine de la vieille Germanie.

A bord de l'*U 156*, Hartenstein a l'impression de donner son maximum. Là, il est, sauf rares circonstances — la T.S.F. —, le seul maître après Dieu. Là, il a bien à lui, sous ses ordres, un navire et un équipage ne faisant qu'un. Et dire qu'il avait peur que la guerre finît trop tôt pour se battre !

« Ne vous pressez pas. Vous aurez le temps d'en avoir par-dessus la tête. N'oubliez pas que nous luttons contre la plus grande puissance navale du monde, l'Angleterre », avait dit l'amiral Dönitz, lors d'une inspection.

12 h 20.

La tactique du bâtiment ennemi qui, petit à petit, sur l'horizon grandit n'est pas bien compliquée. Il abat de 40° ! L'*U 156* serait-il aperçu ? Non. La manœuvre est dans les règles de la navigation en zigzag qui, si elle augmente la durée du trajet, donne une plus grande sécurité. Du moins le commandement ennemi le croit-il ! Il ne sait pas que les Diesel de son adversaire ont une grande puissance et surtout il ne se doute pas qu'à la surface de l'eau glisse l'*U 156*.

— Ce type marche plus vite que nous ne le pensions, dit Mannesmann, nous gagnons à peine.

— Aucune importance, nous l'aurons à notre heure, à la tombée de la nuit, répond Hartenstein.

Pendant ce temps, la vie à bord de l'*U 156* continue. Les hommes, avec l'habitude, n'éprouvent même plus cette sorte d'excitation, cette impatience qui les agitait autrefois durant la chasse. Contre ce genre d'émotions, ils sont blindés. Seules, quand la torpille part, pendant son trajet au but, interminable, seconde par seconde, les minutes sont encore comptées, jusqu'à l'explosion qui ébranle la quiétude de la mer.

Les marins de l'*U 156* aiment leur bâtiment où ils vivent à l'étroit, les uns sur les autres, en une communauté aux liens accrus par les risques. Par rapport à ceux embarqués sur les grands navires de la flotte, ils sont privilégiés. Ici, le « vieux » est un chef mais aussi un ami, un confident auquel ils peuvent parler sans intermédiaire. La nourriture y est meilleure et plus soignée. A bord de l'*U 156* n'a-t-on pas poussé la sollicitude jusqu'à faire remplir un questionnaire à chacun sur ses préférences alimentaires ? Le résultat : les officiers, les officiers-mariniers, pour le déjeuner, mangent du thon à l'huile, l'équipage des saucisses, des confitures. Presque tous sont à bord de l'*U 156* depuis les ultimes jours de la construction du navire à Brême. Ils ont assisté au montage des Diesel, à la mise en place des tubes lance-torpilles. Ils n'ignorent rien de la structure de ce bâtiment dont la deuxième coque emboîtant la première fait penser à deux oreilles autour d'une tête ; ce n'est donc pas un miracle si chacun à bord est attaché à ce bateau. L'*U 156* a pour marraine la ville de Plauen où est né son commandant et, sur le kiosque, les armes de la ville sont peintes. Mis en service le 4 septembre 1941, aussitôt l'entraînement avait commencé à Kiel, puis à Stettin. Escales à Gotenhafen [1] et à Pillau. Dönitz exigeait que les exercices comportassent tous les cas, même les plus graves, qui pouvaient arriver en cas de combats. Pendant six jours de suite, l'*U 156* plongea, fit surface, replongea avec une grande pointe négative (vingt mètres en 33 secondes), descendit sous l'eau jusqu'à cent vingt mètres [2] au risque de se perdre. Tout ce qui pouvait survenir à un sous-marin pendant un combat avait été prévu et mis à l'épreuve : grenades sous-marines, absence totale de lumière dans le sous-marin, panne de Diesel, des pompes, etc.

Hartenstein avait poussé l'instruction jusqu'à exiger que des remplacements pussent être faits, le matelot T.S.F. pouvant lancer des torpilles, être infirmier ; le cuisinier, canonnier...

En décembre 1941, fin des exercices et derniers travaux à Stettin. Après un ultime ravitaillement à Kiel, le 24 décembre, à 22 heures, le cœur un peu serré, l'équipage de l'*U 156* avait laissé derrière lui les côtes allemandes.

Or, comme il advient souvent, la première sortie avait été une déception. Ces hommes jeunes — la moyenne était de vingt ans — avaient rêvé combats et croiseurs coulés. Pourquoi pas ! A cette époque, qui leur semble aujourd'hui lointaine, ils n'avaient ni la patience, ni la ténacité peut-être plus nécessaires au marin que le courage qui n'exige que quelques instants d'oubli de sa peau, de sa carcasse d'homme !

L'*U 156* n'avait rencontré aucun bâtiment britannique mais des mines flottantes qui dérivaient dangereusement sur une mer houleuse. Remontant vers le nord pour passer très au large des côtes anglaises, il avait atteint les Rockfall-Banks, à l'ouest de l'Irlande. Par mer agitée, Har-

---

1. Aujourd'hui Gdynia.
2. Un sous-marin se perdit en effet lors des exercices poussés à l'extrême.

tenstein avait dû s'y reprendre à plusieurs fois pour mouiller deux Wetterbojen[1].

Après cette opération peu glorieuse mais utile, l'*U 156* avait disparu sans être aperçu. Un F.T.[2] avait averti le B.d.U.[3] de la réussite de la mission.

Le 8 janvier 1942, l'*U 156* était arrivé à Lorient.

« Nous arrivons sans dommage et sans tonnage ! » Tel avait été le mot de la fin dit par le T.S.F. Walter Remmert !

Ce n'est pas Remmert[4] qui enverra tout à l'heure au B.d.U.[3] le F.T. : « *Bâtiment X... de x tonnage coulé, carré Z. Nous continuons. Hartenstein*», mais son copain Hugo Parschau demeuré à bord.

Au fait, quel peut bien être cet X... qui marche plus vite qu'il ne l'avait paru au premier abord ? Dans quelques heures, son nom prendra la suite sur le tableau de chasse, après le petit *Lilian*, les cargos *Willimantic* et *Clan Macwirther*. Hartenstein est maître dans l'art de garder le contact en se tenant à la limite de la visibilité. Il remontera bientôt pour prendre position sur l'avant et attaquer au commencement de la nuit — et elle tombe vite la nuit sous les tropiques. Le kiosque, de dimensions modestes, dont la hauteur a été calculée au plus bas, est peu visible à la surface de l'eau. Avec ses jumelles, le veilleur observe l'adversaire bien avant que celui-ci puisse apercevoir l'ennemi qui le chasse.

13 heures.

Les hommes de quart vont au repos. Une autre bordée les remplacera. Ce mouvement donne un peu de vie au silencieux *U 156*. Maintenant, dans l'étroite coursive qui parcourt le bâtiment dans toute sa longueur, les marins ne se heurtent plus. Par le panneau qui relie le central à la chambre des torpilles — une ouverture circulaire d'un mètre vingt de diamètre —, comme des singes, ils se glissent. Hartenstein est très calme. Il ne boit pas d'alcool et fume peu. Cet homme est d'ailleurs la mesure en tout sauf quand il attaque. Alors le « chien fou » — on

---

1. Appareil ayant l'aspect d'une torpille, d'environ quinze mètres de long. Il flottait maintenu par une ancre, et une antenne, montée sur place, donnait automatiquement par morse des renseignements tels que l'état hygrométrique de l'air, la température, la direction et la force du vent, la pression atmosphérique et cela plusieurs fois par jour. Le temps venant de l'ouest, ces stations météorologiques flottantes fournissaient de précieux renseignements à l'aviation et à la marine du Reich.

2. Message télégraphique : *Funk-telegramm*.

3. *Befeheshaber der U boote* : commandement supérieur des sous-marins (amiral Dönitz).

4. Débarqué le 20 mars 1942 pour suivre des cours de perfectionnement de T.S.F. à Flensburg.

l'appelle ainsi — se surveille et contient son ardeur. Jamais il n'oubliera l'accident d'Aruba, dans la mer des Caraïbes! Malgré lui, en y pensant, Hartenstein jette un coup d'œil à la pièce de 105, en contrebas, sur l'avant du kiosque. Tout neuf, graissé, briqué, le canon semble attendre son heure comme les deux servants qui tentent de trouver un peu d'ombre, appuyés contre l'affût. Et la tape qui en bouche l'orifice est à son poste. Sale histoire due à cette sacrée tape! A bord, personne n'en parle. A terre, une allusion faite à ce sujet et les hommes de l'*U 156* serrent les poings. Après l'accident, les camarades d'Hartenstein l'ont bien un peu « chiné », au mess, à Lorient. Mais ils ont vite compris qu'il était malséant de plaisanter sur un sujet qui comportait mort d'homme. Ce matelot, Büsinger, né à Husum, Hartenstein le revoit encore : son sous-marin était à quai, dans l'arsenal de Lorient, le 10 janvier 1942, et une équipe était là, parée à larguer les amarres, quand un jeune marin s'était présenté sur la planche qu'on allait enlever. Pas plus de dix-huit ans! Il remplaçait un mécanicien qui s'était blessé à la main en manœuvrant une torpille que l'on embarquait. Ce matelot était trop jeune et sans expérience. Bah! Hartenstein avait vite décidé : « Comme les autres, il s'amarinera! En attendant, on partagera ses fonctions entre l'équipage. » C'était ce matelot qui avait servi les munitions à la pièce de 105 dans la nuit du 16 février 1942 devant Aruba, pour son malheur.

Alors, l'équipage de l'*U 156* était aussi neuf que son bâtiment et cela se sentait à l'atmosphère de gaieté, de complète insouciance mêlée de nervosité. Chacun pensait que, sain et sauf, il passerait à travers tous les risques. Le trou dans l'eau, la mort par blessure, noyade ou asphyxie n'étaient pas pour l'*U 156* mais pour l'ennemi.

Avant ce premier grand départ, on avait rangé, arrimé les multiples approvisionnements embarqués. Il y en avait partout dans le petit bâtiment et de tout. Boîtes de conserve et obus, pièces détachées, pharmacie et gnaule. Les tables démontées étaient remplacées par des caisses d'œufs! Jambons et pains pendaient, accrochés aux hamacs et couchettes, et il y avait une caisse de pommes de terre au milieu du poste central! La dotation en vêtements pour les pays chauds — des blancs, casques de liège, alors qu'on était en pleine période de froid à Lorient —, avait fait jaillir questions et plaisanteries : « Où va-t-on? Le pays des geishas ou celui des négresses? » A ce moment, Hartenstein ne le savait pas lui-même. C'était en pleine mer qu'il devait décacheter le pli remis par le B.d.U. de Kernevel et savoir...

Matériel et équipements avaient rapidement pris leur place grâce à un plan fait avec soin par le I.W.O. Paul Just[1] et distribué à chacun :

---

1. Remplacé par Mannesmann lors du torpillage du *Laconia*.

« J'ai pu trouver mes patates sans boussole ni appareil de sondage »,
s'écria en riant Heinz Dengler, le cuistot.

Dès la pleine mer, Hartenstein avait ordonné un exercice de plongée.
Puis il avait fait des observations, critiqué les uns, les autres, officiers
compris. Chaque mouvement devait être exécuté à une seconde près. Wilhelm Polchau, déjà avec lui, l'avait bien secondé.

Le deuxième W.O. était alors le lieutenant Dietrich-Alfred von dem
Borne. Fils d'amiral, ce jeune homme aimait se mêler aux hommes d'équipage et tous l'adoraient. C'était le sans-souci de l'*U 156*. On trouvait
souvent von dem Borne dans le poste des F.T. en train de bavarder avec
les quartiers-maîtres Hugo Parschau et Walter Remmert, deux qui
aimaient bien boire la goutte...

Du haut de la baignoire qui domine la mer et le pont du sous-marin,
Hartenstein regarde la base de la tour [1] où il a trouvé grièvement blessé
le jeune lieutenant lors de la nuit d'Aruba. Que peut bien faire en ce
moment même von dem Borne, laissé à la Martinique ? Sans doute, convalescent, se prélasse-t-il à l'hôpital de Fort-de-France, servi par une belle
mulâtresse ? Oui, mais comme il préférerait être ici avec ses camarades
et sa jambe, cette jambe que dramatiquement on lui avait coupée, en
bas, dans le carré des officiers !

La zone opérationnelle de l'*U 156* était alors la mer des Caraïbes. De
la côte du Venezuela partaient des pétroliers pour l'Europe et l'Amérique du Nord et ses ports possédaient de nombreux réservoirs à mazout,
des raffineries de pétrole. De belles cibles !

En attendant, la vie avait été belle à bord du sous-marin et on se serait
cru en croisière dans les mers du Sud s'il n'y avait eu exercices et appels
aux postes de combat. Le jour, bains de soleil, pêche aux requins, ces
sales bêtes qui, en ce moment, suivent le sous-marin, poisson-pilote vers
les lieux de la mort...

Sous les étoiles, le soir, les hommes chantaient des airs du pays, autour
de Remmert qui jouait de l'accordéon, accompagné à la guitare par Hugo
Parschau, deux instruments offerts par Plauen, la ville-marraine.

15 heures.

L'*U 156* gagne sur le navire inconnu qui, décidément, est plus gros
qu'on ne l'a jugé au premier abord et plus rapide. Il marche à 15 nœuds.
A la longue-vue, Hartenstein voit nettement ses superstructures, sa haute

---

1. Les Allemands emploient le mot « tour » pour désigner l'ensemble formé par la baignoire, passerelle du sous-marin, et le kiosque ; en un mot, toute la partie surélevée, au centre du sous-marin.

cheminée. Pas un cargo, un ancien paquebot, peut-être transformé en croiseur auxiliaire, en transport de troupes?... Mais il faut attendre la nuit pour attaquer et elle tombe à 22 heures, brusquement. Confiant la veille à Mannesmann, Hartenstein va se reposer un instant. Il se glisse dans le kiosque, descend au central, adresse un salut à Wilhelm Polchau et, par l'étroite coursive qui parcourt le bâtiment en son axe, arrive en trois pas à sa chambre. Sa chambre! Peut-on appeler ainsi ce réduit, cette étroite couchette, ce lavabo minuscule prolongé par une tablette-bureau, séparés de la coursive par un simple rideau coulissant? Werner s'allonge et tente de dormir. Mais il ne le peut. Ce bateau inconnu vaut-il une torpille, vaut-il cette perte de temps, ce mazout dépensé?

Soudain, une voix s'élève auprès de lui. C'est Heinz le cuistot qui, en préparant la soupe du soir, chante.

> *Im Feldquartier auf hartem Stein,*
> *Streck ich die müden Glieder,*
> *Und sende in die Nacht hinein,*
> *Der Liebsten meine Lieder,*
> *Nicht ich allein hab so gedacht,*
> *Annemarie,*
> *Von dir da träumt die halbe Nacht,*
> *Die ganze Kompanie.*

C'est la chanson préférée du commandant et le bougre qui sait le « vieux » tout proche a voulu lui faire plaisir... Hartenstein rêvasse. Cette chanson, ses hommes la chantaient en chœur sur le pont, un soir lumineux, dans la mer des Antilles, et il l'avait fait interrompre brusquement pour la remplacer par une marche militaire donnée par le pick-up alors qu'à l'horizon se profilaient les montagnes de Curaçao. Ensuite, tous avaient entendu sa voix un peu nasale, son accent saxon :

« Attention, attention, ici, parle le ''vieux''. Tous les hommes qui ne sont pas de service, à se rassembler au central. » Ils étaient cinquante à bord du sous-marin. Une trentaine d'hommes s'étaient retrouvés serrés les uns contre les autres autour de lui, à ne pouvoir bouger dans le cylindre d'acier.

« Vous savez déjà quel genre d'oiseau aimerait vous bouffer, avait dit Hartenstein. Pour que vous ne soyez pas trop innocents au jour du Jugement dernier, nous allons entreprendre une action. Ainsi le compte de votre conscience sera un peu plus lourd qu'il ne l'est. Nous avons mission de brouiller le plus possible la route des pétroliers entre le Venezuela et les îles Aruba et Curaçao, d'attaquer les raffineries de pétrole et au canon, s'il vous plaît ! Deux autres sous-marins sont déjà sur les lieux avec mes camarades Müller et von Rosenstiel [1]. Je vous donnerai bientôt d'autres détails. Jusque-là, défense de tirer sur les navires... sauf sur les grands cuirassés et porte-avions ! Maintenant, je vous souhaite une bonne nuit... Rompez. »

Un peu plus tard, l'*U 156* était passé à moins de 150 mètres d'un paquebot illuminé. On dansait à bord et les marins, un instant envieux, avaient pu voir les couples enlacés et entendre la musique de jazz... A minuit, ils étaient devant Aruba, encore brillant de tous ses feux ! Des enfants, ces Américains ! On allait profiter de leur surprise, de leur inexpérience... « Un fameux coup de timbale », comme disait le « Lion ».

« Cela va être une bataille au couteau », avait clamé von dem Borne [2].

Croisant devant Aruba, pendant trois jours ils avaient surveillé les mouvements de navires, la journée en plongée, observant au périscope de veille, écoutant tout bruit d'hélice, la nuit, naviguant en surface, à petite vitesse. Il semblait incroyable qu'ils ne fussent pas aperçus. L'île leur semblait grandiose. D'un côté, la nature tropicale, la montagne vert émeraude du Hoiberg entre Orangestadt et Saint Nicholas, de l'autre, les créations de l'homme : hôtels, buildings, réservoirs à mazout d'un blanc éclatant d'aluminium, torchères aux flammes bleutées des raffineries.

Après s'être bien orienté, Hartenstein avait fait son plan et l'avait communiqué à l'équipage. Depuis qu'on savait que c'était « pour bientôt », les heures passaient avec trop de lenteur.

Enfin, le 16 février, un peu avant minuit, Hartenstein avait ordonné le branle-bas de combat. Le grand moment pour ces hommes qui n'avaient jamais vu le feu était arrivé. En approchant du port, l'*U 156* avait failli aborder un garde-côte ; évité de justesse, le patrouilleur avait disparu dans la nuit sans qu'à son bord personne ne se doutât qu'il venait de frôler un sous-marin allemand... Maintenant, le submersible, se glissant entre les navires à l'ancre, pénétrait dans la rade.

Minuit. Une heure trente à l'heure d'Aruba. En avant... Tribord 5 - Bien comme ça - Tubes I et II parés - Tribord 5 paré - Tanker n° 1 en ligne 0 - Zéro la barre - Bien comme ça - Attention !... Tubes I et II : feu !...

Une légère secousse avait indiqué que les torpilles étaient parties et fonçaient vers leur but. On avait entendu l'eau qui pénétrait dans les ballasts pour équilibrer le sous-marin... Pendant qu'on virait sur bâbord, la même manœuvre avait recommencé !

---

1. En réalité, cinq sous-marins du type IX C opérèrent dans les parages avec l'*U 156* : le groupe Neuland : *U 67* (lieutenant-capitaine Günther Müller-Stöckheim), *U 129* (lieutenant-capitaine Nicolaï Clausen), *U 161* (lieutenant-capitaine Albrecht Achilles), *U 502* (lieutenant-capitaine Jürgen von Rosenstiel).

2. Ainsi l'idée était venue au commandant de l'*U 156* de faire peindre deux couteaux entrecroisés sur le kiosque de son navire. Le projet n'eut pas de suite.

— Tubes III et IV... parés... Attention... Feu...

Bon vent ! Si on peut dire ! De sourdes détonations avaient ébranlé le sous-marin. Tous s'étaient regardés, avaient compris. Un cri de joie, celui du triomphe, l'orgueil guerrier de l'homme... Encore une détonation, de la fumée, des flammes hautes comme un clocher. Un pétrolier coupé en deux ; son mazout se répandait sur la mer en myriades de flammes bleues [1]. Les flammes avaient éclairé le ventre de grosses volutes noires qui montaient en ronflant en un feu d'enfer alors que les tankers torpillés s'inclinaient et coulaient.

Puis on avait attaqué les raffineries de pétrole au canon, celui de 37 et celui de 105. Le 37 avait tiré mais le 105, après le premier obus, s'était tu. Pourquoi ? Dans la baignoire, Hartenstein, aveuglé par la fumée lourde, noire, qui enveloppait l'avant du sous-marin, n'avait pas compris la raison de ce silence. Un instant, il s'était penché pour voir. Il avait entendu des gémissements et, à la lueur d'une flamme, avait aperçu une ombre sanglante appuyée à la tour. Un accident, sans aucun doute... Alors il avait donné l'ordre de virer de bord, de sortir de la rade, de s'en éloigner à toute vitesse. D'ailleurs sa mission était remplie et bien remplie...

Grands dieux ! Que s'était-il passé ? Le 2e W.O. Dietrich von dem Borne, le dos au kiosque, gisait inanimé, grièvement blessé au genou par un éclat. Quant au nouveau, ce garçon embarqué au dernier moment, le *matrose* Büsinger, le ventre ouvert, déchiré, les cuisses labourées, il râlait. Trois quarts d'heure plus tard, sans avoir repris connaissance, il devait mourir dans le carré des officiers. Pendant ce temps, Remmert, le T.S.F., infirmier à l'occasion, s'était occupé de von dem Borne. Plaie largement ouverte avec des esquilles multiples. « Rien à faire, si ce n'est amputer la jambe », avait-il diagnostiqué. Hartenstein était alors arrivé, avait regardé, avait compris : « D'accord. Allez-y. »

Le blessé était conscient de son état. « Non. Pas de morphine, du cognac. Passez-moi la bouteille. »

Hartenstein n'avait pas osé dire non.

— Ah ! vous rendez les honneurs à la bouteille, avait murmuré, avec un peu d'envie, le T.S.F. infirmier, alors qu'il commençait à charcuter.

Penché sur la cuisse qui pissait le sang de toutes ses artères, pinçant ces dernières, les liant, Remmert grognait : « Cochonnerie, cochonnerie... », tandis que quatre hommes sans oser trop regarder maintenaient

---

1. En 1951, von dem Borne — qui avait alors la gérance d'un poste d'essence Esso à Neumünster — se trouva en présence d'un Américain qui prenait de l'essence pour sa voiture. Les blessures de l'ancien officier les amenèrent à parler de la guerre ! Curieuse coïncidence, cet Américain était l'ingénieur-mécanicien d'un de ces pétroliers. A bord d'une vedette, il se dirigeait vers son navire alors que les torpilles explosaient.

le lieutenant immobile. Lui, le « vieux », était là, avec son nez en bec d'aigle et son menton en galoche, les dents serrées...

Dans le seau, avec un bruit mat, au milieu des tampons ensanglantés, la jambe était tombée... Pansement... Fini... Et Remmert s'était trouvé mal en voyant dans le seau la jambe avec sa chaussure et sa chaussette qu'il n'avait pas pris le temps d'enlever.

On avait porté le chirurgien jusqu'à son hamac, le blessé au carré des officiers. Là, Büsinger mort et le blessé longtemps étaient demeurés côte à côte. Il n'y avait pas d'autre place dans le sous-marin encombré de munitions dans un désordre d'après bataille...

Hartenstein avait commandé : « Ranger les munitions. Chaque chose à sa place. Réarmer les tubes lance-torpilles. Allons, vite. »

Un instant, on avait oublié les deux corps, l'un sans vie, l'autre inanimé [1].

Le lendemain, à la tombée de la nuit, devant le corps du jeune marin, cousu dans un sac de couchage, enveloppé du pavillon noir, blanc et rouge de la marine de guerre allemande, orné en son centre d'un grand svastika et décoré de la croix de fer, le commandant avait prononcé quelques paroles. Cela se passait dans le poste central et, sauf les veilleurs et quelques mécaniciens, tous étaient là, émus, les larmes au bord des yeux. Hartenstein avait dit tout haut le *Notre Père* et tous les hommes après lui, même ceux qui ne croyaient pas, l'avaient répété à haute voix, des voix sourdes, angoissées. Puis, tous ensemble, ils avaient chanté :

Ich hatt einen Kameraden
Einen bessern findst du nicht...

Très rapidement, comme si on voulait en finir, on avait transporté le corps de Büsinger sur le pont, à hauteur du canon, le 105 à la gueule toute déchiquetée, puis on l'avait immergé alors que l'équipage, officiers et matelots, les yeux embués de larmes, les mâchoires contractées, saluait. Le temps était orageux, le ciel obscur, la mer déserte.

Aussitôt, Hartenstein s'étant retourné avait examiné avec soin le tube éclaté. Il avait immédiatement pris une décision et l'avait fait connaître

---

1. Il ne sera jamais établi par quelle cause un obus a éclaté au départ dans l'âme de la pièce de 105. Négligence de n'avoir pas enlevé la tape étanche à l'extrémité du canon ? Obus défectueux ? Le lieutenant von dem Borne affirme avoir vérifié, à l'aide d'une lampe électrique, que les deux aides-canonniers avaient bien nettoyé de l'âme de la pièce toute graisse avant de commencer le tir. Si la tape n'avait pas été enlevée, il l'aurait vu. On n'a pas retrouvé ce couvercle sur le pont après l'explosion, mais il a pu rouler, tomber à la mer. Quoi qu'il en soit, un commandant est responsable des accidents survenus à son bord. Personne, ni Dönitz, ni Godt, son chef d'état-major, ne tiendront rigueur à Hartenstein.

aux hommes rassemblés : on réparerait sur place le canon qui pouvait encore servir. Oui, Hartenstein avait alors tout pris sous sa casquette. C'était sa faute, il aurait dû prévoir [1]...

Cinq jours plus tard, après avoir demandé des ordres à l'amiral Dönitz, Hartenstein avait débarqué von dem Borne, ce grand blessé de vingt-deux ans, à Fort-de-France [2].

Aujourd'hui, un canon tout neuf a remplacé la pièce éclatée à Aruba, mais il ne servira pas ce soir pour couler le bâtiment inconnu. Hartenstein lancera deux torpilles. Si, atteint, il tarde à couler, il l'achèvera au canon de quelques obus placés à la ligne de flottaison. Ce moment approche et le commandant de l'*U 156* ne tient plus sur sa couchette. Le cuisinier s'est arrêté de chanter. Oui, il faut qu'Hartenstein remonte dans la baignoire pour voir ce qui se passe et être sur la passerelle une bonne heure avant l'attaque.

Quand il apparaît dans la baignoire, Mannesmann, sans un mot, du menton, lui désigne le bâtiment ennemi qu'on a dépassé et qui se trouve maintenant à l'arrière, sur bâbord. A l'ouest, le soleil effleure l'horizon, comme un gros ballon orange posé sur la mer. Il mord la surface de l'eau et s'enfonce rapidement.

Mannesmann semble satisfait des observations qu'il a faites en l'absence du commandant et il a hâte de les lui faire connaître.

— Ce vapeur file 14 nœuds - zigzags de 40° autour du 290° - il a la silhouette d'un vieux bateau de transport, vers 1905 - évalué à 7 000 tonnes.

— Pas mal, répond Hartenstein qui pense aux 100 000 tonnes dont il va franchir le cap.

20 heures.

Le sous-marin semble ramper à la surface de l'eau tant, avec le soir qui tombe, il se confond avec la mer.

« La soupe. » L'équipage a pourtant dîné — les deux bordées — à 17 heures et à 18 heures. S'il donne cet ordre, c'est qu'Hartenstein obéit à une des deux règles fondamentales de la marine de guerre : manger et dormir quand on le peut car nul ne peut prévoir l'avenir, le temps

---

1. Hartenstein a adressé une lettre à la ville-marraine de Plauen, relatant ce qui s'ensuivit jusqu'à son retour à Lorient. Réparation du tube, combat avec un pétrolier.

2. Le lieutenant von dem Borne nous a conté l'histoire de son débarquement à Fort-de-France, des soins dont il a été l'objet de la part des médecins français auxquels il garde une profonde reconnaissance.

qu'il faudra rester sans pouvoir avaler la moindre bouchée, sans avoir la possibilité de s'allonger un instant sur une couchette...

L'équipage n'ignore pas que l'ordre : « A la soupe » précède de peu le combat. C'est le cœur serein, en plaisantant, qu'ils avalent un potage aux pommes de terre.

— Sur le yacht d'en face, ils dînent aussi, dit Parschau. Tout à l'heure, ils danseront.

L'*U 156*, en avant du paquebot, abat doucement, en approche. Mannesmann, à la jumelle, observe.

— Il zigzague en une direction nord-ouest, 310°, haute superstructure. C'est un vieux paquebot d'au moins 12 000 tonnes transformé en croiseur auxiliaire.

— Il est plus grand que nous ne le pensions..., répond Hartenstein. L'équipage est-il à la soupe ?

— Oui, commandant.

— Laissez-les manger tranquillement. Et vous ?

— J'ai pris une grande tasse de café, cela me suffit.

Mannesmann sourit. Il se souvient de deux élèves-officiers qui, un jour, sur l'invitation du commandant, prenaient un repas avec eux, au carré. Ils étaient jeunes et avaient un solide appétit. Soudain, le « vieux » avait posé couteau et fourchette sur la table. Un regard sévère avait fait comprendre aux autres qu'ils devaient en faire autant. Mannesmann, un instant plus tard, avait retrouvé les deux jeunes gens chez le cuistot où ils « rétamaient » les plats...

21 heures.

Hartenstein fait le point : 4° 0 sud 11° 08 ouest. Il approche du paquebot qui se dirige au 310°.

21 h 55.

La nuit est venue. Le paquebot paraît de plus en plus grand. Les hublots sont obstrués, les lumières camouflées, mais, à quelques feux épars, on devine que l'ordre du *black-out* n'est pas complètement exécuté. Ce n'est pas un bâtiment de guerre et cela se voit à ce détail.

Sur l'*U 156*, l'équipage, sans que son commandant ait besoin de l'appeler, a gagné son poste de combat. Le paquebot entre dans la perpendiculaire du sous-marin.

22 h 07.

Coup de klaxon prolongé et aussitôt :
— Tubes I et III parés ?
— Tubes I et III parés !

En quelques secondes, la tension a monté, une sorte de fièvre qui, chaque fois qu'on va frapper, s'empare des hommes malgré leur accoutumance. Ils savent que les torpilles, les anguilles, comme il les appellent, vont bientôt quitter l'avant du sous-marin et, invisibles, se glisser sous l'eau. Alors, rien ne pourra arrêter leur course, les empêcher d'aller frapper la coque du navire ennemi, exploser, causer une déchirure mortelle. Ces sous-mariniers, ce ne sont pas de mauvais bougres et, sans se l'avouer, quelques-uns pensent à l'œuvre de mort dont ils sont les exécutants mais cette pensée, ils la chassent bien vite : c'est la guerre.

Sur le grand bâtiment, en face, qui doucement entre dans le réticule de visée, il y a derrière de minces tôles d'acier des hommes, heureux de rentrer chez eux, des femmes, des enfants qui dorment à poings fermés. Ils ne savent pas, les malheureux...

— Attention ! Attention ! Tubes I et III.

Une dernière fois, Hartenstein observe à la longue-vue, indique au kiosque les données : gisement, vitesse, inclinaison...

— Parés, parés...

— Tube I : feu !

Le capitaine de corvette Werner Hartenstein a lui-même appuyé sur le levier d'interrupteur de feu... Il répétera ce geste vingt secondes plus tard pour le tube III.

— Bon appétit, messieurs les Anglais ! ajoute le sarcastique commandant en repoussant sa casquette sur la nuque.

A ce moment, il ne pouvait pas savoir que les deux torpilles qu'il venait de lancer allaient être cause d'une des plus grandes tragédies de la mer.

II

A BORD DU *LACONIA* [1]

Un mois avant cette soirée, exactement le 12 août 1942, un vieux paquebot — vingt ans d'âge —, le *Laconia* (19 695 tonnes) de la *Cunard White Star Line*, levait l'ancre dans la baie de Suez. La veille, trois mille officiers et soldats avec leur équipement et leur matériel avaient débarqué sur la plage de Tewfik, et il avait fallu se hâter pour demeurer le moins possible dans la zone du canal alors souvent bombardé par la Luftwaffe.

La bataille de l'Atlantique, en ce deuxième semestre de l'année 1942, avait atteint son apogée en faveur des sous-marins de l'Axe et le tonnage disponible des Alliés, malgré les constructions nouvelles, s'amenuisait à tel point que chaque bâtiment en état de naviguer devait être utilisé à plein, dans le temps et dans l'espace. Seule, l'Amirauté britannique dirigeait, commandait le *shipping* de tous les bâtiments naviguant sous le pavillon de l'Union Jack. Les paquebots armés, transformés en transports de troupes, étaient souvent envoyés dans des mers pour lesquelles ils étaient inadaptés : les bâtiments construits pour parcourir les routes maritimes de l'Atlantique Nord, à travers les houles glacées des longs hivers, étaient expédiés vers les mers tropicales, tandis que des navires plus aérés, en convois vers la Russie, peinaient dans les tempêtes de neige de l'Arctique.

---

1. Le *Laconia* avait été lancé le 25 mai 1922 aux Chantiers C. Swan Hunter et Wigham Richardson à Newcastle. Sa longueur était de 183 mètres, sa largeur de 22 mètres. Équipé de turbines à vapeur à doubles engrenages, ayant deux hélices, il avait une vitesse maximum de 16 nœuds 1/2. Le *Laconia* ne possédait qu'une seule cheminée, deux mâts. Il fut le premier bâtiment de la flotte marchande anglaise à être équipé de réservoirs antiroulis, ceux-ci étaient loin d'avoir l'efficacité du dispositif d'ailerons Denny-Brown inventé depuis.

Le *Laconia* commença sa carrière sur la ligne Southampton-New York. Puis il fit Liverpool-New York. En 1923, il fut affecté au service Hambourg-Southampton-New York. En 1939, il fut transféré à l'Amirauté britannique, armé et transporta des troupes.

Ainsi, le *Laconia*, en temps de paix, paquebot sur la ligne de l'Atlantique Nord, avait-il fait partie d'un convoi de 17 navires escortés par les bâtiments de guerre *Nelson* et *Renown*, le croiseur hollandais *Heemskirk* et quelques plus petites unités de la *Royal Navy*, se rendant à Suez, par le tour de l'Afrique.

Pour son retour, d'autres passagers, embarqués douze heures après la mise à terre du dernier soldat, avaient été donnés au *Laconia*. D'abord des officiers et des soldats dont certains grands blessés, des fonctionnaires britanniques et leur famille résidant depuis longtemps au Caire ou sur l'arrière du front. Tous rentraient chez eux et la joie bruissait dans les coursives déjà parcourues par les enfants. Pour certains d'entre eux, nés au Moyen-Orient, c'était la première traversée.

Aussitôt, chacun s'était installé dans les cabines du vieux paquebot avec paquets, sacs, valises et malles. On adressait des sourires aux voisins, des inconnus qu'on aurait à fréquenter pendant un bon mois. C'était la bousculade inquiète des prises de possession avant départ.

Avec curiosité, les passagères britanniques s'interrogèrent à propos d'un groupe de deux cents femmes qui, sous la surveillance de soldats, franchissaient une passerelle d'embarquement. Qui étaient ces prisonnières au maigre bagage, dont certaines n'étaient pas sans une élégance tapageuse? On le sut bientôt. De différentes nationalités, elles avaient été arrêtées dans les villes du Moyen-Orient ou sur l'arrière du front. Prostituées suspectes, espionnes de basse classe, membres de la 5e colonne, on les avait ramassées, rassemblées, emprisonnées. Et le bruit courut à bord qu'elles seraient débarquées dans un port d'Afrique du Sud pour y être internées.

Les passagers n'avaient pas fini de s'étonner. Trois heures avant de lever l'ancre, ils virent s'arrêter sur le quai d'embarquement des camions de l'armée. En descendirent des soldats sans armes, aux uniformes verdâtres, kaki, dépareillés, déchirés, brûlés par le soleil. C'étaient des Italiens faits prisonniers en Libye. Des gardes, baïonnettes au canon, hurlant et vociférant, tentaient de mettre un peu d'ordre dans ce magma. On entendait leurs cris, des *come on* gutturaux, inhabituels. Pour ces Italiens, le *Laconia* apparaissait énorme, hostile. On les avait entassés sur des chalands qui les avaient transportés jusqu'au paquebot. En embarquant, ils se bousculaient, s'injuriaient en termes sonores; ils portaient d'invraisemblables ballots sur leurs épaules, à bout de bras de misérables objets conservés malgré les transferts en camions, les séjours dans les camps derrière les barbelés. Promesses de fugitives évasions sentimentales, quelques mandolines et guitares, gardées, protégées par leurs propriétaires, les *musicanti* de la troupe jetaient un bref reflet laqué dans leur grisaille. Lentement, à petits pas, les prisonniers avançaient dans les coursives, descendaient d'un pont à un autre par des échelles de fer verticales pour aller s'entasser dans les cales. Ils étaient 1 800 ces malheureux qui, lorsqu'ils se retrouvèrent derrière les grilles refermées, cadenassées sur eux, crurent ne jamais revoir la lumière du jour.

Non sans un serrement de cœur, les passagères britanniques avaient vu les prisonniers disparaître dans les profondeurs du *Laconia*. Un instant, cette vision avait rappelé à tous que la guerre était là toujours présente, menaçante, qu'il fallait s'attendre dès le canal du Mozambique, le cap de Bonne-Espérance, à être attaqué par les sous-marins de Dönitz dont on signalait la présence au large de Capetown.

Le *Laconia* était armé [1] certes, pour défendre chèrement sa vieille carcasse et ses nombreux passagers. On pouvait avoir confiance en Rudolf Sharp, son commandant, un homme grand, un peu solennel, qu'on voyait aller et venir sur la passerelle, en ses officiers et ses artilleurs.

Le capitaine Rudolf Sharp, O.B.E., R.O., R.N.R. (RTD), commandant le *Laconia* était un de ces vieux marins, riches d'expérience, de tradition, solide à la mer, comme en produit depuis des générations la Grande-Bretagne. Avant le *Laconia*, il avait été le commandant d'un autre navire du même type, le *Lancastria*. Le 17 juillet 1940, ce bâtiment, chargé de troupes britanniques, avait été bombardé et coulé par la Luftwaffe alors qu'il sortait de Saint-Nazaire. Sharp avait été sauvé par un destroyer d'escorte et ramené en Angleterre. Grand — il a cinq pieds onze pouces —, un peu bedonnant, le capitaine Rudolf Sharp paraît plus vieux que son âge. Par moments, on perçoit chez lui une certaine lassitude, une lutte intérieure. Pense-t-il à sa femme, Florence, à laquelle il écrit de courtes lettres qui, sans l'exprimer clairement, laissent entrevoir son inquiétude ; à ses deux fils dont le plus jeune, John, vient d'avoir dix-sept ans et se destine à la marine, comme son frère, Gordon, officier à bord de *H.M.S. Capetown* ! Famille de marins que les Sharp : le grand-père William, l'oncle Albert Edward, de la Cunard, l'oncle William, le pilote... Non, ce qui inquiète le commandant Sharp ce ne sont

---

1. Armement du *Laconia* : 2 canons de marine de 4,7 pouces. Ils avaient été fabriqués au Japon pour le compte de la *Royal Navy* pendant la Première Guerre mondiale.
6 canons antiaériens de 3 pouces.
6 canons antiaériens de 1,5 cm.
4 Bofors à tir rapide antiaériens.
2 groupes de rockets de 2 pouces.
2 cerfs-volants à cellules pour être attachés au grand-mât et pouvant voler à 250 pieds avec une bombe attachée au fil.
2 paires de paravanes. Il s'agit d'un dispositif de protection individuelle des bâtiments contre les mines, inventé en Angleterre, en 1915. Il est constitué par deux brins de dragage fixés au brion du navire à protéger et aboutissant chacun à un flotteur divergent. La mine, à moins de heurter le brion lui-même, est ainsi renvoyée par le brin vers le flotteur. Par suite du frottement sur le brin de drague ou par la cisaille près du flotteur, l'orin de la mine est alors coupé. La mine montée en surface est coulée généralement au fusil. Ce système a l'inconvénient de ralentir la marche du navire, d'en rendre la manœuvre moins souple.

ni sa famille, ni son bateau, le *Laconia*, mais le nombre de passagers. Trois mille ! Des gens qui n'ont jamais navigué. Des blessés, des prisonniers, des femmes, des enfants. Comment évacuer tout ce monde en cas de coup dur ? Et puis, mais cela il le gardera pour lui, il a embarqué de nouveaux officiers, des étrangers à bord, et il a l'impression que tout ne va pas comme il l'aurait souhaité sur son grand *Laconia*[1]. Une raison de plus pour se montrer à cheval sur la discipline aussi bien pour ses officiers que pour l'équipage. Ses ordres pour la journée, il les donne dès l'aube, souvent à 5 h 30. Sharp n'a qu'une manie : pour déterminer la position du navire, il n'emploie jamais que son propre sextant.

Quoique le commandant du *Laconia* n'intervînt jamais dans les questions militaires, il lui incombait d'exercer une impartiale juridiction tant sur son équipage que sur les passagers civils, troupe et prisonniers. Toujours, il fut averti de tout ce qui se passait à bord par son second, le capitaine George Steele (*chief officer and staff captain*). Il avait sous ses ordres :

J. H. Walker : *Senior first officer.*
E. Hall-Clucas : *Junior first officer.*
G. G. Rose : *Senior second officer.*
C. H. Stokes : *Junior second officer.*
R. R. Buckingham : *Senior third officer.*
A. Nelson : *Junior third officer.*

Sans compter les officiers mécaniciens et 463 hommes d'équipage.

Après le commandant Sharp et le capitaine G. Steele, venait le 1er officier J. H. Walker qui avait toute la confiance de Sharp. C'était son *faithful servant.* Ayant été embarqué et coulé avec lui sur le *Lancastria*, R. Sharp avait obtenu de l'Amirauté de toujours l'avoir sous ses ordres.

Le *Laconia* étant transport de troupes, un officier supérieur de l'armée y était attaché à demeure : le lieutenant-colonel Liswell, du *Hertfordshire and Bedfordshire Regiment* ; aidé de quelques officiers, il assurait l'administration, la discipline des soldats en transit.

Les prisonniers italiens et leurs 103 gardes — tous des Polonais[2], les Britanniques évitant le plus possible ce genre de corvées — étaient placés sous les ordres du lieutenant-colonel Baldwin, secondé par quelques officiers. Le *Laconia*, à part les embarcations et les radeaux en nombre à peine suffisant[3], était donc « paré » pour une longue traversée, cha-

---

1. Lettre du commandant Sharp à sa femme, de Captown — 12 juillet 1942... « *This ship is much to my liking. My officers are all strangers. They might be worse and that is all I can tell you.* »
2. Ces Polonais, commandés par un officier, Croszek Zbigniew, appartenaient à la 1re Compagnie du *Military College* de la 8e division d'infanterie, formée en avril 1942, à Téhéran.
3. Le *Laconia* possédait 32 canots, 40 grands radeaux et de nombreux petits flotteurs.

que homme et chaque chose étant à sa place ou devant s'y placer suivant un ordre et une rigueur toutes britanniques.

Dès l'embarquement du dernier prisonnier, le *Laconia* avait levé l'ancre pour descendre le golfe de Suez et s'engager dans la mer Rouge. A bord, on avait aménagé de multiples manches à air pour augmenter la ventilation dans les fonds. Mais, Dieu ! qu'il faisait chaud dans cette mer Rouge ! Que serait-ce à Aden, puis, sous l'équateur qu'on devait franchir deux fois, en descendant la côte est de l'Afrique, en remontant celle de l'ouest ?

Sans plus attendre, le colonel Baldwin avait organisé, pour ses prisonniers, deux promenades à l'air libre par jour, d'une heure chacune. Les prisonniers avaient alors l'autorisation de fumer, ce qui était strictement défendu dans les aménagements où ils logeaient. On ne peut pas dire qu'ils étaient bien, ces malheureux, couchés dans des hamacs en rangs si serrés que les bords se touchaient, certains dormant à même la tôle, dans les coins, d'autres sur les tables où ils prenaient leurs maigres repas.

Il est vrai que la piétaille britannique n'était guère mieux traitée. Il y eut aussitôt des plaintes pour la nourriture insuffisante et surtout invariable : soupe et ragoût. Les hommes éprouvaient des difficultés pour se laver dans des installations qui n'étaient pas prévues pour un si grand nombre d'êtres humains. Il y avait queue devant les w.-c. sans la moindre porte. Le soldat « râle » souvent, on le sait, mais les bureaux pensent qu'il sera toujours assez bien lors d'un transport qui ne dure qu'un temps, comme si la destinée du soldat n'était pas d'être déplacé sans cesse.

Excepté les prisonniers, tous à bord, à condition qu'ils ne fussent pas de service, avaient l'autorisation de se trouver sur les ponts à n'importe quelle heure du jour et de la nuit. En fin de journée, les Italiens, bouclés dans leurs cales, derrière des grilles bien closes, gardés par des Polonais en armes, il semblait que l'on respirât mieux à bord du *Laconia*, non pas que ses passagers fussent méchants, encore moins inhumains, mais l'homme est ainsi fait qu'il répugne à voir la misère humaine étalée sous ses yeux.

Pour tous, la nuit, sur les ponts supérieurs, l'interdiction de fumer était absolue, la moindre lueur pouvant déceler le navire aux guetteurs d'un bâtiment ennemi. C'était la seule privation imposée mais elle était rigoureuse.

Première nuit en mer Rouge, pleine lune. La mer ressemblait à une feuille d'argent froissée par le sillage du navire. Les dunes du rivage succédaient aux dunes telle une houle de sable.

Le 13 août au matin, le *Laconia* était hors de portée des avions de l'Axe et chacun s'installa, prit des habitudes ; et les relations de s'esquisser, de se nouer, les flirts de s'ébaucher car, à bord du *Laconia*, il y avait non seulement des hommes, militaires de tous grades, de toutes armes, artillerie, transmissions, aviation, marine et armée, sans compter quelques civils, mais des femmes, épouses d'officiers qui regagnaient la Grande-Bretagne avec ou sans leur mari, des nurses à col amidonné et à tablier impeccable, des jeunes filles plus ou moins militaires. Beaucoup revenaient de Malte qui subissait des bombardements intensifs et répétés. Le lieutenant-colonel Baldwin, Mme Dorothy Davidson et sa fille Molly se retrouvèrent pour évoquer les journées terribles de Malte. Mme Baldwin, elle, était demeurée dans l'île. Le major Creedom, du *King's own Royal Regiment*, ne tarda pas à être surnommé Cracker, Dieu sait pourquoi ! Bientôt, beaucoup sur le *Laconia* furent affublés d'un sobriquet plus ou moins adéquat comme le major Morton baptisé *The old man of the sea*, autrement dit : Neptune ! Doris M. Hawkins ne quittait pas la petite Sally Redman, un bébé de quatorze mois confié à la nurse par sa maman demeurée au Proche-Orient. Dès la première journée, dans le *lounge*, tout le monde faisait « risette » à Sally. Après cinq ans en Palestine, Miss Hawkins était heureuse de rentrer en Angleterre. Elle n'avait pas tardé à engager la conversation avec sa voisine de cabine, Mme Grizel Wolfe-Murray, une jeune femme enceinte de quatre mois.

Le docteur Geoffrey Purslow était le médecin du bord, un brave homme qui devait avoir beaucoup à faire par la suite avant de mourir avec courage.

Le matin, à la fraîche, la propreté terminée, les premiers prisonniers italiens, gardés par des Polonais, montaient sur le pont ; avec un peu de pitié, on regardait de loin se déshabiller ces petits hommes bruns, maigres, décharnés. Ils n'avaient pas grand-chose à ôter, les malheureux, pour se mettre nus sous les douches improvisées : des baquets percés de trous, suspendus à un peu plus qu'une hauteur d'homme et remplis d'eau de mer par des manches. On leur distribuait un peu de savon spécial « Lava » utilisable à l'eau de mer. Les premières journées passées, avec l'habitude, les Britanniques ne regardèrent plus les prisonniers, sauf quelques femmes plus pitoyables ou qui pensaient à leur mari qui pourrait être un jour semblable à ces captifs.

Tous les militaires à bord, qu'ils fissent partie de l'équipage, qu'ils fussent permissionnaires ou rapatriés, étaient astreints à des exercices physiques. Dans les coursives, torse nu ou sous divers uniformes, on les voyait faire des mouvements, manier les armes, se figer en d'impeccables et très britanniques garde-à-vous. Le commandant Sharp et le lieutenant-colonel Liswell s'étaient mis d'accord pour occuper les hommes : lavage de l'escalier central, briquage des rambardes, des échelles, astiquage des cuivres. Dans les petites salles, on organisa des lectures, des cours, des conférences. A bord du *Laconia*, sauf pour les Italiens, il ne pouvait être question de *farniente*.

Il y avait une pauvre bibliothèque aux ouvrages abîmés et pas assez nombreux pour le nombre de passagers ; ses volumes passèrent de main en main sans revenir jamais au préposé.

Le jour, sous le soleil brûlant — sous les ponts, la chaleur était torride et atteignait rapidement 45° à l'ombre —, la vie était difficilement supportable ; la nuit, au fur et à mesure qu'on approchait de l'équateur, elle devint un supplice. Tout devait être clos, lumières camouflées, et des rondes incessantes veillaient au *black-out* complet. Aussi, dès cinq heures de l'après-midi, le pont-promenade était-il envahi par des passagers qui s'y installaient pour y passer la nuit, leur gilet de sauvetage en guise d'oreiller. Dès le crépuscule, les panneaux ouverts au-dessus des cales donnaient quelques bouffées d'air chaud aux prisonniers entassés dans les entrailles du navire. La nuit, quand une ronde apparaissait, c'était un concert de jérémiades, de lamentations, de supplications. Les officiers se laissaient parfois attendrir et, un peu au hasard, choisissant parmi les plus mal en point, envoyaient quelques prisonniers à l'infirmerie du bord déjà pleine.

A cinq ou six heures du matin, les corvées de lavage, impitoyablement, chassaient à grande eau les dormeurs du pont-promenade.

Après la mer Rouge, ce fut Aden où on se ravitailla ; 1 300 milles plus loin, on fit escale à Mombasa, la grande base britannique de l'océan Indien, vaste plan d'eau, profond, bien abrité, à l'extrémité d'un chenal tortueux. Derrière les docks, on devinait une ville industrielle, commerçante, riche, d'une richesse éclaboussante. A peine le *Laconia* à quai, on vit une voiture de grand luxe s'arrêter contre la barrière de la douane. Sur des coussins, deux très belles filles, jeunes, élégantes, plaisantaient, riaient, se laissaient lutiner par un pachyderme humain aux gestes obscènes. On eût dit qu'ils se donnaient en spectacle aux quelques Italiens qui, placés dans les aménagements supérieurs, pouvaient regarder par les hublots. Bientôt, parmi les prisonniers, des cris s'élevèrent. Il y avait de la fureur, de l'ironie, une sensuelle envie dans les quolibets de ces Latins. Un joueur de mandoline tenta vainement d'attirer l'attention des belles mais elles demeurèrent insensibles à la plainte du prisonnier [1].

Pendant ce temps, dans le brouhaha, le tohu-bohu, la bousculade, poussés par un irrésistible besoin de sentir sous leurs pieds la terre ferme, passagers, militaires et membres de l'équipage non de service, papiers d'identité, permissions en main, se présentaient aux coupées où chacun voyait sa permission de minuit strictement pointée.

Dès l'accostage, la police locale, montée à bord, avait fait ranger sur un coin du pont bien gardé les deux cents prisonnières. Après inspection, appel, contre-appel, une à une, par une passerelle spéciale, elles

---

1. Détail donné par un ex-prisonnier italien, non par un Anglais !

débarquèrent du *Laconia*. Sur le quai, elles furent poussées dans des camions. Ces malheureuses ne savaient pas, ne pouvaient pas savoir que le camp de concentration qui les attendait leur sauvait la vie. Quelques prisonniers italiens gravement blessés ou malades furent hospitalisés en ville. Eux aussi ne connaissaient pas leur bonheur !

La nuit arriva, une à une les lumières de la ville s'éteignirent, les ombres derrière les fenêtres des bungalows disparurent tandis que les permissionnaires en rentrant présentaient leurs papiers à l'officier de quart. Un peu d'animation réveilla le *Laconia* silencieux, triste comme un navire à quai...

Le lendemain, 22 août, le ravitaillement en eau et en vivres terminé, le paquebot s'éloigna de Mombasa, des docks de Kilindini. Lentement, il reprit le chenal tortueux bordé de coraux pour regagner la pleine mer. Direction Durban...

Dans le canal du Mozambique, un bateau nippon fut signalé. On redoubla de surveillance mais aucun navire ennemi ne se montra. La température s'était rafraîchie et, si les Britanniques retrouvaient leur climat, les Italiens grelottaient dans leurs minces vêtements. Pis, la douche obligatoire continuant à fonctionner, ce qui était plaisir, délassement sous l'équateur devint un supplice. Les gardes polonais, soit par ordre, soit parce qu'ils ne comprirent pas la répugnance féline des Italiens à l'eau glacée, les poussèrent — à coups de crosse, dirent les captifs — sous l'eau jaillissant des manches. Ici, les relations commencèrent à se gâter entre prisonniers et geôliers.

Quelques rares Italiens, grâce à de menus services rendus à leurs gardiens, réussissaient à améliorer leur maigre pitance : le sergent Antonio Pochettino, géomètre dans le civil, portraiturait les officiers britanniques, heureux de conserver un souvenir de ce voyage de retour à la mère patrie ; le caporal Lino Setti, du 142e régiment d'infanterie, servant d'interprète, tentait d'aplanir les difficultés.

Les Italiens rêvaient de macaroni, de tagliatelle ou même d'un simple minestrone. On les nourrissait à l'anglaise — il ne pouvait en être autrement ; ration quotidienne : deux cuillères de marmelade délayée dans l'eau, deux tasses de thé léger, deux minces tranches de pain et une tasse de bouillon où nageaient quelques rares légumes. Et le froid commençait à leur donner de l'appétit, sans compter l'envie de fumer, peut-être plus aiguë. Alors, certains inconscients grillèrent une cigarette dans ce qu'ils appelaient leur cage. Le tabac anglais sent délicieusement le miel mais son odeur est persistante. Fumer ailleurs que sur le pont et de jour était défendu — *prohibited* —, et ce mot a infiniment plus de rigueur que le doux *vietato* ; les prisonniers l'apprirent à leurs dépens. Pendant trois jours, tous furent mis à l'eau et au pain sec, sans être dispensés de la douche-supplice pour cela !

Le 28 août, escale à Durban. Comme à Mombasa, équipage et passagers furent autorisés à descendre à terre quelques heures. Le capitaine Sharp, estimant que les prisonniers devaient pouvoir eux aussi se dégourdir les jambes sur la terre ferme, leur donna la permission de se promener quelques instants sur le quai bien gardé. On demeura trois jours à Durban. Quelques Italiens malades furent encore débarqués. Le deuxième jour, les passagers toujours à l'affût du moindre incident avaient vu monter sur le *Laconia* un contingent de jeunes officiers de la R.A.F. Ils venaient eux aussi de Suez et étaient arrivés à Durban quelques jours plus tôt sur le *Stratheden*. Ce navire ayant Halifax (Canada) comme port de destination, on les avait débarqués avec un certain nombre de familles dans un camp de transit en attendant le *Laconia*. Les aviateurs, malgré les recommandations au calme de leur chef, le *Wing Commander* Blackburn, protestèrent contre ces transferts successifs. Ils regrettaient surtout l'heureux *Stratheden* à bord duquel ils avaient été libres de mener la vie qu'ils avaient voulu. La silhouette antique, la cheminée en tuyau de poêle du *Laconia*, haut sur l'eau, ne leur disaient rien qui vaille.

Un nommé Rs. Miller qui faisait partie de leur contingent, quoique civil, spécialiste du fameux moteur « Merlin », représentant de Rolls-Royce en Orient, fut logé avec trois inconnus dans une cabine qui, normalement, était un *single*. Son voisin de couchette, Sime, était mécanicien de la marine marchande. Ce marin avait lui-même embarqué à l'escale précédente, Mombasa. « J'ai été torpillé trois fois, la dernière dans l'océan Indien, le canal du Mozambique, expliqua-t-il à son compagnon. Je le serai encore une fois sur ce *Laconia* de malheur qui jamais n'arrivera en Angleterre ! » Lui aussi regrettait l'atmosphère heureuse du *Stratheden*.

A bord du *Laconia* se trouvaient beaucoup d'hommes qui avaient vu sous leurs pieds leur navire torpillé s'enfoncer, et ceux-là avaient de sombres pressentiments.

Dans le contingent embarqué à Durban, un personnage ne pouvait passer inaperçu : un jeune capitaine du *King's own Scottish*, l'artilleur Coutts. Ce héros de Tobrouk avait à la place du nez un trou et, cette horrible blessure, il tentait de la dissimuler par un pansement. Coutts était aussi remarquable par sa bonne humeur qui se manifesta dès qu'il eut fait le premier pas à bord — on l'entendit rire — que par sa taille de géant, ses pieds immenses dont il se moquait lui-même. Ce Coutts surnommé aussitôt Ben rentrait en Angleterre pour que les chirurgiens missent un nez en plastique à la place de celui en chair laissé à Tobrouk. Tout en regrettant le *Stratheden*, Ben faisait contre mauvaise fortune bon cœur et trouvait le tonnage du *Laconia* digne de lui.

Au départ de Durban, il y avait à bord du navire quelque trois mille âmes. A partir de ce moment, le bâtiment entrait dans la zone dangereuse des opérations.

On signala des mines mouillées par des sous-marins aux alentours du cap de Bonne-Espérance.

Ultime escale, Capetown. Dès le lendemain de leur arrivée au Cap, nos aviateurs virent une silhouette de navire qu'ils connaissaient bien s'avancer au milieu des innombrables bâtiments mouillés en rade et stopper à côté du *Laconia*. C'était leur *Stratheden*. Par un de ces moyens de transmission demeurés inconnus, ils apprirent que le navire dérouté allait se rendre non au Canada mais dans un port anglais ! Aussitôt d'assiéger le *Wing Commander* Blackburn pour qu'il intervînt auprès des autorités afin de les faire transférer sur ce bienheureux navire. Hélas ! les démarches de Blackburn n'obtinrent aucun résultat.

A Capetown, on embarqua encore vingt-six sergents de la R.A.F. Parmi eux se trouvaient quatre amis, quatre joueurs de bridge : Batchelor, Middleton, Allen et Elliot. Aussitôt, ils cherchèrent un coin pour jouer...

On repartit le 1er septembre. Le *Laconia* avait maintenant à son bord 463 officiers et hommes d'équipage, 286 passagers de la marine, de l'armée et de la R.A.F., 1 800 Italiens, prisonniers de guerre, 103 Polonais, 80 femmes et enfants, en tout 2 732 personnes.

Le commandant Sharp prit au sud pour éviter les champs de mines, puis ordonna de faire des zigzags le jour, doubla les canonniers à portée des pièces et des munitions. Les conférences d'état-major du navire eurent lieu deux fois par jour. On décida d'interrompre exercices et lectures. Les ordres écrits, les recommandations pleuvaient.

Quant au capitaine Sharp, il abandonna sa cabine pour dormir tout habillé dans la chambre des cartes. Ainsi, à tout instant, prévenu par l'officier de quart, il pouvait prendre lui-même la conduite du navire et des opérations. Chacun dut garder son gilet de sauvetage à portée. Ces mesures jetèrent un froid parmi les femmes et même les soldats qui, bien que britanniques, préféraient le « plancher des vaches » aux risques de la navigation.

Le *Laconia* navigua loin de la côte ouest de l'Afrique, que maintenant il remontait. A bord, régnait une atmosphère d'attente, la tension des veilles de combat. Les passagers demeuraient silencieux. Malgré eux, ils promenaient leurs regards sur la ligne d'horizon, cherchant dans le creux des vagues le point suspect. La bordée de repos ne flânait plus sur le pont où les hommes hâtaient le pas. La mer était devenue houleuse, la température avait baissé. Il semblait que le *Laconia*, son capitaine, ses officiers et son équipage fussent plus à leur aise sur cette mer hachée, semée de copeaux blancs, que naguère sous le soleil accablant des Tropiques.

On n'entendait plus le malheureux phono aux disques rayés qui débitait depuis le départ la rengaine : *Yours* chantée par Vera Lynn. La boutique du bord, qui ne tenait que savon, dentifrices, bonbons, papier à lettres et quelques bricoles, demeurait sans clients. Et des bruits, néfastes présages, commençaient à circuler : les Polonais étaient bien armés de fusils mais ne possédaient aucune munition. On imaginait la ruée des prisonniers sur le pont en cas de sinistre. Libérés, ne tenteraient-ils pas de s'emparer des embarcations par la force ? On parla alcool et whisky, bien sûr ! Les réserves des canots de sauvetage ayant été bues jusqu'à la dernière goutte par l'équipage, disait-on, des instructions avaient été données : au moment de l'alerte, les patrons d'embarcation devaient se rendre au bar du salon pour « toucher » les allocations d'alcool ! Serait-ce possible ? Tout cela paraissait invraisemblable.

La radio du bord qui recevait par ondes courtes les ordres de l'Amirauté devait demeurer elle-même silencieuse pour ne pas faire repérer le bâtiment par un sous-marin de l'Axe. Seulement en cas d'attaque, le *Laconia* devait donner sa position afin de permettre à la riposte de s'exercer efficacement. Un à un, longs, interminables, les jours passèrent. Avec le calme de la mer et la chaleur revenue, l'habitude de cet état de semi-alerte aidant, les passagers reprirent leurs habitudes. On vit les officiers de la R.A.F. s'ébattre sous les jets d'eau des manches, jouer aux jeux de pont, faire d'interminables bridges, se réunir au bar autour de whiskies, jouer au poker dice. On riait de nouveau sur le *Laconia*.

Selon une coutume aussi britannique que respectable, on commença même à s'habiller pour le dîner du soir. Quelques *evening dresses* firent leur apparition et les dames, trop contentes de l'aubaine, sortirent quelques robes ornées de fleurs et de dentelles.

Le capitaine Sharp, qui, au début du voyage, recevait à sa table quelques privilégiés, se contentait de porridge, de tasses de thé noir et de quelques toasts qu'il prenait seul dans la chambre de navigation. Il savait les parages dangereux et, non sans inquiétude, il se tenait toujours prêt en cas d'alerte aux sous-marins.

Une fois par jour, on mettait brusquement au « poste d'évacuation » et chacun, son gilet de sauvetage à la main, devait gagner l'embarcation, le radeau qui lui était assigné. Là, on capelait les gilets. Si certains faisaient cet exercice avec application, d'autres en riaient. Puis, l'exercice terminé, chacun retournait à ses occupations.

A la fin de la première semaine de septembre, on entra dans la région des alizés. On avait parcouru 2 400 milles sans le moindre incident et, en apparence, il n'y avait aucune raison pour que cette chance ne continuât pas.

Comme toujours sur les navires aux longs parcours, des clans s'étaient formés : chez les femmes, les épouses des officiers supérieurs considéraient avec une hauteur que n'avaient pas leurs maris pour leurs subordonnés les femmes de *petty officers*. Quant à une certaine Mrs. Nagle, femme indienne dont le mari malade était à bord, ces dames la méprisaient franchement.

On retrouvait souvent ensemble Mrs. Dorothy Davidson et Mrs. Gladys Forster rapprochées par leurs filles de dix-neuf et quatorze ans, Molly et Elisabeth. Mrs. Gibson venait leur tenir compagnie. Le *Laconia* était devenu une véritable petite ville avec ses cancans, ses coteries, ses heures de promenade, ses dîners par table où on se retrouvait comme au restaurant, ses flirts, ses amours clandestines aussi, en un mot, tout ce qui peut se passer entre des hommes et des femmes, vivant ensemble et sachant que cela ne durera pas.

Il y avait Mrs. Jane Walker dont le mari, John, officier au fameux régiment écossais *The Black Watch*, était prisonnier en Allemagne. Elle avait avec elle sa fille Doreen, une brunette de cinq ans, aux yeux noirs, tout heureuse de ce voyage en mer. La petite fille jouait sur le pont avec Freddie Moore dont la maman, comme Jane Walker, rentrait en Angleterre pour travailler comme volontaire pour la guerre.

La nourriture à bord du *Laconia* était ce qu'elle pouvait être sur un navire surchargé, en pleine guerre : médiocre. Des plaintes eurent lieu. Un jour, un officier de la R.A.F. sollicita l'avis des passagers. Il souhaitait qu'ils se joignissent à une réclamation faite par les hommes de la R.A.F. Quand il s'adressa à Mrs. Walker, celle-ci le reçut fraîchement :

— Je n'ai aucune réclamation à faire, lui répondit-elle. Je ne comprends pas qu'en temps de guerre vous vous arrêtiez à de si basses questions.

Jane Walker avait pensé à son mari prisonnier, à ce que les *Jerries* lui donnaient à manger. L'officier aviateur, penaud, vexé, était parti.

Le 8 septembre, peu après la sortie de Capetown, le major Coutts, souffrant de plus en plus d'un ongle incarné, alla consulter le docteur Purslow. Celui-ci fit comprendre au major qu'il fallait profiter de ce repos forcé pour se faire opérer et le décida à se faire enlever l'ongle malade : quatre jours à l'infirmerie ! On ne revit plus la haute silhouette de Ben dans le salon et l'on n'entendit plus son rire. Son absence fut regrettée.

Sur le pont, les enfants jouaient à d'interminables parties de cache-cache en se heurtant aux grandes personnes. Ceux qui menaient la bande étaient sans contredit deux *boys* d'une dizaine d'années, Geoffroy Baker et Freedy More dont le père avait été tué à Malte et qui rentrait avec sa mère.

Le 10 septembre, peu après minuit, Hall-Clucas, premier officier, et Buckingham, troisième officier, étaient de quart sur la passerelle quand un message chiffré leur fut transmis. Il provenait de Londres, de l'Amirauté. Buckingham fut chargé de le décrypter. Pour faire ce petit travail, il descendit de la passerelle et, par le pont supérieur, se rendit chez le commissaire Hurst qui possédait le code enfermé dans un coffre. Il déchiffra le message avec le plus grand soin et le 11 septembre, à 1 h 15 du matin, le message en clair était remis au commandant Sharp. C'était un ordre : « *Modifiez votre route le même jour, le 11 septembre, deux heures après le coucher du soleil.* » Suivaient des précisions sur la route à suivre. Pourquoi ce changement qui allait faire passer le *Laconia* au milieu de l'Atlantique Sud, loin des côtes d'Afrique, l'équateur devant être franchi à égale distance du Brésil et de l'Ouest africain ? Sans aucun doute, le *Laconia* allait recevoir par la suite des instructions complémentaires. Peut-être la destination allait-elle être modifiée ? On ne débarquerait plus à Londres mais aux États-Unis ou au Canada. La présence des prisonniers italiens à bord justifiait cette présomption. En tout cas, il était impossible de savoir, et tout était possible, les desseins de l'Amirauté comme ceux du Seigneur étant imprévisibles.

Quoi qu'il en fût, l'état-major du *Laconia* ne s'émut pas outre mesure, habitué qu'il était à recevoir des instructions inattendues.

Selon les ordres, on changea de direction le soir du 11 septembre à 22 heures. Les alizés du sud poussaient maintenant le *Laconia* au cul et le bâtiment donnait facilement ses quinze nœuds.

12 septembre.

La journée commença comme les précédentes : le beau temps continuait. Après le *breakfast*, la bordée de service prit son poste et chacun vaqua à ses occupations comme d'habitude. Les prisonniers furent autorisés à monter sur le pont pour se dégourdir les jambes et respirer un instant l'air frais du large. On leur offrit aussi ces hygiéniques et revigorantes douches si agréables aux Anglo-Saxons !

A midi, on changea de bordée.

A 16 heures, celle-ci fut envoyée au repos et remplacée. Une horloge bien réglée, cette succession de quarts. Au crépuscule, on fit le point et, dans une mer capricieuse, on remit le bâtiment exactement sur sa route.

A 19 h 20, les inséparables Hall-Clucas et Buckingham, pour se rendre dans la salle à manger des officiers, descendirent de la passerelle. Ils y laissaient le commandant Sharp, toujours présent, et le premier officier J. H. Walker.

La nuit approchant, on prit les dispositions pour la passer sans incident : camouflage des lumières, fermeture des coursives donnant sur le pont malgré leur faible éclairage. Le second du navire, le *staff captain* Steele — cinquante-deux ans, né à Liverpool, naviguant au civil à la *Cunard Line* comme le *captain* Sharp —, fit une ronde générale. Cet homme infatigable était partout. Levé à 6 h 30, il ne se couchait que très tard dans la nuit après s'être occupé de mille détails lui incombant. Steele, fin diplomate, arrangeait toujours les incidents, les contestations qui survenaient entre l'autorité militaire et le commandement lui-même. Steele, *staff captain*, prenait soin des passagers et faisait l'impossible pour leur rendre agréable le séjour à bord quoiqu'il préférât, et de beaucoup, les petits navires qui n'avaient que quelques cabines. Ce soir-là, à 19 h 30 — on dîne tôt sur les navires —, il salua quelques *misses* et *ladies* se rendant à la salle à manger en *evening dress*. C'est tout juste si elles ne donnaient pas le bras comme si elles se fussent trouvées en temps de paix sur un paquebot de ligne Southampton-Cherbourg-Halifax. Au demeurant, le capitaine Steele préférait cette insouciance à l'inquiétude. Au commandant, à lui-même et à son équipage, il appartenait de veiller, de parer à tout danger. Il adressa des sourires à ces dames en leur souhaitant bon appétit, puis grimpa sur la passerelle.

Le *Laconia* continuait sa course sur une mer aux reflets chaudron alors que le soleil se couchait à l'horizon.

III

« TORPILLÉS ! »

20 heures. Samedi 12 septembre à bord du Laconia.

La mer est belle, calme; on entend le froissement sans fin de sa soie noire aux reflets bleutés. Du *lounge* monte, amortie, lointaine, la musique des *blues*. Geo G. Rose est seul sur la passerelle supérieure. De là, il a une vue plus large sur la mer, sur le *Laconia*. Il pense que bientôt tout ce monde qui s'agite sous lui reposera pour la nuit, tandis que lui, Rose, des officiers, des matelots continueront leurs quarts successifs, jusqu'au matin. Alors, le navire se réveillera et fera sa toilette pour une nouvelle journée en mer.

Soudain — il était 20 h 08 — une explosion ébranle le *Laconia* tandis qu'une colonne d'eau, de fumée s'élève sur tribord. Rose court vers l'extrémité de la passerelle, se penche. Au même instant, les machines s'arrêtent et c'est le silence absolu, angoissant. Torpillé! Ce qui étonne le plus Rose, c'est la forme prise par la fumée qui atteint maintenant le haut de la cheminée du *Laconia* : une colonne, comme une cheminée postiche qu'on aurait ajoutée soudain au paquebot.

Revenu au centre de la passerelle, l'officier de navigation rassemble papiers, jumelles, montre, et descend dans la chambre de navigation. Au même instant, une seconde torpille secoue le navire qui oscille légèrement tandis que la lumière faiblit. Sur la passerelle, Rose entrevoit la silhouette massive du commandant, celles de Steele et de Walker.

— *Action Stations!*[1] ordonne Sharp à Steele qui vient d'arriver sur la passerelle.

Lugubre, dans le silence de la nuit, tandis que le *Laconia*, ses machines arrêtées, court sur son erre, le klaxon retentit...

---

1. Appel aux postes de combat au moyen de klaxons.

— C'est fou ce que le crépuscule tombe vite dans ces régions, dit Buckingham. Quand nous sommes allés dîner il n'y a pas trois quarts d'heure, le soleil se couchait. Maintenant, c'est la nuit.

Hall-Clucas regarda sa montre.

— 8 h 5! Je vais me coucher moi aussi. A minuit, nous prenons le quart sur la passerelle.

A ce moment, Hurst le commissaire, Sollace et Jones sortent de la salle à manger.

— Je vais faire les cent pas sur le pont, dit Hurst.

— Vous venez? dit Jones.

— J'ai sommeil. Bonne promenade. — Et Hall-Clucas bâilla. — Buckingham, je vous rappelle que vous avez promis à nos voisins de cabine de leur rendre visite. Ils doivent vous attendre...

Tous deux prennent la coursive tribord.

Ces voisins occupent la cabine 17, pont A, dans le cul-de-sac sur la coursive latérale. Lui est officier aviateur. Dans le port de La Valette, lors d'un bombardement aérien, cet aviateur de la marine a sorti un cargo bourré d'explosifs qui menaçait de sauter, au milieu des autres bâtiments. Il est maintenant malade, très malade même — la fièvre de Malte. Rapatrié avec sa femme qui le soigne avec dévouement, ils forment un couple sympathique. Les deux officiers du *Laconia* arrivent au fond du cul-de-sac où s'ouvrent leurs cabines. Souvent, le soir, ils vont bavarder un moment avec les occupants de la cabine 17. Ils sont là. Un rai de lumière cuivrée souligne le bas de la porte.

— Vous venez? demande Buckingham à Hall-Clucas.

— Non, j'ai sommeil. Nous devons nous retrouver tous les deux sur la passerelle à minuit. Ne vous attardez pas trop.

Le premier officier a des attentions de mère pour son subalterne. Un brave homme, ce Hall-Clucas, aussi gros et potelé que Buckingham est maigre. Il ne s'est jamais marié pour pouvoir subvenir aux besoins de sa mère, de son petit frère, de sa sœur. Hall-Clucas entre dans sa cabine et Buckingham se retrouve seul dans la coursive. La porte est devant lui et il avance la main pour frapper. Il entrouve la bouche pour s'annoncer : «Buckingham...» Il n'en a pas le temps.

Venue des fonds, une explosion fracassante secoue soudain le navire. Toutes les boiseries volent en éclats; une fumée âcre, une poussière grise, impalpable, obscurcit l'atmosphère. Les lampes électriques faiblissent. Aussitôt, le *Laconia*, disloqué, prend 15° de gîte sur tribord. Devant Buckingham, il n'y a plus de porte, plus rien, si ce n'est à ses pieds quelques débris de bois et de la poussière grise.

A travers une sorte de brouillard jaunâtre, à la lumière diffuse d'une lampe qui tremblote, il aperçoit le couple immobile, comme pétrifié, et un instant qui lui semble très long, très long, il demeure ainsi, l'index replié, prêt à frapper dans le vide. Ce geste qu'il a accompli mille fois, machinalement, sans jamais l'analyser, lui paraît ridicule et absurde comme ces deux silhouettes serrées l'une contre l'autre, frappées de stupeur, bêtes comme deux Londoniens qu'on aurait jetés soudain en toilette de nuit dans le brouillard glacé de la rue.

Rompant cette scène et ce climat hors du temps, Buckingham parle enfin.

— Vos gilets de sauvetage. Laissez tout... Vite... Montez au pont des embarcations...

Mais où est Hall-Clucas? La porte de sa cabine est ouverte. Sans doute est-il déjà sur la passerelle, à son poste?

Buckingham, l'aviateur et sa femme sont maintenant dans la coursive. Ils avancent à tâtons au milieu des débris de bois, sur un linoléum déchiré, gondolé, dans une demi-obscurité qui hésite...

— Adieu... Sauvez-vous, montez sur le pont A, les équipes de sauvetage vont s'occuper de vous...

— Et vous?

— Je rejoins mon poste sur la passerelle.

— *God bless you...*

Le troisième officier du *Laconia* n'entend plus les machines. Il écoute un instant le grand silence, celui des passagers stupéfaits, celui du navire frappé à mort ; et ce silence lui paraît plus effrayant que le fracas de l'explosion. Quatre à quatre, il grimpe sur la passerelle où s'agitent des ombres. Au moment où il pénètre dans la timonerie, la deuxième explosion secoue le navire, suivie presque aussitôt de l'*Action Stations* qui retentit lugubrement dans tout le navire.

Lorsque la torpille frappa le flanc tribord du *Laconia* et explosa, Mrs. Dorothy Davidson, épouse d'un officier supérieur de l'armée britannique, fille de constructeur de navires, avec la haute autorité que lui conféraient son expérience, sa situation, ses longs séjours aux colonies, critiquait l'administration du *Laconia* dans le salon du paquebot. La digne lady était en robe de soie beige et portait des souliers assortis, à hauts talons. Son sac était maintenu par une courroie à l'épaule et elle se carrait dans un fauteuil de cuir. Sur une chaise, Molly, sa fille, dix-neuf ans, l'écoutait en souriant. Devant elles, quelques couples commençaient à danser.

L'explosion sourde, la secousse violente avaient projeté Mrs. Davidson à terre. Quoique étourdie, elle avait rampé jusqu'à une colonne. Non sans peine, ayant pu se relever, avec sa fille — Molly n'avait pas perdu son équilibre et demeurait parfaitement calme —, elles gagnèrent en titubant la porte donnant sur le grand escalier qui avait déjà pris de l'inclinaison. Elles aussi furent impressionnées par le silence extraordinaire qui les environnait. Pas un cri, pas un appel, rien ! Avec les machines, les mille bruits d'un navire, le brouhaha de cette ville flottante et même, une seconde, la respiration des hommes semblaient avoir été interrompus, suspendus dans le temps et dans l'espace. Comme Mrs. Davidson et sa fille parvenaient à l'escalier central, une deuxième explosion qui leur parut moins violente que la première secoua le *Laconia*. Elles durent se tenir à la rampe pour ne pas tomber. Un matelot passa près d'elles.

— Aux embarcations ! Vite ! leur cria-t-il.

Le *Laconia* donnait de plus en plus de la bande et, au milieu de la foule des passagers qui tentaient de gagner les ponts supérieurs — dans la demi-obscurité de l'électricité fléchissante —, les deux femmes se heurtèrent à deux officiers de la R.A.F., Joss Joe et Dusty, qui les aidèrent à mettre en place leur gilet de sauvetage. En réalité, il n'y avait pas de panique mais une cohue de gens qui les uns montaient vers les ponts supérieurs, les autres descendaient pour aller chercher un objet quelconque dans leur cabine, et ces mouvements en sens inverse ne se passaient pas sans heurts.

Un instant plus tard, on vit les premiers prisonniers italiens, qui avaient réussi à sortir de leurs « cages », tenter de se frayer un passage vers les embarcations. Les gardes polonais croisant le fusil, baïonnette au canon, tentèrent de les arrêter, de les refouler vers les fonds ; il y eut quelques passagers renversés, quelques coups échangés.

Dans la confusion générale, les deux femmes se retrouvèrent au pont A. Mais l'épouse de l'officier supérieur était femme de tête et, avec Molly, jouant des coudes, elles remontèrent au pont des embarcations. Maintenant, il faisait tout à fait nuit, le ciel était sans lune. Quelques lampes électriques de poche éclairaient faiblement un visage défait, les cordons mal noués d'un gilet de sauvetage, une main qui se tendait.

Quelques cris : « Lumière ! Lumière ! Vous allez nous faire repérer ! » On retombait dans les ténèbres. Il était bien temps ! Quelques quolibets répondirent à ces recommandations inutiles. Un courant humain repoussa les deux femmes qui se tenaient fermement par la main vers le pont B. Farouchement, elles luttèrent encore. A tout prix, il fallait atteindre un poste d'évacuation et embarquer dans un canot. Par une échelle de fer, elles remontèrent au pont supérieur, mais c'était sur bâbord et, comme le *Laconia* penchait sur tribord, elles furent entraînées vers la foule des passagers qui se pressaient sur l'autre bord. Des tuyaux crevés laissaient échapper l'eau qui se répandait, se faufilait partout. Brûlants, des jets de vapeur fusaient çà et là. Quelques passagers poussés, bousculés, glissaient et tombaient. On les relevait. Séparés des leurs, on les entendait crier des noms. Le hasard voulut qu'elles rencontrassent l'aviateur Smith qui les tira hors de la foule amassée contre le bordé. Le beau Smithy n'était pas en sympathie avec Mrs. Davidson, mais en de pareils moments on met de côté ces mesquineries. C'est à ce moment qu'un officier de l'armée, Henry Hall voyant cette lady en toilette légère du soir, sans le moindre vêtement chaud — elle avait laissé son cardigan dans sa cabine —, lui cria : « Pas de manteau ? — Non. » Hall lui passa le sien, l'aida à fixer par-dessus le gilet de sauvetage et disparut.

— Hello, major Creedon !

Miss Davidson avait aperçu la haute stature de ce cher Cracker et elle lui demanda de les aider. L'officier portait son *Hebron-coat*, en bandoulière une caméra, comme s'il allait débarquer pour une excursion. Il venait de dîner et s'était installé sur un transat du pont-promenade en attendant trois autres officiers avec lesquels il devait faire un bridge, lorsque la première torpille avait explosé. Avec un calme tout britannique — le major en avait vu d'autres — il était descendu jusqu'à sa cabine pour prendre ses petites affaires. Puis, dans la cohue, comme à l'exercice, il était monté jusqu'à son poste d'évacuation. Sur le pont des embarcations, il avait été accosté par Molly.

— Il va nous falloir trouver deux places pour vous dans une embarcation, dit-il.

Il n'ajouta pas que cela lui semblait déjà presque impossible. Avant de penser à lui, le major Creedon s'occupa des Davidson.

Le capitaine Coutts se morfondait à l'infirmerie du *Laconia*, au moment du torpillage. Avec son maudit pied tout enveloppé de pansements, il était presque immobilisé et le capitaine du *King's own Scottish* trouvait cette impotence un tantinet ridicule. Un ongle incarné, ce n'était pas une amputation, que diable ! Quand il avait entendu l'explosion de la première torpille, Ben avait hoché la tête comme pour dire : « Ça y est ! Me revoilà dans le bain !... » C'était bien un bain qui l'attendait !

Avec flegme, il avait mis un grand manteau sur son pyjama, puis il avait décroché son havresac du portemanteau de l'infirmerie. Ce précieux sac, qu'heureusement il avait emporté avec lui, contenait une bouteille d'eau, une bouteille de whisky et ses certificats médicaux pour son nez. Il le fixa à l'épaule avant d'armer son revolver et de glisser l'arme dans la poche du vieux manteau. Son poste d'évacuation aux embarcations se trouvait être le même que celui de la garde polonaise.

Le blessé, ne sentant plus son mal, se frayait difficilement un passage dans cette foule que cet homme flegmatique estimait prise de panique alors qu'il n'y avait encore que bousculades. Comme Ben passait à proximité de sa cabine, il croisa un de ses partenaires au bridge et aux jeux de pont, R. S. Miller, qu'il avait connu sur le *Stratheden*. Il lui adressa un signe d'amitié. Tous deux avaient sympathisé et, avant l'opération de Coutts, de grandes parties de palet les avaient réunis sur le pont. Miller avait été surpris par l'explosion au salon où il s'était rendu après le dîner, pour terminer sa soirée. Le choc l'avait fait tituber mais il s'en était tiré sans la moindre égratignure, alors qu'à ses côtés un officier projeté contre un angle de table avait été blessé à la tête. Avec les autres passagers, Miller était sorti sans trop se presser, dans le calme, dû à la confiance qu'il avait dans les qualités nautiques du paquebot. Il était impossible, leur semblait-il, qu'un aussi grand navire coulât. En tout cas, il devait demeurer des heures et même des journées à flot en attendant du secours. Il ne rencontra aucun membre de l'équipage, aucun officier, et cette absence de direction, d'autorité, pour Miller, avait à la fois quelque chose d'alarmant — le désordre allait certainement s'ensuivre — et de rassurant. Il n'y avait pas de danger immédiat puisque personne de l'équipage ne donnait des instructions aux passagers ! La gîte du navire, l'électricité qui flanchait, cette odeur âcre d'explosifs qui montait des fonds n'étaient pas de bon augure.

Miller avait alors décidé de se rendre à sa cabine pour prendre quelques effets personnels. Passant devant le bar — la porte était ouverte —, il entrevit un membre de l'équipage remplissant sa poche de billets de banque qu'il puisait dans le tiroir-caisse. Cet homme avait-il reçu des instructions pour agir ainsi ou volait-il ? Désagréablement surpris, Miller avait aussi constaté que personne ne prenait les rations d'alcool qui devaient être distribuées en cas d'évacuation du *Laconia*. Descendre dans sa cabine avait été pour Miller tout un travail. Les Italiens montaient des fonds et, se voyant refoulés par les Polonais, se doutant qu'il n'y aurait pas de place dans les canots de sauvetage pour tous, qu'eux, prisonniers, devaient passer les derniers après les femmes, les enfants, les Britanniques, après les Polonais, ils luttaient pour sauver leurs vies. Poussant des cris, invoquant Dieu, la Madone, se glissant entre les fusils, évitant la pointe des baïonnettes, ils se heurtaient aux Polonais, eux-mêmes gênés par l'afflux des passagers. Ils devinaient que les gardes ne tarderaient pas à laisser faire, à abandonner une tâche aussi difficile qu'atroce. Aucun coup de feu ne fut entendu par Miller ; s'il y eut des blessés parmi les prisonniers, ils le furent à l'arme blanche.

On ne donnait toujours pas d'ordres de la passerelle. Que se passait-il ? La T.S.F. avait-elle lancé des S.O.S. ? Miller dans sa descente à contre-courant, au milieu de ces flux et reflux humains, se posait toutes ces questions. Parvenu enfin jusqu'à sa cabine, y étant entré, l'officier avait eu un geste inattendu : ayant décroché un sac de toile, il l'avait rempli de quelques morceaux de sucre, de fruits secs, raisins et figues achetés au Cap. C'est en sortant dans la coursive qu'il avait aperçu Ben Coutts. Il eut vite rejoint le capitaine, traînant la patte dans son curieux accoutrement : pyjama, immense manteau et havresac.

— Quelle histoire !

— Drôle d'histoire, en vérité, répétait Ben avec flegme et humour.

Ils mirent leurs gilets de sauvetage en place et remontèrent sur le pont des embarcations.

Pour ce faire, un bon quart d'heure fut nécessaire, Miller tentant de protéger le pied de Coutts et la « poupée » de son pouce. Quelques hommes d'équipage s'affairaient à sortir les chaloupes de leurs berceaux. Beaucoup avaient été détruites par l'explosion ou avariées gravement. Les passagers tentaient de se rendre au poste qui leur avait été affecté et qu'ils avaient repéré avec plus ou moins d'attention lors des exercices d'évacuation. Dans la nuit, sur les ponts en pente, ils glissaient, heurtant des débris, les tuyaux crevés qui pissaient. Les malheureux titubaient, tombaient, se relevaient ; la plupart erraient d'un emplacement à un autre.

Ben et Miller parvinrent au pont A tribord où devait se trouver leur canot, mais ils ne purent approcher à cause de la foule qui s'entassait sur ce côté du navire.

En réalité, les canots de sauvetage devaient être sortis de leurs berceaux par les hommes d'équipage sur le pont des embarcations, descendus aux bossoirs le long du bord et un peu plus bas, à la hauteur du pont A, être prêts à l'embarquement des passagers désignés. Remplis, ils devaient être descendus jusqu'à la mer. Or, par tribord, cette manœuvre était rendue impossible à cause de la gîte qui, de minute en minute, augmentait, mettant au pont A les embarcations disponibles trop loin du bordé du navire, hors de portée des passagers lorsqu'elles arrivaient au niveau du pont A. Quant aux canots de bâbord, pour les raisons contraires, il était impossible de les mettre à la mer. Le coup était double et la situation tragique. L'explosion avait complètement détruit les canots 5, 5a et 7a. Beaucoup étaient endommagés, inutilisables. On put cependant descendre jusqu'à la mer quelques embarcations à moitié vides. Des Italiens, des membres de l'équipage avaient réussi à y embarquer sur le pont supérieur pendant la manœuvre. Des passagers, voyant ces embarcations où ils avaient espéré prendre place, commencèrent à se laisser glisser le long du bord grâce à des échelles de corde, au-dessus du vide, jusqu'aux canots qui, dans l'obscurité, sans ordre possible se remplirent rapidement.

Dans ce chaos, Ben Coutts et Miller remarquèrent un jeune officier de la Marine royale, le lieutenant John Tillie [1]. Ayant réussi à rassembler quelques hommes du *Royal Marine*, il leur donnait des ordres précis pour la manœuvre.

« Embarquez femmes et enfants d'abord », criait-il à ses *Marines*, et, aux gardes polonais, il ordonnait de repousser les prisonniers italiens

---

1. Lieutenant L. John Tillie, *R.N., D.S.C. and bar*. Campagnes de Narvik et de Méditerranée orientale.

alors que ces malheureux, dans leur affolement, tentaient de monter avant les autres !

« Coupez les amarres de ces radeaux ! — Et ces flotteurs, allons, dégagez-les ! » Puis le lieutenant tenta de mettre les embarcations de bâbord à la mer. Dans ce naufrage, John Tillie fut un des rares à avoir de l'autorité et à donner des ordres. Deux passagers, le *leading seaman* Harry Vines et l'*able seaman* A. V. Large R.N.V.R., le secondèrent efficacement. Les deux *seamen* se trouvaient au poste de l'équipage, quatre ponts au-dessous, lorsque la première torpille avait frappé le *Laconia*. Aussitôt, grimpant les échelles à une vitesse dont seuls les marins sont capables, ils s'étaient retrouvés à leur poste d'évacuation. Là, ils s'employaient de leur mieux.

Dans l'obscurité absolue du pont — la lune s'était cachée derrière des nuages noirs —, une femme tenant par la main une fillette allait de l'emplacement d'un canot à l'autre. Elle demandait où était son canot, cherchait une place, mais elle était partout repoussée et commençait à désespérer quand elle aperçut Mrs. Davidson et sa fille auprès du major Creedon. Hélas ! elle fut bousculée et elle perdit de vue le petit groupe. C'était Mrs. Gladys Forster, l'amie de voyage de Mrs. Davidson, et sa fille Elisabeth.

Dans la masse mouvante de ces gens, indécis sur ce qu'ils avaient à faire, accoutrés de façon disparate — les uns avaient ôté leurs chaussures, les autres s'étaient mis presque nus, avaient revêtu leurs manteaux, portaient des couvertures —, amis, nationalités, armes tentaient de se regrouper. Le lieutenant-colonel O. C. Ship aidait le jeune médecin-chirurgien Geoffroy Purslow à donner une place dans une embarcation à trois de ses malades avant d'aller secourir femmes et enfants. Le docteur Purslow ne lâchait pas sa trousse de médecin. Un peu plus loin, c'était le quatrième officier-mécanicien du *Laconia*, William Hendersen, qui, avec un vérin, faisait l'impossible pour dégager un radeau coincé.

Un sergent de la R.A.F. qui avait fait campagne en Crète, et à Narvik, criait : « Par ici, la R.A.F. ! » La R.A.F. faisait du bon travail. Remonté non sans peine du pont F, près des Italiens, le sergent Batchelor tentait de se frayer un passage jusqu'à ses camarades. Il put rejoindre Middleton. Avec lui, Allen et Elliot, il faisait une partie de bridge dans le mess des sous-officiers quand le *Laconia* avait été torpillé. Comme un seul homme, ensemble, ils s'étaient levés. « Ça y est ! » avait dit Elliot avec une nuance de regret pour le trois sans-atout qu'il était certain de réussir. Sans plus attendre, ils s'étaient précipités vers la coursive pour monter jusqu'à leur canot, le même pour tous les quatre. C'est alors que Batchelor avait pensé avoir le temps de prendre un manteau dans la cabine qu'il partageait avec Elliot. Arrivé devant la porte, il constata avec effroi qu'il avait oublié sa ceinture de sauvetage — il était assis dessus alors qu'il jouait aux cartes. Il retourna donc jusqu'au mess. La petite salle était déserte et enfumée. Sans voir les verres renversés, les sacs, les vêtements abandonnés, le sergent de la R.A.F. se dirigea droit vers sa chaise. Le gilet de sauvetage était toujours là. Personne ne s'en était emparé. Batchelor le prenait lorsque son regard se fixa sur la table : les treize cartes d'Elliot étaient encore étalées. Le mort, un beau mort ! un beau jeu ! A côté, une montre-bracelet en or, celle d'Elliot, était posée, l'aiguille des secondes avançait avec une irrémédiable régularité. Batchelor fit un geste pour la prendre. Tout à l'heure, il la rendrait à son ami. Une seconde... deux secondes... Jamais Batchelor ne put comprendre son hésitation... Non, le temps était trop précieux... Trois secondes... Un obscur sentiment de l'inutilité de cet objet en or alors que sa vie était en danger, le même instinct qui avait poussé son propriétaire à l'abandonner firent que Batchelor repartit, laissant la montre d'Elliot sur la table, à côté du « mort »...

— Et Elliot ? demanda Batchelor à Middleton quand il le retrouva sur le pont A.

— Pas vu.

A ce moment, ils furent séparés.

Au même instant, fatiguée par une journée harassante, une dame se couchait dans une de ces petites maisons de la banlieue de Londres, toutes pareilles avec leur jardinet derrière la barrière de bois, des rideaux brodés bien tirés sur les fenêtres à guillotine. Elle devait s'endormir aussitôt, s'éveiller plusieurs fois dans la nuit et faire un affreux cauchemar. Ce rêve épouvantable, elle le vécut avec une telle intensité, une telle vérité dans ses moindres détails qu'elle fut heureuse — sans être soulagée pour cela — quand le jour vint l'en délivrer.

Ce jour-là était un dimanche et elle se rendit au premier office afin de bien prier pour son fils. C'est devant l'église qu'elle rencontra une vieille amie.

— Bonjour, Mrs. Faith, quel affreux temps !

— Bonjour, Mrs. Batchelor, en vérité le temps est affreux. Mais qu'avez-vous donc ? Vous êtes pâle comme une morte.

— Ah ! oui, cette nuit, j'ai vu mon fils Kenneth. Il était sur un bateau et le bateau coulait. Kenneth allait et venait, dans tous les sens, montait des cales à la passerelle, redescendait, remontait, cela sans fin alors que le navire s'enfonçait. Je revois encore cela comme si j'y étais... Mon fils...

— Votre fils est toujours dans son camp d'entraînement en Afrique du Sud, Mrs. Batchelor, et vous avez tort d'avoir de l'inquiétude à son sujet.

— Je suis certaine que...

La cloche de l'église sonnait, les fidèles entraient. Mrs. Batchelor et Mrs. Faith les suivirent.

Le soir même de ce dimanche, Mrs. Faith, impressionnée par les paroles et l'attitude de son amie, devait prendre une feuille de papier et écrire : «*Kenneth, fils de mon amie Mrs. Batchelor, court un grand danger sur un navire. Londres. Le 13 septembre 1942*[1].»

Ian Peel semblait anéanti devant une chaloupe mise en miettes qui n'était plus qu'un enchevêtrement informe de ferraille et de bois. C'était *son* embarcation devant laquelle il s'était régulièrement rendu à chaque exercice. Pauvres exercices! Qu'en restait-il? Rien, comme de ce canot!

Ce Ian Peel rentrait du Moyen-Orient après une longue campagne. Ce n'était pas un foudre de guerre, Mr. Peel, et, s'il faisait son devoir, il maudissait cette guerre, ces années perdues.

Alors qu'il se rendait au salon, il avait été projeté contre la paroi et blessé à la tête par une cloison éclatée lors de l'explosion. Lui aussi avait perçu cette odeur particulière à l'explosion. Dans la demi-obscurité, à moitié étourdi, ayant trébuché, il s'était relevé. Aller de l'avant, gagner son poste d'évacuation lui avait été difficile tant le bâtiment donnait de la bande. Alors, la deuxième explosion avait causé une nouvelle pluie de matériaux meurtriers. Pressé, porté malgré lui au milieu des cris et des jurons : «*Bloody tin-fish! Bloody jerries!*[2]», il s'était retrouvé sur le pont A.

Marchant à tâtons, se heurtant aux pièces de bois, aux autres naufragés, il ne voyait rien, sauf des masses, des silhouettes, des formes qui allaient dans tous les sens. Ses yeux s'habituaient à l'obscurité. Il avait mis une demi-heure avant de trouver l'emplacement de son canot, l'emplacement seul, car le bateau avait été détruit par l'explosion. C'est à ce moment que Peel ressentit pour la première fois une douleur sourde à son bras. Il regarda et vit la manche déchirée; sa chair mise à nu, le sang coulait. Il avait été blessé par un éclat de bois.

Peel chercha une autre embarcation au hasard des ténèbres. Il n'en restait plus. Elles étaient déjà à la mer ou inutilisables. Il regarda l'heure : 9 heures! Ses yeux se portèrent sur la mer. Au-dessous de lui, sur une eau légèrement houleuse et noire, il crut discerner quelques embarcations surchargées, des têtes, des bras. Quelqu'un l'appela : «Peel! Peel!» Qui? Impossible de le savoir dans ce tohu-bohu, ces myriades de bruits indistincts. Peel ne pouvait demeurer plus longtemps sur ce navire qui menaçait de sombrer brusquement, d'un seul coup, de toute sa masse, entraînant tout avec lui dans un terrible remous, une succion à laquelle rien ne pourrait résister. Il entrevit deux femmes dont une tenait un bébé

---

1. Le papier existe encore et Mrs. Batchelor, après tant d'années, se souvient avec clarté des détails de son cauchemar.

2. «Sale poisson en fer-blanc! Salauds d'Allemands!»

serré contre sa poitrine. Malgré lui, Peel fut poussé jusqu'au bordé et
basculé par-dessus. Maintenant, suspendu entre ciel et mer, se cramponnant aux barreaux d'une échelle, il se sentait glisser entre des bras, des
jambes, des mains qui s'agrippaient à n'importe quoi, dans une foule
d'êtres humains saisis par la peur et la panique. Vision dantesque !

Au milieu de cette foule où les actes de courage se mêlaient aux lâchetés, où les uns demeuraient calmes et confiants tandis que les autres s'affo-
laient, une femme éprouvait l'angoisse de ceux qui ont charge d'âme.
C'était la *sister* Doris M. Hawkins (S.R.N., S.C.M.). Une mère demeurée au Moyen-Orient, Mrs. Redman, lui avait confié son enfant, la petite
Sally, et elle se devait de sauver le bébé. Sally dormait à poings fermés
dans la cabine, ce soir-là. Miss Hawkins avait laissé la porte ouverte et
elle bavardait avec l'occupante de la cabine opposée, lady Grizel Wolfe-
Murray, la jeune femme enceinte de quatre mois. Et de quoi parlaient-
elles, ces femmes ? D'enfants, de soins matrimoniaux ? Non, elles discutaient de sous-marins et de torpilles !
— En cas de torpillage, pour moi, tout est « paré », disait Miss Hawkins. Un sac contenant sucre, lait condensé, chocolat, quelques pansements est à ma portée, là.
Elle montrait le sac suspendu à une patère au-dessus de Sally dont
on voyait les petites mains roses posées sur le drap.
Alors, la première explosion avait secoué, ébranlé le *Laconia* et aussitôt cette odeur âcre, indéfinissable d'explosifs s'était répandue... Lady
Wolfe-Murray avait fait un geste vers sa voisine mais déjà Miss Hawkins n'était plus là. Elle s'était précipitée, avait volé jusqu'à Sally alors
que l'enfant continuait à dormir avec un sourire d'ange sur ses petites
lèvres. L'ayant enveloppée dans une couverture de laine, la *sister* avait
pris le sac de secours et allait sortir quand la deuxième torpille avait frappé
le flanc du *Laconia*. Sous le choc, Miss Hawkins, projetée contre la paroi
de la coursive, instinctivement avait protégé Sally serrée dans ses bras.
Pendant ce temps, Mrs. Wolfe-Murray avait pris son manteau, son gilet
de sauvetage et ensemble les deux femmes se frayèrent un chemin vers
le pont A, à travers la foule des passagers. Elles se trouvaient sur la montée
centrale quand l'électricité, un instant, avait manqué avant de reprendre plus faiblement — on passait au courant de secours. Miss Hawkins,
serrant contre elle le petit être chaud, vivant, marchait sur des portes
brisées, des morceaux de glaces éclatées, toujours suivie de Mrs. Wolfe-
Murray qui pensait à l'enfant à naître.
Elles aussi sur le pont constatèrent qu'il y avait très peu d'embarcations pour tant de monde. Ces gens faisaient penser à des fourmis
s'enfuyant de leurs demeures souterraines, détruites, quelques précau-
tionneuses allant à contre-courant pour quérir et sauver quelques biens !

Elles attendirent là environ quinze minutes, ces minutes leur semblè-
rent interminables...

— Mon canot était là, dit Miss Hawkins à un matelot qui passait.

— Votre canot a été détruit par l'explosion. Il n'en reste rien.

Déjà l'homme avait disparu. Il faisait nuit noire et on devinait la mer
houleuse, noire elle aussi, au-dessous de cette foule qui attendait un
miracle, peut-être un mot d'espoir : « Le bateau ne coulera pas... Que
personne ne bouge. » En fait d'ordres, aucun ne venait. Rien. Pendant
ce temps, Sally continuait à dormir à poings fermés comme si elle se
fût trouvée dans un berceau, auprès de sa maman. A peine sa bouche
émettait-elle ces bruits légers comme en ont seuls les bébés alors qu'un
peu de salive monte à leurs lèvres et vient crever comme une bulle de
savon. Miss Hawkins la serrait très fort, sa Sally, dans ses bras, bien
décidée à ne s'en séparer jamais.

C'est alors que le chef d'escadron H.R.K. Wells était venu jusqu'à
elles et avec autorité avait pris Sally dans ses bras.

— Venez, suivez-moi, avait-il dit.

Ils allèrent ainsi d'une embarcation à l'autre ou plutôt d'un poste d'évacuation à un autre, inutilement. Hésitants, ils s'arrêtèrent devant un canot
suspendu au-dessus du vide, si plein que ceux qui étaient au bord formaient une ceinture de bras et de mains noués pour ne pas tomber à
la mer.

Au-dessous d'elles, une autre chaloupe sur l'eau se balançait. Elle aussi
était au complet. On ne pouvait attendre plus longtemps. Les deux femmes se décidèrent à y descendre par l'échelle de corde. Mais comment ?
Il y avait le petit être emmitouflé que le chef d'escadron avait restitué
à Miss Hawkins. Énergique, celle-ci s'était décidée.

— Allons-y dit-elle à Mrs. Wolfe-Murray.

Le canot hérissé de têtes se voyait à peine et on entendait le choc du
bordé contre la haute muraille du *Laconia* quand la chaloupe tossait,
car on n'avait pas pris le temps de sortir les défenses.

Des cris, des appels montaient.

— Allons-y, — c'était vite dit.

Comment descendre d'une main sur une échelle de corde glissante douze
mètres à pic au-dessus de l'eau dans les ténèbres ? Comment sauver
d'abord la petite Sally ? Trois quarts d'heure s'étaient écoulés depuis le
torpillage du *Laconia* qui, de plus en plus, s'inclinait sur tribord et doucement s'enfonçait par l'avant. C'est alors qu'un jeune officier de la Royal
Navy dit : « Donnez-moi le bébé, je vous le descendrai sain et sauf... »

IV

« S.S.S. ! »

*A bord de l'*U 156, *22 heures.*

Le hasard, cette circonstance fortuite qui fait que tel navire croise tel autre bâtiment à un point donné, avait seul permis à l'*U 156* de torpiller le *Laconia*. L'un ou l'autre eût fait route à quelques milles plus à l'est ou à l'ouest, le veilleur du sous-marin eût-il été un instant distrait ou aveuglé par le soleil, n'eût-il pas encerclé dans l'optique de ses Zeiss cette fumée qui obscurcissait légèrement l'horizon, l'Amirauté britannique n'eût-elle pas dérouté le *Laconia* et ce navire, avec sa cargaison de près de trois mille âmes, aurait peut-être atteint sans dommage les rivages de la Grande-Bretagne.

Certes, les Allemands n'ignoraient rien du trafic qui se faisait dans l'Atlantique Sud, ils connaissaient le nom de presque tous les navires qui se rendaient à Suez par Le Cap et s'en retournaient, mais ici, le hasard absurde est la seule, l'unique cause du désastre. Le B.d.U. n'avait pas eu connaissance du message envoyé par l'Amirauté au commandant du *Laconia* ; Hartenstein, l'eût-il entendu, n'aurait pas été en mesure de le décrypter car les U boote ne possédaient pas les codes britanniques qui changeaient très souvent, comme le leur [1].

A bord du sous-marin, tous ceux qui étaient dans la baignoire avaient vu la haute gerbe d'eau de la première torpille s'élever le long de la muraille, au milieu du navire, atteindre le pont supérieur et retomber découvrant une blessure noire dans la coque [2].

---

1. Cette précision nous a été confirmée non seulement par le capitaine de frégate Hessler du B.d.U., mais par l'amiral Dönitz lui-même. Il n'y a aucun doute sur ce point.

2. Elle frappa la cale n° 4, juste derrière la passerelle. Cette cale contenait 450 prisonniers italiens dont la plupart furent tués. La deuxième torpille toucha le *Laconia* à la hauteur de la cale n° 2, également remplie d'Italiens.

La deuxième torpille avait frappé à l'arrière, avec, semble-t-il, moins d'effet. Ceux du central avaient entendu les deux explosions successives par les microphones.

Ils commençaient à en avoir l'habitude, ces sous-mariniers, de détruire navires, cargos ennemis et aucun ne se posait de questions, n'imaginait, ne voulait imaginer les drames dont ils étaient la cause, les blessés, les noyés, les heures interminables pour ces naufragés, abandonnés sur un canot, un radeau, peut-être même nageant quelques minutes encore, se maintenant sur l'eau.

La marin pense-t-il à la torpille qui, sous l'eau, se glisse vers son navire, à la mine immobile hochant la tête hérissée de mortels piquants, à l'explosion qui crèvera la mince cloison d'acier derrière laquelle il repose ? Non, sa raison y sombrerait.

Jurons, plaisanteries, rires, alcool, jeunesse sont nécessaires, indispensables pour mener une telle vie !

— Le verre de gnole, à nous les torpilleurs !
— Deux lancées : deux au but !
— Moi, j'avais craché sur la mienne !
— La mienne, je l'avais ébarbée, rasée, bichonnée !
— Comme nos geules ! Le « vieux » n'aurait rien trouvé à dire [1].
— Va, ma mignonne, va... Je lui ai dit à la mienne et elle y est allée !
— Ça s'arrose !

Tels étaient les quolibets, les plaisanteries que l'on pouvait entendre dans la salle des torpilles à l'avant de l'*U 156* après le torpillage du *Laconia*.

Sur le pont, Hartenstein, au fur et à mesure que le sous-marin s'approche du paquebot, suppute son tonnage... 12 000 tonnes, 15 000 peut-être !

15 000 tonnes par le fond ! 15 000 à ajouter au tableau de chasse et le chiffre de 100 000 serait atteint et même dépassé. Quelle fierté, quel orgueil ! Plus de 100 000 tonnes de navires coulés !

Hartenstein chasse ces pensées. Il est satisfait, certes, mais son travail n'est pas fini pour cela.

D'abord, il faut connaître le nom du navire. Ensuite, tenter de mettre le grappin sur le commandant, le chef mécanicien et cette tâche s'avère difficile voire impossible dans la nuit, au milieu des épaves. Prudem-

---

1. Allusion aux ordres très stricts d'Hartenstein qui voulait que ses hommes fussent toujours bien rasés, ceci contrairement à une coutume que toutes les armées du monde ont connue : porter la barbe en collier. A bord des sous-marins allemands, la pénurie d'eau douce, le travail incessant donnaient des excuses et des raisons à cette mode d'hommes barbus. Ajoutons que les sous-mariniers allemands n'étaient pas peu fiers en revenant de leurs croisières de défiler en chantant dans les rues de Brest ou de Lorient, barbus comme des pirates !

ment, très prudemment, l'*U 156* s'approche du bâtiment qui déjà prend de la gîte sur tribord après avoir parcouru un demi-mille avant de mourir sur son erre.

A côté du capitaine Hartenstein, Mannesmann observe à la jumelle.

— Les torpilles ont mis trois minutes six secondes pour atteindre leur but..., dit-il. Ce morceau est gros à avaler. On pourrait lui en refiler une troisième. Qu'en dites-vous ?

Hartenstein sourit.

— J'en dis que vous êtes un gros gaspilleur. Non, j'ai besoin de mes torpilles pour la région du Cap, le canal de Mozambique. Approchons... Pas trop, tout de même. Les canonniers de ce navire doivent être à leurs pièces, parés à tirer s'ils nous aperçoivent, mais ils ne nous voient pas plus dans la nuit qu'un bouchon sur l'eau.

Hartenstein a envie de parler ce soir-là. Avec son accent du terroir, il ajoute :

— Quand j'étais dans le golfe du Mexique avec Just, la nuit, nous nous glissions au milieu des convois. Nous naviguions entre les cargos, et le bruit de nos hélices se mêlait aux leurs. Ils ne nous voyaient pas tant ce sous-marin est bas sur l'eau... Jamais je ne me suis senti plus en sécurité qu'au milieu de nos ennemis. — Le capitaine de corvette eut un rire sarcastique. — Mais quel peut bien être ce navire ?

— Un transport de troupes, sur lest, vide, répond le I.W.O.

— Ça m'étonnerait fort. Les Anglais n'ont pas l'habitude de rentrer à vide.

— Alors des permissionnaires. Drôle de permission.

— Permissionnaires ou pas permissionnaires, ce sont des soldats, des cochons d'Anglais et ils vont prendre un sacré bain ! Peut-être trois mille hommes ! Songez-y, Mannesmann, un régiment... Oui, un grand paquebot et un régiment envoyés par le fond par un minuscule sous-marin avec cinquante types à bord.

— Pas mal comme proportion. Mais j'aimerais savoir le nom de ce yacht-là.

— Un peu de patience, Mannesmann. Vous êtes toujours trop pressé. Nous avons dû flanquer en l'air sa T.S.F., sinon, il aurait déjà donné de ses nouvelles... Tant mieux. Après nos deux coups de timbales, ce sera un enterrement sans musique.

— Quelle est la distance ?

— 3 000 mètres, commandant.

— N'approchons pas plus, attendons... S'il repart — ce ne serait pas la première fois qu'on me jouerait un tour pareil —, je l'achèverai au canon [1].

_____

1. Allusion au retour d'Aruba où un pétrolier anglais torpillé a stoppé, puis est reparti

Hartenstein notera tout à l'heure sur son livre de bord :

> *22.07. — 7721. Torpilles tubes I et III sur demi-angle. Longueur*
> *ennemie 140 — temps de marche 3' 6''. Un coup au but. Deuxième*
> *coup au but entendu. Vapeur doit être beaucoup plus grand*
> *— vapeur a stoppé. Met les canots de sauvetage, penche en avant —*
> *côté sous le vent — sommes à 3 000 mètres — va et vient en atten-*
> *dant de disparaître.*

Les deux officiers observent à la jumelle la masse noire qui, par moments, lorque la lune disparaît derrière un nuage, se confond avec la nuit.

— 22 h 22[1]. Quinze minutes qu'il est touché, dit Mannesmann qui s'impatiente. Je donnerais bien une bouteille de champagne pour savoir son nom.

Son nom : le capitaine Hartenstein et le I.W.O. Mannesmann ne vont pas tarder à le connaître.

Un timonier vient de grimper lestement à l'échelle. Il tient à la main une sorte de petite pelle en bois sur laquelle repose un message. Il le tend au commandant du sous-marin mais ne lui laisse pas le temps de le lire.

— Commandant, il vient de donner son nom, sa position, sur 600 mètres : S.S.S... S.S.S... 04.34 sud... 11.25 ouest *Laconia... Torpedoed.*

— S.S.S ou S.O.S. ? interroge Hartenstein.

Le matelot a un regard de reproche vers son «vieux» qui le domine car lui est demeuré sur l'échelle d'acier.

— S.S.S. commandant, sans aucun doute. Il doit répéter son message en ce moment.

— Le salaud... Brouillez... Brouillez !... crie Hartenstein vers le central.

Et il ajoute pour lui-même :

— Quoiqu'il soit bien temps, maintenant !

Hartenstein est furieux. S.O.S., le signal de détresse habituel, c'est le «*Save our souls*», le «sauvez nos âmes» en anglais, facile à transmettre avec trois points, trois traits, trois points de l'alphabet morse... Mais les trois traits du milieu sont remplacés cette fois par trois points, la lettre S, c'est-à-dire *Submarine*, autrement dit : «Nous sommes attaqués par un sous-marin !» L'alarme est donnée ! Veillons au grain !

à la barbe d'Hartenstein, si on peut parler ainsi de cet ennemi du système pileux qu'était Hartenstein. Il avait fallu plusieurs heures de poursuite à l'*U 156* pour stopper et couler le bâtiment.

1. Heure allemande, deux heures de différence avec l'anglaise. Les extraits de Livres de bord, les télégrammes échangés, en un mot tous les documents publiés dans cet ouvrage sont authentiques.

— J'ai bien envie de reprendre ma route au Sud, marmonne Hartenstein, d'autant plus qu'il a son compte...

Hartenstein lit le message enregistré ; c'est bien le *Laconia* qui signale un sous-marin ennemi et donne le point sans se tromper.

A ce moment, on entend la voix de l'*Obersteuermann* [1] Frühling :

— Attention ! Attention ! Le central au pont. Le bâtiment coulé est le *Laconia* - *White Star Line*. 19685 BRT, construit en 1922. Depuis le commencement de la guerre, transport de troupes, peut prendre jusqu'à 6 000 hommes. En temps de paix, 1 580 passagers à bord.

Et presque aussitôt :

— Attention ! Il émet sur 25 mètres : S.S.S.-S.S.S. de g j e d S 05 a 04 S — 11 25 W *at* 20.36 G.M.T. *Laconia Torpedoed...* Nous continuons à brouiller [2].

— Cochon d'Anglais ! répète Hartenstein... Mais nous sommes au milieu de l'Atlantique. Avant qu'on vienne à son secours et qu'on nous attaque, nous avons le temps de ramasser son commandant.

Et il ordonne : « En avant doucement. Le cap sur le *Laconia* !... 5° à gauche... zéro la barre... bien comme ça. »

A bord du Laconia, *20 h 20 G.M.T.*

Dès son retour sur la passerelle, Buckingham s'était présenté au capitaine Sharp. Le commandant lui avait paru très calme. Aucune hâte chez lui, pas le moindre signe de nervosité. On eût dit qu'il s'agissait d'un simple exercice d'évacuation. Sharp avait cependant compris que son *Laconia* était mortellement atteint, irrémédiablement perdu et, sans plus attendre, il avait déjà ordonné l'évacuation du navire. Il se tenait à l'extrémité de l'aile tribord de la passerelle ; penché au-dessus de la lisse, il tentait de voir les déchirures au flanc de son navire. Montait jusqu'à lui un grondement sans fin, le bruit de la mer qui s'engouffrait par ces ouvertures à raison de plusieurs tonnes à la minute. En se retournant, il vit l'officier.

— Dois-je jeter par-dessus bord le courrier, les livres de bord ? demanda Buckingham.

— Oui, jetez immédiatement.

Cette opération était prévue par le règlement. Dans un cas semblable, le troisième officier du *Laconia* en avait la charge.

---

1. Second pilote.
2. Mr. J.H. Walker, premier officier du *Laconia*, devait dire plus tard que les installations de T.S.F. furent détruites par l'explosion. Le bâtiment aurait donc été dans l'impossibilité de donner sa position. Celle-ci aurait été transmise, par la suite, au moyen du poste du canot à moteur de tribord. Il se peut que ce dernier détail soit exact, mais, d'après les dires de Mr. Buckingham et des Allemands, ce serait bien le *Laconia* qui aurait donné son point — faiblement, il est vrai.

En quittant la passerelle pour remplir cette importante mission, Buckingham avait entendu le commandant demander à Walker, son premier officier : « Les panneaux des cloisons étanches ? Fermés. Tout tient. Allez au pont des embarcations et faites mettre le maximum possible de canots à la mer. » Puis, Buckingham avait croisé le deuxième officier Rose qui lui avait crié : « Toutes les communications téléphoniques sont coupées. Impossible de réparer. Le commandant a envoyé des hommes dans toutes les parties du navire avec l'ordre d'évacuer. »

Les papiers secrets, les codes, le courrier se trouvaient dans le coffre-fort situé dans la chambre des cartes et, pour y parvenir, Buckingham avait traversé le carré des officiers, quelques heures auparavant encore bruyant des conversations, animé par le va-et-vient des serveurs portant les plats, maintenant abandonné. Les tables avaient été laissées dans le désordre du repas inachevé. Dans quelques assiettes, le potage refroidissait, certaines avaient été renversées. Un rond de serviette, sous l'effet de la gîte qui augmentait, tomba sur le linoléum du parquet et stupidement roula. A l'odeur indéfinissable des bateaux, propreté saline, cuisine, goudron, savon, cigarettes au goût de miel, venait se mêler l'âcreté de l'explosif. Une poudre impalpable, un brouillard léger donnait un aspect irréel à cette image de la fin.

Dans la chambre des cartes, Buckingham alla droit au coffre-fort. Il l'ouvrit, toutes les dispositions avaient été prises. Rangés sur les rayons, les documents secrets, les livres de bord, le courrier étaient prêts à être immergés dans des sacs de toile percés de trous. Une gueuse au fond de chaque sac devait le faire couler à pic. Jamais l'officier ne pourrait seul en si peu de temps transporter tout le contenu du coffre jusqu'à la passerelle. Il aperçut un quartier-maître : « Aide-moi », lui commanda-t-il. Ils firent ainsi plusieurs voyages. Maintenant, les lumières étaient toutes éteintes dans cette partie du navire et ils s'éclairaient d'une torche électrique. A charrier ce sacs lourds, ils n'en pouvaient plus et leurs forces commençaient à faiblir quand ils basculèrent le dernier par-dessus la lisse.

Hélas ! quelques sacs étaient tombés au milieu des naufragés qui, les premiers, tentaient de s'éloigner à la nage du navire et certains furent assommés par la gueuse.

Ce travail harassant avait pris un bon quart d'heure à Buckingham. Occupé comme il l'était, il n'avait pas observé son commandant, pas entendu les ordres qu'il donnait.

Il se représenta devant lui.

— Ordre exécuté, commandant, tous les sacs sont à la mer.

— Bien. Les transmissions sont coupées. Allez au poste de T.S.F. Rendez-moi compte des messages envoyés.

Le troisième officier du *Laconia* était reparti. Le poste de T.S.F. était situé derrière la cheminée et pour l'atteindre il lui fallait descendre jusqu'au pont A, remonter sur le pont des embarcations.

Il se heurta aussitôt au flot des passagers qui l'interpellaient, l'interrogeaient, mais il lui fallait se rendre avant tout au poste de T.S.F. selon l'ordre du commandant. Il croisa un groupe de sous-officiers aviateurs, des anciens, ceux qu'on appelait des vétérans. L'un d'eux s'écria : « Partie de bridge interrompue ! J'avais un trois sans-atout sur table ! »

Buckingham haussa les épaules mais fut rassuré. Du moment que ces gens pensaient encore à leur plaisir !

Jouant des coudes, uniquement occupé de sa mission, Buckingham parvint enfin au poste de T.S.F. La porte en était fermée. Sans frapper, il entra.

20 h 36 G.M.T.

Il y avait là le troisième officier radio H.C. Cooper et deux *seniors operators*. Assis devant leur clavier où les voyants s'illuminaient pour s'éteindre aussitôt, manœuvrant les manettes, calmes, attentifs au moindre message qui pourrait parvenir à leurs écouteurs, ils lançaient à travers l'espace sur 25 et 600 mètres l'appel de détresse. Comme Hartenstein l'avait deviné, la lettre S au lieu de l'O indiquait bien : « Nous sommes attaqués par un sous-marin. » Suivaient la position du *Laconia*, l'heure d'attaque. Les deux opérateurs n'entendaient pas, semblait-il, les mille bruits du navire qui sombrait sous eux. Ici, dans le poste de T.S.F., ils devaient tout ignorer et demeurer devant leur clavier jusqu'à ce qu'ils reçoivent l'ordre d'évacuation, si toutefois, il leur parvenait jamais.

Le troisième officier radio H.C. Cooper avait fait pivoter son fauteuil métallique quand il avait vu Buckingham entrer et son visage s'était éclairé d'un demi-sourire. Dans ce regard, il y avait une sorte de soulagement. « Alors, la passerelle ne nous oublie pas ? »

Buckingham ne répondit pas à cette question muette. Pour le moment il n'était pas question d'évacuation pour eux. Ils devaient demeurer à leur poste jusqu'au dernier moment.

— Les communications à bord sont coupées. Le commandant vous demande si vous avez transmis les messages S.S.S., donné le point ?

— Oui, plusieurs fois sur 25 et 600 mètres. Mais nous avons de gros ennuis avec l'antenne. La puissance est faible... Bientôt nous ne pourrons plus rien faire.

— Entendez-vous quelque chose ?

— Oui, mais c'est indistinct et lointain.

Déjà Buckingham était reparti vers la passerelle, pour rendre compte au capitaine Sharp. H.C. Cooper n'avait pas dit qu'un *senior operator* avait été blessé à l'épaule lors de la première explosion. Buckingham, préoccupé par sa mission, ne s'en était pas aperçu.

Devant la masse compacte des passagers, agitée de courants inattendus, incohérents, l'officier prit une décision : en descendant plus bas par des échelles, en empruntant d'étroits passages à travers les fonds du *Laconia*, il irait plus vite et pourrait voir ce qui s'y passait ou tout au moins en avoir une idée.

Au pont B, il trouva un groupe de passagers assis, serrés les uns contre les autres, semblant hésiter à abandonner la fausse sécurité de la chaleur du navire, des lumières pourtant bien faibles et ces compagnons de voyage auxquels ils s'étaient attachés. Buckingham parla un instant avec quelques-uns, insistant sur l'urgence qu'il y avait à monter sur le pont, à évacuer le navire. Devant le peu d'effet de ses paroles, de ses recommandations, il abandonna ces hésitants et descendit plus profondément dans le navire. Là, ses pas résonnaient sur les caillebotis métalliques et il sentait le poids angoissant de la solitude. Ces boyaux étroits aux parois tapissées de tuyautages aux revêtements bariolés, dont certains, crevés, laissaient échapper des jets de vapeur brûlants, il les parcourut, les longea, étreint par une claustrophobie aux confins de la peur. Les lampes à la lumière jaunâtre, tremblotante, comme mises en cage sous la protection des grillages, pouvaient flancher brusquement, s'éteindre et pour toujours. Sortir de ce labyrinthe, de ces passages qui se croisaient, se superposant, reliés par des échelles de secours à la verticale, atteindre l'air libre serait impossible et Buckingham serait perdu.

Il commençait à sentir la fatigue. Cela faisait environ vingt minutes que le *Laconia* avait été torpillé et qu'il avait quitté le couple ami, cet aviateur et sa femme. Où étaient-ils en ce moment, avaient-ils réussi à prendre place dans une embarcation ?

Buckingham remontait du pont E au pont D et il pouvait entendre les cris des Italiens.

Ils semblaient avoir perdu tout contrôle d'eux-mêmes ; les plus calmes priaient à haute voix, invoquant la Sainte Vierge, tendant au-dessus des têtes, à bout de bras comme pour sauver leur bien le plus précieux, un livre de prières. Sans hésiter, l'officier se hâta vers un groupe de ces malheureux et leur montra le chemin. Ce fut une ruée vers le ciel. L'officier dut rebrousser chemin, mais il connaissait son *Laconia*. Il longea les coursives désertes, grimpa des échelles, redescendit, il entendait l'eau qui montait, les cloisons étanches qui sautaient, il remonta une dernière fois, retraversa le carré des officiers. Quand il se retrouva sur la passerelle, le capitaine Sharp, dans la chambre de navigation, était penché sur une carte posée sur la banquette et, attentivement, l'examinait, promenant sur le papier constellé de trous d'épingles, haché de lignes, la lumière d'une torche électrique.

— Tous les messages de secours ont été envoyés, commandant...
Faiblement hélas ; impossible de faire plus...

Le capitaine Sharp avait levé la tête. Il paraissait un peu las et triste.

— Buckingham, merci. Vous devez rejoindre votre canot de sauvetage, vous-même, maintenant. Allez, vous aussi Steel. Vous aussi,
Walker. Toi aussi.

Il se tournait vers un gamin de dix-huit ans, deuxième officier radio,
qui ne bougeait pas. Il y avait dans la voix de Sharp de l'abnégation
et aussi une résolution inébranlable. Quelles étaient ses pensées, ses angoisses, à cet officier qui remplissait ses derniers devoirs envers un être cher,
son navire, alors qu'il n'ignorait pas que son autorité, naguère toute-
puissante, autorité qu'il exerçait jusque dans les moindres recoins de ce
navire, lui échappait ? C'était un attelage à trois mille têtes dont les liens
se seraient brusquement rompus.

— Allez, dépêchez-vous tous. Je vous en donne l'ordre... Sauvez-vous,
répétait le commandant Sharp.

Buckingham quitta la passerelle. Il lui fallait maintenant songer à lui,
sauver sa vie. Une image se présenta à ses yeux : Dorothy, sa jeune
femme. Oui, il fallait abandonner le vieux *Laconia*.

Un désordre indescriptible régnait sur le pont des embarcations quand
il y parvint. Il se trouvait devant un canot défoncé, crevé, des porte-
manteaux faussés. A leur extrémité, pendaient inutilement des câbles aux
bouts effilochés, se balançant dans la nuit comme des cordes de pen-
dus. Dans les ténèbres, des malheureux se heurtaient, les uns descendant pour se trouver plus près de la mer où ils devaient sauter alors que
d'autres grimpaient le plus haut possible pour lui échapper. Les officiers, l'équipage faisaient bien ce qu'ils pouvaient, mais ils étaient débor-
dés, submergés et les appels, les recommandations demeuraient perdus,
vains. Walker allait d'une chaloupe à l'autre, donnant des ordres qui
n'étaient pas entendus. On voyait des silhouettes qui s'agitaient, disparaissaient, se confondaient.

A l'arrière, sur le pont incliné, deux hommes, derrière un canon de
six pouces, scrutaient la noirceur de la mer. Ils ne voyaient rien sur quoi
tirer. C'était le *leading seaman* Vines et le *P.O.* Lester qui enrageaient
de ne pouvoir placer un seul obus sur l'adversaire. A côté d'eux, des
matelots amoncelaient des obus qui ne devaient jamais servir...

Buckingham parcourut l'arrière de l'immense pont : encore deux ou
trois embarcations pouvaient être mises à la mer, quelques radeaux qu'on
ferait glisser par-dessus bord et qui surnageraient quand le *Laconia* ne
serait plus... La fin approchait...

V

« SAUVE QUI PEUT ! »

A bord du Laconia, *20 h 46.*

La gîte du *Laconia* vers tribord augmentait de seconde en seconde tandis que son avant s'enfonçait. Sur la passerelle du vieux navire, autour du commandant Sharp, impassible, avare de ses mots, se tenait toujours son petit état-major : Steele, Walker, Rose, tandis que les officiers subalternes : Buckingham, Stokes et Nelson, faisaient la navette entre les ponts et la passerelle pour informer, transmettre les derniers ordres. Le colonel Liswell était monté sur la passerelle vers 20 h 30.

— Mes hommes aident les vôtres à dégager les dernières embarcations, les derniers radeaux, avait-il dit à Sharp, et il avait ajouté en jetant un regard sur le pont avant qui, déjà, était à fleur d'eau : « C'est la fin. »

C'est alors que Sharp comprit qu'il était temps de donner des ordres à ceux qui l'entouraient pour qu'ils pensassent à se sauver, à leur vie... Quant à lui...

— Steele, Walker, Rose, vous pouvez rejoindre maintenant vos postes d'évacuation. Mais vos canots sont déjà à la mer ou détruits. Prenez ma vedette... Rose, faites-la mettre à la mer...

Aucun des officiers n'avait répondu. Steele s'était mis à l'écart.

Il fallut peu de temps pour descendre la vedette du commandant Sharp. Quatre matelots la maintenaient difficilement contre la coque.

— A vous, Liswell, dit Sharp qui voulait qu'un officier de l'armée se sauvât avant les siens.

— Et vous, capitaine ? demanda Liswell.

Sharp ne répondit pas mais son silence disait sa détermination.

— Je ferai comme vous, je reste, dit le colonel Liswell.

Trois filins, un peu plus loin, deux échelles de corde pendaient vers la mer, vers la vedette.

Le moment était venu.

— Donnez-moi ce filin, dit Sharp à Rose.

Une seconde, tous pensèrent que le capitaine Sharp allait quitter le *Laconia*. Il prit le premier le câble dans la main.

— Allons, à vous Liswell, Rose.

Liswell enjamba la rambarde et descendit par le deuxième filin ; Rose utilisa le troisième...

Deux quartiers-maîtres timoniers se laissèrent glisser par les échelles de corde. Sharp, penché pour les voir encore un instant, tenait toujours à la main le filin.

Les derniers passagers demeurés à bord se demandaient combien de temps le *Laconia* vivrait encore. Dans la coque crevée, déchirée, largement ouverte sur plusieurs mètres au milieu et à l'arrière, la mer en grondant s'engouffrait. Sans raison, saisis par un instinct de bête apeurée, ils erraient d'un pont à l'autre, butant dans des manteaux, des sacs, un fusil avec sa baïonnette, épaves humaines, objets perdus ou jetés ! Beaucoup refluaient vers l'arrière du *Laconia* qui pointait vers le ciel ou tentaient de se rapprocher de la passerelle dont l'accès était toujours interdit par un inutile et maintenant ridicule *Forbidden to passengers*. Savaient-ils nager, faire seulement quelques brasses pour atteindre une épave, se maintenir à la surface de l'eau quelques secondes pour saisir une main tendue, un filin lancé ?... Certains, les bons nageurs comme Buckingham, le major Wells, avaient la certitude de pouvoir se maintenir plusieurs heures sur l'eau. Mais les autres ? Les gilets de sauvetage rempliraient-ils leur rôle, ces encombrants gilets, alors que tout sur ce navire flanchait ?

Buckingham pensait à tout cela en regardant les uns et les autres. Quand paraîtrait le jour, combien parmi ces malheureux survivraient ? À côté de lui, on se battait presque pour monter dans une chaloupe surchargée de gens debout pour tenir moins de place... Déjà l'embarcation descendait... Que se passa-t-il alors ? Un palan céda-t-il ? Un filin de manœuvre mal frappé ? L'embarcation lâchée de l'avant, brutalement, se vida de son contenu — une centaine d'êtres humains qui, dans un cri horrible, furent précipités à la mer comme des pantins disloqués. Mais déjà le drame était tel que l'on ne s'apitoyait plus, qu'on ne songeait plus qu'à soi. Les officiers aviateurs avaient disparu, l'équipe de John Tillie aussi. Un officier supérieur de l'armée donnait encore quelques ordres.

— Descendez les échelles de Jacob. Allons, dépêchez-vous.

— Prenez ce radeau, mettez-le à la mer et sauvez-vous, cria un officier de l'armée au servant de l'Oerlikon, A.B. Riley.

Avec quelques matelots, Riley ne voulait abandonner sa pièce que sur l'ordre du capitaine Sharp. Il comprit qu'il lui fallait quitter le *Laconia*, et, ayant poussé le radeau par-dessus bord, il se laissa glisser le long d'un filin... Ses hommes le suivirent.

La nuit était noire au-dessus de la mer qu'on devinait maintenant proche, de plus en plus proche.

Buckingham aperçut Dorothy Davidson et sa fille qui ne se décidaient
pas à se jeter à l'eau. Le major Creedon les y incitait.

— Par cette échelle... là... Dépêchez-vous.

Mrs. Davidson hésitait encore... Descendre dans les ténèbres à une
échelle de corde suspendue dans le vide à 15 mètres au-dessus d'une
embarcation qui ne serait peut-être plus là au moment où elle atteindrait l'extrémité... Non !

— Passe, toi d'abord, Molly.

— Non, toi, maman...

— Tu vois...

Alors la jeune fille décida : « Tu me suis. »

D'autres passagers attendaient derrière elles.

Molly mit un pied sur le premier barreau de l'échelle, s'agrippa de
toutes ses mains. Au-dessous d'elle, c'était le vide et la nuit. Au-dessus
d'elle, la nuit et deux pieds hésitants, ceux d'une femme qui n'était pas
sa mère. Molly descendit. La mer était là, noire, laquée, mouvante, se
gonflant et se creusant dans un souffle monstrueux. Enfin, la jeune fille
prit pied sur quelque chose de mou — une épaule, un bras. Une main
la saisit et elle se laissa aller. Au même instant, elle ressentit un heurt
violent à la tête. Un aviron, le tolet de l'embarcation, le croc d'une gaffe ?
Étourdie, elle tomba au milieu des corps. La jeune fille eut une vague
pensée pour sa mère. L'avait-elle suivie ? Avait-elle réussi à s'embarquer
dans un autre canot ?

Dans la nuit d'un noir de seiche, l'embarcation bondée d'êtres humains,
poussée par quelques avirons qui manœuvraient mal, s'éloigna du
Laconia.

Au même instant, le major Creedon pressait Mrs. Davidson.

— *Quick... Quick... Hurry up !*

Quelqu'un cria derrière eux : « *Jump !* [1] »

Au gilet de sauvetage de Mrs. Davidson, une cordelette s'était défaite
et le vêtement tombait. Le major lui en donna un autre, l'attacha. Pendant ce temps, d'autres passagers avaient franchi la lisse, étaient descendus... Il fallait se hâter. Mrs. Davidson avait posé le pied sur l'échelle
et commençait à descendre quand son gilet se mit en travers et la gêna,
l'étouffa. D'une main, elle le remit en place, de l'autre elle se cramponna
à l'échelle. Les barreaux glissaient. Il fallait continuer ; au-dessus d'elle,
d'autres suivaient. Elle entendait leurs cris, elle communiait avec leur
terreur. Cette descente lui parut interminable. Enfin, elle vit une houle

. 1. « Vite... Vite... Pressez-vous... Sautez ! »

noire et visqueuse qui venait baver sur la muraille du *Laconia*. Sous les pieds de Mrs. Davidson il n'y avait que la mer ! Alors, poussant un cri, elle lâcha prise. Sa première impression fut celle d'une eau tiède. Elle aperçut l'ombre de nageurs solitaires, la silhouette des embarcations où s'allumaient pour s'éteindre aussitôt quelques feux, elle entrevit des masses sombres qui flottaient, épaves ou naufragés. Un canot surgit soudain, manqua de la happer de son étrave. Avec sang-froid, Mrs. Davidson se saisit d'une bosse [1] ; s'y agrippant, d'un effort surhumain, elle tenta de se hisser. Elle allait lâcher prise quand deux hommes du canot l'aidèrent à sortir de l'eau. Épuisée, elle roula au fond du canot et ferma les yeux ; elle était sauvée... Dorothy Davidson se remit sur son séant : et Molly ? Elle devait avoir confiance, éviter de penser à un malheur. Elle ne savait pourquoi, mais elle avait la certitude que sa fille était dans une de ces embarcations dont elle apercevait les mouvantes silhouettes.

Un peu plus loin, le *Laconia* coulait. Elle avait l'impression d'assister à un film d'horreur !

Autour d'elle, des Italiens nageaient, criant : « *Aiuto ! Aiuto !* » Cet *aiuto* devait retentir sur la mer longtemps, longtemps, jusqu'à l'aube. Dans le canot, un inconnu s'exclama : « Vous devez ramer ! » On ramait, certes, mal, très mal et le canot s'éloignait lentement du *Laconia*. Certaines chaloupes s'enfonçaient par l'avant. L'une d'elles, surchargée, coula avec des femmes et des enfants au milieu de cris et d'appels vite étouffés par la mer.

C'était celle où avaient pris place Miss D. Hawkins et la petite Sally. Cinq minutes plus tôt, la *sister*, sur le pont du *Laconia*, entourée de son amie lady Wolfe-Murray et du chef d'escadron H.R.K. Wells, avait confié la petite Sally au lieutenant d'aviation maritime qui s'était chargé de descendre le bébé jusqu'au canot. Ayant roulé une couverture, il s'en était ceint la taille en la passant sous les pieds et le petit derrière de Sally. Ainsi comme un bébé japonais juché sur le dos de sa mère, Sally, par une échelle de corde, avait été descendue jusqu'à la mer. Dans un canot archi-bondé, tanguant, ballotté comme un bouchon, le lieutenant avait pu prendre pied. A sa suite, aussi vite que possible, la nurse et Mrs. Wolfe-Murray, par le même moyen étaient descendues. Au milieu de jambes, de bras, de corps mêlés, de vêtements trempés, dans un canot chargé à couler bas — l'eau montait presque à hauteur des bancs —, elles s'étaient retrouvées l'une près de l'autre. Avec sa cargaison de femmes et d'enfants serrés les uns contre les autres à ne pouvoir faire un mouvement, le canot s'enfonçait de plus en plus. Miss Doris, entre les têtes, aperçut un instant le lieutenant serrant contre lui Sally enveloppée dans

---

1. Bosse : bout de filin épissé sur une boucle à l'avant d'un canot et au moyen duquel on amarre ou on remorque celui-ci (*Dictionnaire de la Marine*, R. Gruss.)

son manteau. Lui vit le mouvement, le regard de la *sister*. L'officier avait fait ce qu'il devait. Il ne lui restait plus qu'à restituer l'enfant. Il tendit Sally, au-dessus des têtes et Miss Hawkins allait s'en saisir quand, drossé par une vague contre le *Laconia*, le canot chavira.

Tous furent projetés à la mer. Sally disparut. Elle n'avait pas poussé le moindre cri. « *I am sure that God took her immédiately to Himself without suffering* », devait écrire plus tard Miss Doris Hawkins en parlant de cette petite Sally qu'elle ne devait jamais revoir [1].

La malheureuse *sister*, dans l'eau, au milieu des Italiens qui criaient, braillaient, lançaient des jurons, des imprécations, invoquant Dieu, la Vierge et les saints, fut saisie au cou par l'un d'eux. Dans son affolement, l'homme l'enlaçait étroitement de ses deux bras, l'empêchant de faire un mouvement. Ils coulaient ensemble. Des pensées rapides d'une surprenante clarté affluaient à l'esprit de Miss Hawkins. Elle crut entendre une voix, celle de la jeune mère de Sally : « Si jamais quelque chose doit arriver à Sally, si elle doit s'en aller, n'oubliez pas de vous sauver vous-même... Vous avez encore d'autres tâches à accomplir [2] ! »

Dans cet affreux moment, Miss Hawkins entrevit aussi un foyer en Angleterre, ses parents attendant anxieusement son retour après cinq ans de service outre-mer. Alors elle lutta, d'un coup de coude violent se débarrassa de l'Italien et remonta à la surface. Une pièce de bois passait à sa portée. Elle s'en saisit et s'y cramponna. Un autre Italien s'accrochant à son épaule, elle lui fit lâcher prise. Apercevant un radeau, elle nagea vers lui. L'ayant atteint, des deux mains, elle en agrippa les bords. A côté d'elle, quatre Italiens se maintenaient, s'encourageant l'un l'autre. Ces ennemis, ces prisonniers libérés par le naufrage lui parurent tranquilles. Ils l'aidèrent même à se hisser sur le radeau tandis qu'ils demeuraient dans l'eau. Longtemps, elle reposa là sur ces planches, allongée, trempée, elle, une Anglaise, comme portée à bout de bras par ces quatre Italiens.

Miss Hawkins pensait à ses amis.

Qu'était devenue lady Grizel Wolfe-Murray ? Avait-elle réussi à remonter à la surface comme elle-même quand le canot avait chaviré, ou son corps, cette chair où pointait une vie, dérivait-il entre deux eaux, ou comme Sally avait-il coulé comme une pierre ? Et le chef d'escadron Wells qui l'avait presque poussée à la mer ? Et le capitaine Coutts avec son havresac accroché à son dos, son ample manteau passé sur son pyjama ? Et le major Creedon ?

---

1. « Je suis sûre que Dieu la prit immédiatement avec lui sans la moindre souffrance. » (*Atlantic Torpedo.*)

2. (*Atlantic Torpedo.*)

Se trouvaient-ils encore sur ce bateau dont la silhouette tragique se dressait sur la nuit ? C'étaient ses dernières minutes, ses dernières secondes, à ce *Laconia* qui semblait s'appuyer à la mer de son flanc blessé. Il y avait un peu plus d'une heure tout ce monde à bord vivait heureux et maintenant...

Miss Doris Hawkins laissa dériver son esprit, puis, un long moment elle demeura sans pensées...

Le major Creedon, sur le pont du *Laconia*, après s'être occupé des Davidson, avait cherché en vain le canot que, d'après le plan, il devait occuper. Ce plan, pour lui militaire, devait être suivi à la lettre. Malheureusement, il était trop tard, tous les canots disponibles avaient été mis à la mer. Pour le major, il y avait une Providence, celle qui fait que, pour un Britannique qui sait attendre et voir, tout finalement s'arrange. Devant lui, une équipe descendait le canot 13 A. Il s'y laissa glisser par une aussière. Hélas ! dès que la chaloupe fut mise à la mer, ceux qui la montaient constatèrent avec effroi que dans le fond, l'eau montait rapidement. A tâtons, ils cherchèrent la cause de cette irruption dans ce bateau qui semblait intact. Le major trouva : le bouchon du nable manquait ! Avec des chiffons, de l'étoupe, ils réussirent à boucher le trou, puis, chacun son tour, ils commencèrent d'écoper.

Cette chaloupe 13 A avec ses quatre-vingt-quatre rescapés, en majeure partie des Italiens et Polonais, seule, perdue au milieu de l'océan, devait être aperçue cinq jours plus tard par les veilleurs du croiseur *Gloire*, grâce à la lueur infime d'une unique allumette, une seconde. Ainsi, par miracle, ces hommes furent sauvés.

Ben Coutts, le blessé de Tobrouk, devait avoir moins de chance et sa situation tourna immédiatement au tragique. Handicapé par son orteil sans ongle qui lui faisait mal et le gênait dans ses déplacements, il avait vu Miss Hawkins et Mrs. Wolfe-Murray descendre à l'échelle de corde derrière le lieutenant portant Sally. L'échelle était toujours là, à sa portée ; en se penchant, il n'avait vu aucun canot, aucune ombre d'embarcation flotter au-dessous de lui. Seuls, une centaine de gens pataugeaient dans l'eau noire. Ben Coutts passa alors sur bâbord. Une échelle de corde épousait ce flanc du *Laconia* qui, doucement, basculait à l'horizontale. C'était même une drôle d'impression pour l'officier que de marcher sur ces tôles inclinées comme le toit d'une maison, de poser ses pieds à côté des hublots d'où aucune lumière ne s'échappait, de voir les lignes fuyantes de leurs yeux clos tournés vers le ciel. Il franchit la longue traînée rouge de la ligne de flottaison, se laissant glisser sur la coque rouillée, rugueuse. La mer était maintenant là, à quelques *yards*, près de la quille proche. Ben Coutts sauta, nagea, son ample manteau gênant ses mouvements.

Une vague arriva sur lui, le souleva, le submergea et l'eau pénétra par le trou béant, à l'emplacement de son nez. Ne s'y attendant pas, il avala une bonne gorgée d'eau salée qu'il recracha aussitôt ; l'eau ressortait par le trou de son nez, par les yeux. Il manqua de couler. Un radeau passant à sa portée, Coutts put s'y accrocher et ainsi reprendre souffle. Maintenant, il prenait soin de maintenir sa tête hors de l'eau. Près de lui surnageait son ami Miller qui avait pris le même chemin et sauté à la mer peu de temps après lui. Miller entendait encore le lieutenant Tillie lui crier : « Le *Laconia* n'en a plus pour longtemps, vite, sautez par-dessus bord ! » Miller s'était laissé glisser le long d'un câble qui pendait. Il y en avait plusieurs et c'était le travail de John Tillie ! Au moment où il avait touché l'eau, le câble s'était détaché, frappant l'eau avec un bruit de claque et Miller s'était retrouvé auprès de Ben Coutts, entre deux radeaux. Le *Laconia*, à côté d'eux, tel un squale gigantesque, blessé à mort, était couché sur la mer. John Tillie était-il toujours à bord pour tenter de sauver encore quelques malheureux ?

Miller et Ben Coutts, accrochés à un radeau, tentaient de le pousser loin du *Laconia*. Ils savaient que le grand navire pouvait, dans son agonie, avoir des mouvements inattendus : se retourner brusquement, les écraser de sa masse énorme ou encore s'enfoncer d'un seul coup par l'avant en creusant dans la mer un trou profond, un cratère bouillonnant d'eau, brassant et broyant matériaux arrachés, tôles, canots, hommes. Quand, le *Laconia* disparu, l'apaisement serait revenu sur la mer, que resterait-il de vivant alentour ? Rien. Il fallait s'éloigner.

Ils poussaient donc le radeau devant eux, mais celui-ci n'avançait pas d'un pouce… En réalité, il était amarré au navire ! Miller, bon nageur, avait enlevé chaussures et veste. Dans la poche de son pantalon, ayant trouvé un petit couteau, il n'hésita pas et se mit au travail. C'était un beau filin bien épais et tout neuf que, dans les ténèbres, malgré la montée et la descente de la houle, sans arrêt, sans répit, sans impatience, il coupa, scia, brin après brin. Le radeau enfin libéré put, en toute hâte, être poussé par les deux hommes. Le *Laconia* les menaçait encore, se découpant sur un ciel noirâtre. Entre deux efforts, ils jetaient un coup d'œil au navire pour juger de leurs progrès. Ils avançaient, mais combien lentement ! Au bout de dix minutes d'efforts, ils n'étaient guère qu'à une soixantaine de *yards* du *Laconia* qui avait suspendu, semblait-il, son mouvement vers la mer. Le navire se maintenait presque horizontal, couché sur le flanc ; Miller et Ben pouvaient en apercevoir l'arrière soulevé, les hélices hors de l'eau, immobiles, inutiles. Encore suspendus à des câbles, accrochés aux échelles de sauvetage, les derniers passagers tentaient de se sauver. Qui ? Britanniques, femmes, enfants, prisonniers italiens, gardes polonais, le lieutenant Tillie ? Devant la mort, les malheureux étaient tous égaux.

En vérité, il y avait encore à bord du *Laconia* plus de monde que ne le pensaient Miller et Ben Coutts. Des hésitants, des blessés perdus dans les ténèbres du navire où la mer pénétrait en grondant, aveuglés, brûlés par les jets, les volutes de vapeur des tuyautages crevés, des chaudières envahies par l'eau. Certains erraient encore dans les entrailles de ce navire sans lumière dont la mer prenait possession. Ceux-là ne devaient pas survivre.

Ian Peel et Gladys Forster furent parmi les derniers à abandonner le *Laconia*. Le navire était frappé depuis presque une heure qu'ils se tenaient cramponnés à une échelle de corde à quelques mètres au-dessus de l'eau. Ils entendaient des cris de désespoir qui n'avaient plus rien d'humain. Au-dessous de Peel, la masse oscillante des têtes et des bras était un spectacle achérontique. Il croyait encore entendre l'appel de l'inconnu : « Peel... Peel... » Il y avait une myriade de bruits : cris, crachotements, sifflements de vapeur, doux écoulement de l'eau, hurlements inhumains, craquements, gémissements de la coque, bruit flasque d'une échelle qui s'affale brusquement à la surface de la mer, aboiement d'une bête...

Ian Peel se laissa glisser dans les eaux noires. Pour la première fois, un cri retentit : « Les requins ! » Dans trois langues : « *Sharks... Pescecani... Rekiny !...* »

Oui, de petits squales de 1 m 50 environ étaient là, se glissant au milieu des naufragés, d'un coup de leurs dents acérées enlevant un morceau de fesse, sectionnant un talon. Le sang, un court instant, teintait la mer mais on ne le voyait pas. Seuls, les cris des hommes, d'horribles cris pénétraient jusqu'à l'âme ceux qui pouvaient encore les entendre. Les squales, plus redoutables que deux ou trois gros requins qui, d'un seul coup, eussent tué quelques naufragés, attaquaient par bancs entiers et, comme ces poissons de l'Amazone que le sang affole, morceau par morceau, dépouillaient de leur chair les corps de ces malheureux.

Ian Peel aperçut une chaloupe qui passait à proximité. En quelques brasses, il fut à portée de sa coque et il put voir à la masse qui la surplombait, à sa ligne de flottaison enfoncée, qu'elle était pleine à couler. On l'admit cependant. Le canot se remplissait d'eau par le fond et Ian Peel n'y était pas depuis dix minutes — dix minutes de répit — que brusquement il chavira et tous se retrouvèrent dans la mer. Un Italien s'accrocha à lui, il ne savait pas nager. D'un coup, Peel lui fit lâcher prise. Puis, il trouva un morceau de bois ou quelque chose qui lui sembla tel, flottant dans les ténèbres. S'y cramponnant avec désespoir — la courte lutte avec l'Italien lui avait fait perdre un peu de son souffle —, il commençait à reprendre sa respiration quand un autre prisonnier essaya encore de l'empoigner. L'Anglais rassembla ses dernières forces — il était à bout — et repoussa l'Italien affolé.

Enfin, il aperçut un radeau et put s'y accrocher. Une Anglaise y était étendue sur le dos, inerte, seule. Qautre hommes, des Italiens, de leurs ongles, crochaient dans ses bords. Peel put se hisser et prendre place auprès de Miss Hawkins — c'était elle. De lui-même, comme poussé par le courant, le radeau s'éloignait du *Laconia* pendant que, petit à petit, Peel reprenait des forces. Un instant, il ferma les yeux. Tout lui semblait maintenant indifférent...

Celui qui occupait la position la plus élevée, à ce moment, était sans conteste le sergent J. A. Parker du Leicestershire Regiment. Sans gilet de sauvetage, appuyé à la rambarde, haut perché à l'arrière du *Laconia* incliné à 45°, Parker pouvait voir devant lui le navire dévasté. Le spectacle auquel il avait assisté, tout ce monde, un troupeau d'êtres humains, bousculés, portés vers les canots avec des mouvements de foule incontrôlés, inexplicables, l'horrifiait encore. Il avait vu les embarcations remplies, débordantes de têtes, de bras qui s'agitaient. Il avait vu un des canots descendre lentement des bossoirs vers la mer et s'arrêter à quelques mètres au-dessus de l'eau. Il avait vu un autre canot, manœuvré par Dieu sait qui, descendre au-dessus de la première embarcation arrêtée et soudain ses filins de se rompre ou d'être inopinément largués : dans le fracas, les deux canots surchargés de femmes et d'enfants s'étaient heurtés, brisés. Parker avait encore les cris des femmes dans les oreilles... Le sergent ne pouvait demeurer ainsi immobile, stupéfait. Le *Laconia* pouvait s'enfoncer brusquement d'une minute à l'autre. Sans regarder la mer — il avait l'impression qu'elle était à plusieurs dizaines de mètres au-dessous de lui —, il sauta. Il crut ne jamais pouvoir remonter de la grande profondeur qu'il avait atteinte. Meurtri, suffoqué, au bord de l'inconscience, il fit surface. A quinze mètres de lui, se trouvait un radeau. Rassemblant toute son énergie, Parker nagea vers lui. Ce n'était que quelques planches assemblées et aucun naufragé n'y avait encore trouvé refuge. A bout de souffle, le sergent réussit à s'y hisser, mais le radeau était si petit qu'il ne put s'y étendre complètement. Ses jambes pendaient dans l'eau. Un instant plus tard, il vit une ombre, un bras qui se tendait. Il aida le naufragé à monter. C'était un prisonnier italien. Sans un mot, des heures et des heures ils demeurèrent là, sans faire un mouvement...

Il pouvait être trois heures du matin quand Parker entendit un hurlement de bête. L'Italien avait eu la jambe droite coupée, arrachée par un requin... L'Anglais prit l'homme par l'épaule, le maintint sur le radeau. Il continuait à crier...

Lady Gladys Forster fut sans doute la dernière femme à quitter le *Laconia*. Elle avait perdu sa fille Elisabeth dans la bousculade et la nuit. Vainement elle avait cherché sur le pont l'emplacement de son canot.

Bousculée, poussée, elle avait hésité longtemps, perdu du temps à la recherche de sa fille. Le pont était alors presque vide, avec l'aspect désert, tourmenté, saccagé d'une épave. Enfin un matelot lui avait donné une indication : « A l'arrière, la vedette du commandant va être mise à l'eau, dépêchez-vous. »

Cette vedette fut la dernière embarcation à quitter le *Laconia*. Au moment où elle touchait l'eau, des prisonniers italiens voyant qu'elle était à peu près vide, nagèrent pour s'en approcher. C'est alors que les chaudières du navire, dans un fracas épouvantable, éclatèrent et la déflagration ébranla l'atmosphère, se répercutant dans l'eau et dans l'air [1]. Tous ceux qui se trouvaient dans la vedette furent projetés dans le vide, aspirés vers le fond de la mer dans une effroyable succion. Détail curieux, Mrs. G. Forster sentit ses chaussures arrachées de ses pieds. Quand elle remonta à la surface, la mer était encore agitée par mille tourbillons et remous. Le *Laconia* n'était plus.

Alors Gladys Forster nagea et put se hisser sur un radeau qui portait déjà plus de cent personnes. Tous, tous ceux qui luttaient pour sauver leur vie, qu'ils fussent dans l'eau, accrochés à une épave, à un radeau ou entassés dans un des canots de sauvetage, avaient vu disparaître le vieux *Laconia*. Ils l'avaient vu dresser son arrière vers le ciel, demeurer un instant immobile, comme si une dernière fois il prenait sa respiration, puis il avait jeté dans la nuit un cri plaintif comme jamais homme n'en avait entendu, celui du dernier souffle issu de milliers de poitrines. Le *Laconia* encore à mi-hauteur, hors de l'eau, rassembla ses forces puis, brusquement, sifflant et grondant, d'un seul coup, s'enfonça. Il était 21 h 25 G.M.T.

Selon une tradition qui atteint d'autant plus à la grandeur qu'elle se manifeste par un geste gratuit, sur la passerelle inclinée du vieux bâtiment, un homme, un Britannique, marin, fils et père de marins, était demeuré, le capitaine Rudolph Sharp, commandant du *Laconia*. Il ne devait pas mourir seul sur cette passerelle, la dernière après celles d'une longue lignée de navires où, jours après nuits, il avait fait mille et mille quarts, où avant de commander, il avait obéi, où il avait vécu dans la joie, la satisfaction du marin à la mer, dans l'inquiétude et la souffrance. Alors qu'une dernière fois, il se penchait à la lisse, regardant la mer, estimant le désastre auquel il ne pouvait, il ne devait survivre, Rudolph Sharp avait entendu une voix derrière lui. C'était celle de son second, le capitaine George Steele.

— Je reste avec vous, commandant.

---

1. On a dit — à tort, nous semble-t-il — que des bombes sous-marines réglées pour éclater à une certaine profondeur avaient explosé dans les soutes du *Laconia*. Cela nous paraît impossible, de telles bombes devant être amorcées avant utilisation.

C'est tout. Sharp avait compris que ce « vous, commandant » le dépassait, qu'il s'adressait plus au navire, le *Laconia*, et à toute une tradition qu'à lui-même, que, par une mort volontaire, son second se haussait au sommet de cette échelle qui, enfléchure par enfléchure, va de l'apprentissage au commandement suprême.

Ceux qui levèrent la tête vers l'aile du *Laconia* purent voir la blancheur éclatante d'un plastron de chemise, de larges galons dorés et deux mains cramponnées à la lisse, solides, presque lumineuses, se détachant sur un ciel aux reflets d'acier.

VI

« COULÉ *LACONIA*. MALHEUREUSEMENT...»

*22 h 15, heure allemande, à bord de l'*U 156.

Wilhelm Polchau avait de nouveau montré sa tête blonde hors du kiosque de l'*U 156*. Des yeux, il interrogeait le commandant Hartenstein et le I.W.O. Mannesmann demeurés dans la baignoire du sous-marin.

— Il a son compte, dit Hartenstein. Malheureusement il a donné sa position et il ne fera pas bon demeurer longtemps sur les lieux.

— Je sais, répondit Polchau. Son commandant?

Hartenstein d'un mouvement du menton désigna la mer qui se couvrait d'épaves, d'hommes qui surnageaient, de cadavres aussi.

— Le «Lion» a donné des ordres de s'emparer dans la mesure du possible des commandants et des chefs mécaniciens des navires torpillés pour les empêcher d'armer de nouveaux bateaux; mais comment les trouver dans la nuit?

Ce n'était pas la première fois qu'Hartenstein coulait un bâtiment ennemi, mais jusqu'à ce jour ce n'étaient que des pétroliers, des cargos. Il avait vu leurs équipages descendre dans les embarcations, tenter de se sauver. Certains avaient été tués par les explosions, d'autres s'étaient noyés, mais c'étaient des marins, des hommes habitués à la mer, et c'était leur métier de risquer leur peau sur l'eau, même en temps de paix. Ici, il le pressentait, le cas était différent. Des milliers de gens, peut-être des femmes, des enfants, allaient être précipités à l'eau par son fait.

Il marmonna un mot qui tente d'expliquer mais qui n'excuse rien : «C'est la guerre.»

Pendant ce temps, Mannesmann donnait des ordres.

— 30° tribord... 200 tours...

— N'approchez pas trop, conseilla Hartenstein.

Le *Laconia* était à un mille droit devant ; l'étrave du sous-marin pénétrait dans la zone où les épaves se faisaient de plus en plus nombreuses.

Il fallait manœuvrer à chaque instant pour ne pas aborder une pièce de bois, un radeau. Spectacle hallucinant. Hartenstein et Mannesmann, le timonier de service, pouvaient voir des hommes qui se cramponnaient à des épaves ou qui nageaient. Le sous-marin allait à une vitesse réduite — trois ou quatre nœuds — et avançait dans ce champ de destruction et de mort. Hartenstein passait pour un dur, un militaire peu accessible à l'émotion, à la pitié. Aucune pensée ne pouvait se lire sur son visage fermé, émacié par les jours de mer et de fatigue, qui profilait sur la nuit un nez en bec d'aigle, un menton et des pommettes saillantes.

Maintenant on voyait distinctement les naufragés serrés dans les chaloupes surchargées, leur ligne de flottaison enfoncée. Un collier de boules grisailles, pareilles à des défenses, entourait chaque embarcation. C'étaient des têtes d'hommes, celles de malheureux demeurés dans l'eau, nageant ou cramponnés à la guirlande qui festonnait le bordé des canots.

Le silence régnait à bord du sous-marin. C'est alors qu'Hartenstein et Mannesmann crurent entendre des cris : « *Aiuto ! Aiuto !* »

Les deux officiers se regardèrent : « *Aiuto !* » Que signifiait ceci ? Avaient-ils bien entendu ? Le sous-marin avançait, laissait derrière lui ces appels... Le *Laconia* était là, devant eux, sifflant, laissant échapper des jets de vapeur, son unique cheminée prolongée par une haute colonne de fumée noire, son pont ruisselant encore de petits bonshommes...

Hartenstein apercevait nettement l'arrière, haut sur l'eau, soulevé et là, une pièce de canon avec ses servants. Aucun coup de canon ! Pas la moindre tentative de défense ! Personne à bord du paquebot torpillé ne semblait donc avoir décelé la présence de l'U boot. Il croisa une autre embarcation et un mouvement se produisit parmi les naufragés — un recul, un tassement des têtes et des bustes. Il lui avait semblé apercevoir quelques femmes dans le canot. « Ils s'imaginent que je vais les mitrailler..., pensa Hartenstein. La propagande ! »

Hartenstein voulait voir de ses propres yeux ce *Laconia* faire son trou dans l'eau, disparaître ; ensuite, il aviserait. Un télégramme au « Lion » : « J'ai coulé *Laconia* 20 000 tonnes. Britannique... » Puis il reprendrait sa course vers le sud à la recherche de nouvelles proies. Les naufragés ! Il les abandonnait à leur sort ! Ils avaient des canots, des radeaux. Et le *Laconia* avait donné sa position, avait lancé un S.O.S. Il avait même averti l'Amirauté de la présence d'un sous-marin ennemi... Mieux valait quitter cette zone dangereuse. Le commandant de l'*U 156* pensait aussi qu'il ne valait rien pour le moral de son équipage de voir trop longtemps ces gens patouiller dans l'eau.

Un autre radeau fut aperçu, longé, dépassé. Il portait une femme demi nue, seule, alors que quelques hommes dans l'eau s'accrochaient à ses bords. Puis, ce furent d'autres appels, d'autres cris de détresse dans la nuit.

« *Aiuto ! Aiuto !* » Cette fois, les appels au secours étaient bien distincts. Ils provenaient de deux naufragés agrippés à une épave, une caisse d'oranges dont les fruits épars flottaient alentour.

— On crie en italien, dit Mannesmann.

— J'ai bien entendu... Qu'est-ce que cela signifie ?

— Faites-en repêcher quelques-uns...

Quelques minutes plus tard, deux hommes hâves, aux vêtements ruisselants collés à leurs maigres poitrines, à leurs jambes sans muscles, étaient tirés au bout d'un bout que des matelots leur avaient lancé. On les mena devant Hartenstein qui était descendu sur le pont et se tenait appuyé aux tôles de la tour.

— Italiens ?

— Oui, Italiens !

Ils donnèrent des explications verbeuses à l'officier de marine allemand qui ne connaissait pas leur langue. Il comprit néanmoins qu'un événement hors série, grave, était survenu. Montrant du doigt les hommes qui nageaient autour de l'U boot, il leur répéta : « Italiens ? » L'un des naufragés fit un signe affirmatif et cita un chiffre. Hartenstein devina : plus de mille et le mot « prisonniers » ; il en fut effrayé. Un des deux rescapés, encore tremblant de peur et d'angoisse, mais un peu rassuré par la présence d'un sous-marin de l'Axe, imaginant déjà la liberté rendue, était blessé au bras. Une large estafilade d'où le sang coulait.

— Un coup de baïonnette d'un Polonais..., expliqua-t-il.

Puis il jura.

Des Polonais ! Après les Italiens, des Polonais ! Hartenstein avait compris le mot « *Polacco* »... Maintenant, il avait hâte de savoir, d'en apprendre plus.

— Amenez-les au poste d'équipage arrière. Qu'on les réconforte, que le cuistot prépare des gamelles de soupe, sans arrêt. Du café aussi. Que l'on sorte la réserve de gniole... doucement pour la distribution, bien sûr !

Pendant ce temps, l'équipage avait repêché d'autres naufragés. Ce n'était que des Italiens. Probablement était-ce le coin où ils s'étaient groupés. Peut-être, à part l'équipage et quelques femmes qui se trouvaient dans les canots, n'y avait-il sur ce navire que ces prisonniers ? Ils étaient tous dans un état pitoyable. Quelques-uns étaient blessés, mais ces coupures aux talons, aux mollets, aux fesses, coupures franches, comme faites au couteau bien aiguisé, ne provenaient pas de coups de baïonnette. On amena enfin devant le commandant de l'*U 156* un soldat qui parlait un peu l'allemand. Celui-ci, un caporal, ne paraissait pas trop fatigué et ne portait aucune blessure.

— Combien étiez-vous d'Italiens à bord du *Laconia* ?

La réponse donnée par le caporal fit sursauter Hartenstein.

— Je ne sais pas exactement, au moins 1 500...

— 1 500 !

— Oui, nous avons subi le martyre sur ce bagne anglais. Traités plus mal que des bêtes. Le matin, on nous faisait monter sur le pont et on nous aspergeait d'eau glacée par un froid terrible. Ceux qui ne voulaient pas de ce supplice étaient poussés, baïonnettes dans le dos, sous l'eau glacée par les Polonais.

— Par les Polonais, pourquoi ?

— Les Anglais n'aiment pas être gardes-chiourme !

Un matelot apporta un grand bol de café au lait au caporal italien qui en but deux grandes gorgées, s'essuya les lèvres du revers de la main et continua :

— Nous savions tous qu'il y avait des sous-marins de l'Axe dans les parages. Ah ! nous craignons la mort pour sûr, mais mourir ainsi, enfermés dans les cales sans voir le ciel, le soleil, les étoiles, sans pouvoir respirer une dernière fois l'air libre, mourir étouffé derrière des barreaux... Quelle horreur !

L'Italien imaginait une mort qui aurait pu être la sienne. Il se signa. Il pensait confusément à sa mère, petite, fragile, à ses camarades et s'exprimant en italien, murmurait : « *Mamma... tutta una vita rinchiusa in una parola... Poverini* [1]. »

Les larmes lui venaient aux yeux mais elles ne coulaient pas, les paupières brûlées par le sel de la mer, l'huile, toutes les ordures, les scories du *Laconia* qui avaient surnagé. Hartenstein fit un geste comme pour lui dire : « C'est assez, va te reposer », mais le Latin sur sa lancée continuait : « Quand la torpille a frappé, j'étais seul dans un coin, désemparé. Des amis m'appelaient pour faire une partie de cartes. Je me levais... l'explosion... le navire fut soulevé... Paquetages, tables, échelles, lampes, tout se détacha... L'odeur de l'explosif nous prit à la gorge. »

Un peu agacé — Hartenstein avait autre chose à faire que d'écouter le récit détaillé d'un soldat italien — le commandant de l'*U 156* l'arrêta :

— *Ein Moment...*

Le *Laconia* tout proche — à un demi-mille — coulait. L'avant d'abord... L'arrière sorti de l'eau se silhouettait sur le ciel, puis un arrêt, un temps qui parut très long à tous ces hommes — on eût dit que le monde retenait son souffle. Enfin, grondant, le *Laconia* glissa au fond de la mer. Il était 23 h 25... L'eau frémit, bouillonna comme si un volcan allait soudain surgir des profondeurs marines et recracher vers le ciel le navire en morceaux, détruisant tout ce qui flottait encore, y compris ce minuscule navire qui était cause de sa mort. Humains, radeaux, planches, et mille épaves brisées, disloquées, remontaient à la surface. Tous s'étaient tu à bord du sous-marin. On n'entendait plus que le ronronnement des

1. « Maman... Toute une vie incluse dans un mot... Pauvres petits... »

Diesel. Sous la lune qui argentait les méplats mouvants des vagues, les épaves roulaient doucement leur cargaison de survivants.

— Continue, dit Hartenstein qui, maintenant, voulait rompre le silence.

— Je courus à ma ceinture de sauvetage, reprit l'Italien. Je la mis. Je voulais me sauver… Oui, je voulais me sauver. Je pris dans mes bras un ami et nous nous embrassâmes en silence tandis qu'autour de nous régnait la terreur. Ils étaient fous. L'un jurait, menaçait du poing, un autre à genoux priait, un autre courait, frappait la cloison, tombait, se relevait, hurlait. Un autre encore s'arrachait les cheveux, pleurait. D'autres, muets de peur, stupides, idiots ou fous, allaient dans tous les sens, l'un d'eux véritable bête sauvage grinçait des dents. La deuxième explosion survint alors.

Comme le soldat disait ces paroles, une explosion sourde, suivie d'autres — comme des mines que l'on fait sauter — ébranlèrent l'atmosphère et la mer… Leur violence avait renversé les hommes sur le pont du sous-marin. Deux matelots étaient tombés à la mer alors qu'ils repêchaient sur l'avant quelques survivants.

Hartenstein, projeté contre la tour, avait vu les siens tomber à l'eau.

— Repêchez-moi ces hommes… Vite…, cria-t-il.

Il demeura attentif jusqu'à ce que ses deux matelots fussent à bord. D'un coup d'œil, il inspecta le ciel. Aucun avion en vue. On aurait entendu le ronronnement de ses moteurs. Un navire ? A part les embarcations enfoncées sur l'eau, on ne voyait aucune silhouette de bâtiment.

— Le *Laconia* transportait des bombes sous-marines, cria Mannesmann. A une certaine profondeur, elles ont éclaté. Heureusement que nous n'étions pas plus près.

L'Italien mit son grain de sel :

— Ce sont les chaudières qui ont explosé.

— Descends, ordonna Hartenstein, nous entendrons plus tard la suite de ton récit. En ce moment, nous avons autre chose à faire.

Au même moment, deux matelots de l'*U 156* tiraient hors de l'eau deux autres Italiens et un Anglais. C'était le premier Britannique qui prenait pied sur le sous-marin. Hartenstein vit venir vers lui un gaillard qui balançait deux bras énormes, longs, terminés par des mains qui ressemblaient à des massues. La musculature de l'homme ressortait à chaque mouvement. Son nez était un peu aplati comme celui d'un boxeur et ses oreilles étaient grandes, larges. Il portait un grand gilet de sauvetage bleu.

— Suivez-moi, dit Hartenstein.

Le naufragé grimpa lestement jusqu'à la baignoire du sous-marin, puis, derrière Hartenstein, descendit jusqu'au Central.

Alors le commandant de l'U boot commença son interrogatoire.

— Qui êtes-vous ?

L'Anglais répondit en matelot habitué à ce genre de questions de la part d'un supérieur.

— John Nice... ou si vous préférez « Ronny », « Ronny » Nice, membre de l'équipage du *Laconia*.

— Quel est le tonnage du *Laconia* ?

— Près de 20 000 tonnes.

— Combien y avait-il de soldats à bord ?

Ronny hésita. Il ne savait pas exactement le chiffre mais il l'estimait à 2 000 hommes.

— Très peu, très peu, dit-il.

Cet homme mentait, cela était évident. Hartenstein insista.

— Il y avait à bord des femmes et des enfants et aussi 1 800 prisonniers italiens, finit par avouer Ronny.

Tout à l'heure, l'Italien repêché avait parlé de 1 500 ! Hartenstein haussa les épaules avec mépris.

— Vous, les Anglais, vous êtes de sacrés fous ! Quel genre de bateau était-ce donc ? Transport de troupes, de prisonniers de guerre ou bâtiment hôpital ? Allons, reposez-vous. Qu'on lui donne à boire.

Ronny entendit le commandant — un homme bien rasé, au visage balafré — du type « pète-sec », parler en allemand à un matelot. Celui-ci revint bientôt avec un grand verre d'un rhum odorant. Ronny le but goulûment.

— Puis-je me laver ?

— Oui. On va vous conduire.

Une serviette était à portée.

— Puis-je la prendre ? demanda Ronny.

— Non.

Sur ce « non », l'officier lui tourna le dos.

Ronny Nice fit sa toilette sans pouvoir s'essuyer, puis il commença à visiter le sous-marin, tout étonné de se trouver libre de circuler dans un bâtiment ennemi. Il croisait des matelots qui le regardaient curieusement mais sans antipathie, sans haine. Ces hommes étaient tous rasés de près et propres, il le remarqua. Ronny fit même quelques pas dans l'étroite coursive entre les Diesels. Le numéro des moteurs était M.998. C'était facile à se souvenir... Il avait aussi remarqué l'emblème peint sur le kiosque du sous-marin : l'étoile juive !

Un long moment Hartenstein demeura silencieux comme s'il réfléchissait profondément, comme s'il avait une décision importante à prendre, une décision qui engageait la vie de son sous-marin, de son équipage, de son honneur de marin qui se confondait avec celui de ses hommes.

La situation pour lui était nette : il avait torpillé un grand navire britannique. Parfait ! Oui, mais ce bâtiment contenait près de deux mille

soldats de l'Axe et c'était une catastrophe ! Certes, ces hommes étaient
des prisonniers, donc inutiles pour la continuation de la guerre, mais,
sans s'occuper de haute politique, Hartenstein n'était pas sans soupçonner
que tout n'allait pas au mieux entre partenaires de l'Axe. Et ce torpillage n'était pas fait pour arranger les choses. D'autre part, Hartenstein
qui autrefois, devant Aruba, avait laissé passer sans le torpiller un navire
où l'on dansait — pour ne pas déceler sa présence il est vrai —, avait
vu dériver ce radeau avec cette femme seule, demi nue, allongée, inerte
sur ces planches. Sur le *Laconia*, elle ne devait pas être la seule... Il fallait sauver tout ce monde.

Cependant, à agir ainsi, Hartenstein risquait de perdre son sous-marin.
L'ennemi n'avait-il pas donné sa position sur deux longueurs d'onde qu'il
avait bien essayé de brouiller, hélas, trop tard pour qu'ils ne fussent pas
entendus. Des avions, des navires ennemis pouvaient survenir d'un instant
à l'autre et ils ne respecteraient pas le sous-marin occupé à sauver des
naufragés, fussent-ils anglais !

L'expérience prouvait, sans le moindre doute, qu'il en serait ainsi. Pour
les Alliés, mieux valait envoyer par le fond un sous-marin, un de ces
loups gris, susceptible par la suite de couler encore de ce tonnage alors
si précieux que de sauver quelques vies humaines — et on ne remplace
pas facilement un sous-marin avec un équipage entraîné ! Partir, s'éloigner, était raisonnable, pour lui, Hartenstein, commandant de l'*U 156*.
La présence des Italiens l'en empêcha.

Hartenstein était remonté dans la baignoire ; Mannesmann, comme
s'il suivait les pensées de son commandant, l'interrogea :

— Nous risquons de nous faire attaquer en sauvant ces Italiens... Dois-
je demander des ordres au B.d.U. ?

— Non, nous n'avons pas le temps. Impossible. Je décide moi-même.
Nous continuons le sauvetage.

A ce moment on amena devant lui des naufragés britanniques.

Hartenstein ne dit pas à ses hommes s'il fallait faire une distinction
entre Anglais et Italiens ; tous comprirent qu'on devait repêcher tout le
monde. D'ailleurs, comment faire autrement ? Un homme tiré de l'eau
ne pouvait être rejeté à la mer s'il était britannique ! En fait, l'*U 156*
se trouvait à ce moment dans une zone où la majeure partie des rescapés
étaient italiens. Beaucoup étaient dans un état pitoyable, blessés par des
coups de baïonnette sans compter les blessures faites en tombant et les
morsures des requins.

Bientôt, à l'intérieur du sous-marin, les deux compartiments des tubes
lance-torpilles, à l'avant et à l'arrière, furent remplis de naufragés. On
pouvait à peine circuler dans l'unique coursive centrale du bâtiment tant
il y avait de monde. Seuls, le kiosque, le central sur l'ordre d'Hartenstein demeuraient dégagés. L'officier estimait à 90 les rescapés à bord

de son sous-marin. Serrés les uns contre les autres, debout, ils avalaient avec délices la tasse de café brûlant ou mangeaient gloutonnement une assiette de soupe. Jamais le coq de l'*U 156* n'avait tant travaillé.

L'*U 156* longeait des embarcations d'où partaient des cris de femmes et d'enfants, naviguait dans la nuit au milieu des épaves. Le sauvetage maintenant dépassait et de beaucoup les possibilités du submersible et cependant il fallait continuer.

Wilhelm Polchau vint dans la baignoire. Il assura que tout fonctionnait bien dans le sous-marin malgré l'exceptionnelle surcharge.

Hartenstein prit le carnet à souches qui ne le quittait pas, rédigea un télégramme qu'il tendit au premier W.O.

— Faites transmettre, Mannesmann.

L'officier prit le message et lut :

> « *13.9. Atlantique vers Freetown. QU.ET.5775S 1 - 2 Meer 1,7 110 0. 400 - couvert vue 4 milles. Coulé l'anglais* Laconia *QU 7721 - 310° - Malheureusement avec 1 500 prisonniers italiens. Jusqu'à maintenant 90 repêchés. Hartenstein.* »

Il était 1 h 25.

Cinq minutes plus tard, ce message chiffré était transmis... Ce F.T. allait déclencher des décisions exceptionnelles, des discussions dramatiques, des interventions diplomatiques avant d'être évoqué quelques années plus tard au procès de Nuremberg.

VII

« GOD BLESS US... »

Buckingham flottait à la surface d'une mer qui lui paraissait calme et pacifique. Une houle très douce, tiède, balançait doucement son corps immobile. Autour de lui aucun navire, aucune voix, aucun signe de vie. Les mille bruits de la mer eux-mêmes semblaient voilés, lointains. Au-dessus de lui, le ciel était d'un vert pâle, comme phosphorescent. Un long moment, bercé dans une étrange béatitude, il demeura ainsi puis il fit un mouvement et la douleur qu'il ressentit le rappela à la dure réalité. Sa main toucha un objet dans sa poche, une boîte de cigarettes. Ces cigarettes, stupidement inutiles, lui rappelèrent un autre objet, plus précieux celui-là, la photographie de sa femme. Il tâta l'entre-chemise et peau. Rien, plus de photographie. Buckingham se revit alors dans une cabine où un cyclone aurait passé ; incliné à 45°, tout y était de travers, l'éphéméride accroché, la pendule cerclée de cuivre qui marquait l'heure : 21 h 30 ; le sol jonché de papiers, les tiroirs du bureau ouverts... Maintenant Buckingham se souvenait : au dernier moment, il était retourné dans sa cabine. Il avait voulu reprendre le portrait de Dorothy et l'emporter avec lui, le sauver. Il lui avait semblé que la présence de cette image le protégerait. Or, ce portrait, il ne l'avait plus ! L'avait-il oublié dans sa hâte ou avait-il glissé à terre ? Et cette boîte de cigarettes ? Pourquoi l'avoir emportée ? Alors qu'il promenait l'ovale de sa torche électrique sur ce coin qui lui était cher, une explosion sourde, venant de quinze pieds au-dessous de lui, lui avait fait comprendre que le *Laconia* bientôt, très bientôt, allait s'enfoncer, couler. Oui, dans sa hâte, il avait laissé glisser à terre le portrait de Dorothy.

Il se souvenait de ce qu'il avait fait ensuite pour se sauver. Après avoir parcouru la carène du *Laconia* couché, le long de la ligne des hublots, sur les tôles disloquées, évitant des cascades d'eau qui s'en échappaient, il avait ôté veste et chaussures, avait cherché un endroit d'où il pût plonger, puis il avait piqué une tête dans l'océan. Quand il était remonté à la surface, l'eau bouillonnait, tourbillonnait et de larges colonnes d'embruns étaient projetées vers le ciel dans un vacarme effroyable. Buckingham respira profondément. Il vivait, et quoique cette vie lui semblât précaire, béatement il en jouissait. Un cri le tira de cette somnolence et il fit quelques brasses dans la direction de cet appel qui ne se renouvela pas. Il avait pu voir l'éclat blanchâtre d'une lumière qui se balançait sur un minuscule point de l'immensité mais elle était signe de vie et le troisième officier du *Laconia*, vers elle, nagea avec vigueur. Il ne vit plus rien, aucune lueur ; aucun bruit ne rompait le silence de la nuit. Il s'arrêta, puis reprit sa nage, dix longues minutes, avant de trouver un canot retourné, si enfoncé dans l'eau que sa quille émergeait à peine. Deux hommes s'y cramponnaient ; l'un d'eux était le deuxième officier, Stokes.

— C'est vous, Buckingham ! En tombant je me suis cassé la jambe !

Stokes souffrait atrocement. Ses douleurs se voyaient à son visage crispé.

— Hé ! l'homme ! Le copain a la jambe cassée ! Hissons-le à califourchon sur la quille.

Buckingham, aidé du naufragé, après beaucoup d'efforts, réussit à tirer Stokes hors de l'eau et à le placer à cheval sur la quille du bateau retourné. La jambe droite de l'officier, brisée, disjointe, pendait, formant un angle avec la cuisse, sous le genou.

— Allongez-vous, Stokes, conseilla Buckingham, et tenez-vous de chaque côté au filin de secours. Ne faites pas un mouvement, nous demeurons auprès de vous.

Cette épave pourrait-elle tenir toute la nuit avec ces trois hommes qui tentaient de s'y maintenir ? Buckingham supputait ces chances quand une vague plus forte que les autres les submergea, balaya Stokes de son précaire support. L'officier put cependant s'accrocher au canot qui n'avait pas coulé.

— Nous ne pouvons être trois, dit Buckingham. Tenez-vous ferme. Courage, Stokes... Je vais tenter de trouver un canot à flot... Je reviendrai vous chercher...

En nageant, Buckingham s'éloigna dans la nuit. Stokes, il ne devait plus le revoir.

Sans gilet de sauvetage, après cette nage, ces efforts épuisants dépensés pour hisser Stokes sur la quille du canot, Buckingham pensa qu'il valait mieux s'arrêter, se maintenir à flot tout en réservant le plus possible ses forces. La brise avait fraîchi et la mer sans relâche venait se briser en vaguelettes sur le visage du naufragé, le recouvrant par moments, rendant difficile son maintien sur l'eau, sans faire le moindre effort. Toute la nuit, il lui fallait pourtant demeurer là. Serait-ce possible ? Successivement, il fit « la planche », avança de quelques brasses, s'immobilisa de nouveau... Le froid engourdissant ses jambes, il les massa d'une main avant de nager encore. Ainsi, le temps très lentement passa. Quelle heure pouvait-il bien être ? Il se dirigea doucement vers l'ouest, espérant trouver n'importe quoi, une planche, une caisse, à défaut de radeau ou de canot. Mais il n'y avait rien, rien, absolument rien. Il s'arrêta encore, la fatigue brisant ses membres ; pour la première fois, il pensa qu'il ne pourrait pas survivre, que son corps vaincu succomberait avec ses sens évanouis. Il ferma les yeux et laissa à la mer, cette mer qu'il connaissait bien, le soin de le maintenir encore quelques instants à flot.

Dans un sursaut d'énergie, le dernier, venu du fond de son être, Buckingham repartit, avec ardeur cette fois, sans ménager ses forces. Il nagea peut-être cinq minutes et s'arrêta pour écouter. Rien. Nouveau départ dans une autre direction, nouvel arrêt. Il n'entendait que le murmure sans fin d'une mer absolument déserte autour de lui. Eprouvant le besoin d'enlever son tricot et ses chaussettes, il le fit, mais ce court déshabillage dans l'eau l'exténua.

La nuit, la mer paraissaient sans fin et sans pitié. Pourquoi le jeune officier avait-il nagé ainsi ? Pourquoi s'était-il éloigné du lieu du naufrage ? N'aurait-il pas mieux fait de demeurer au milieu des naufragés, des épaves ?

Jusqu'à ce moment, à part un court instant de dépression, Buckingham avait gardé son calme, ce qui lui avait permis de mesurer ses forces physiques, d'équilibrer à peu près les temps de repos et de nage, mais cela ne pourrait durer encore longtemps, il le pressentait... Alors qu'il se laissait aller sur le dos, sa tête heurta un objet solide qui flottait. Dans sa surprise, le naufragé fit un mouvement et l'objet plongea de sorte que lui, Buckingham, le sentit passer sous lui. L'objet coula pour réapparaître quelques secondes plus tard devant les yeux horrifiés de l'officier : c'était le corps d'un noyé. Il portait un gilet de sauvetage. Ce fut la première constatation du naufragé ! Y avait-il encore un souffle de vie dans ce corps ? Buckingham regarda le visage. C'était celui d'un homme aux cheveux coupés court, presque rasés, et il était mort. Le corps paraissait intact. Pourquoi n'avait-il pas survécu avec ce gilet de sauvetage en bon état ? Buckingham, cramponné au dos du noyé, se posait ces questions. Il se disait aussi que ce compagnon de fin de nuit lui apportait un secours inespéré, qu'il fallait ne pas s'en séparer. Une heure passa ainsi, peut-être deux. La nuit, semblait-il, se prolongeait, retenait ses minutes. Les deux corps montèrent et descendirent ensemble à chaque vague, des milliers et des milliers de fois, avec une monotonie régulière... Enfin, Buckingham put voir une pâle lueur à l'est, l'aube...

....

A tous les survivants, cette nuit du 12 au 13 septembre 1942 parut interminable. Les uns, tassés dans les embarcations, demeurèrent prostrés et sans pensées précises. Tout était mouillé, humide autour d'eux, en eux, tout. Ils n'avaient même plus la force de soulever les pieds hors de l'eau. La nuit, après la grosse chaleur de la journée, leur sembla glacée. Les plus courageux ramaient à tour de rôle ; les patrons des chaloupes — ou ceux qui en avaient l'âme — tentaient dans les ténèbres de faire un inventaire de ce que contenait le canot. Peu de choses, souvent rien ! Les moins fortunés s'accrochaient à des radeaux ou s'y maintenaient allongés, évitant les mouvements qui pourraient les faire basculer. On vit des nageurs passer d'une planche à une autre, d'une caisse à un radeau, en quête de plus de solidité, plus de place, à moins que, comme l'aviateur Middleton, ils ne cherchassent à se grouper : R.A.F. avec R.A.F., Royal Navy avec Royal Navy. Avant tout, ils voulaient être entre Britanniques... Il y eut des drames, des luttes d'homme à homme, avec les mains, les ongles, pour se maintenir encore quelques instants à la surface de l'eau. Ces combats singuliers, nul ne les connaîtra jamais. Le cadavre de l'inconnu avec lequel, dans l'eau, ils ont lutté, ceux qui survivront l'enfouiront au fond de leur mémoire très profondément afin que jamais il ne remonte...

Dans les canots, les premières heures de stupeur passées, on se regarda, on se compta, on s'interrogea sur le sort des uns et des autres : « Avez-vous vu ma mère descendre dans un canot ? Il me semble que derrière moi, elle est tombée à la mer ? » interrogeait Molly. Personne ne lui répondit.

Dans une autre embarcation, à l'arrière, le dos appuyé aux genoux du patron, Mrs. Davidson n'avait pas tardé à repérer les connaissances qu'elle avait faites à bord. Il y avait Smith, le beau et souriant « Smithy », et Mrs. Jane Walker. La pauvre femme était désespérée. Sur le pont du *Laconia*, dans la bousculade, la nuit, elle avait perdu sa fille Doreen. Alors qu'elle tentait de la retrouver, criant son nom, elle avait été elle-même emportée par une grappe humaine, projetée dans un canot...

Soudain, une voix s'éleva tout près d'elle, dans l'embarcation.

— J'espère que vous avez maintenant une opinion différente de la R.A.F.

C'était un commandant d'escadrille qu'elle n'avait jamais rencontré à bord et auquel ses propos sur les exigences culinaires de la R.A.F. avaient été rapportés...

Mrs. Walker regretta ses paroles. Elle avait vu de ses yeux le courage, l'autorité, la compétence des officiers et des sergents de la R.A.F. lors du naufrage, sur le pont du *Laconia*.

Elle fit un signe de tête approbateur, tenta de sourire. Elle pensait intensément à Doreen. Peut-être un de ces officiers de la R.A.F. l'avait-il auprès de lui, dans un autre canot ? Elle s'accrochait à cet espoir... Elle se souvenait : elle entendait encore la voix de sa fille lui dire innocemment lors de l'escale à Durban : « Maman, le *Laconia* va être torpillé. » Sans doute, l'enfant avait-elle entendu cela de la bouche d'un marin ? ou une prémonition ?

« Mais non, avait-elle répondu, il ne faut pas dire cela. » Et elle avait regardé la terre d'Afrique, la ville de Durban. Si elle débarquait vite avec Doreen... Hélas, c'était impossible ! N'avait-elle pas annulé déjà un départ pour embarquer sur le *Laconia* ? Tout cela lui semblait bien loin, un passé qu'elle ne pouvait en rien modifier, et pourtant...

— Doreen... dit-elle, malgré elle.

Smith tenta de l'encourager :

— Vous la retrouverez certainement votre fille. Elle est dans un autre canot. On fait toujours passer les femmes et les enfants d'abord...

Et il lui adressa un bon sourire qu'elle entrevit à peine tant il faisait sombre...

Vers 1 heure du matin, ils avaient vu l'ombre d'un sous-marin allemand : celui qui avait torpillé le *Laconia* sans aucun doute. Allait-il mitrailler les naufragés ? C'était bien possible. Du moins le croyaient-ils ! La présence d'Italiens dans les canots inquiétait les Britanniques. Comment allaient-ils se comporter, ces prisonniers libérés par le torpillage ? En eux, ils avaient d'autant moins confiance qu'ils avaient montré leur terreur, leur manque de sang-froid lors du torpillage ; et puis, n'avaient-ils rien à se reprocher à leur égard ?

Si Mrs. Davidson avait vu la silhouette du sous-marin glisser sur la mer, d'autres, tels Miller et Ben Coutts, avaient entendu le bruit des Diesel. Ils avaient appelé, mais le bruit s'était embruiné avant de disparaître. Les deux hommes étaient alors à bord d'un canot vide pour lequel ils avaient abandonné leur flotteur. Les planches de l'arrière, à bâbord, avaient été enfoncées lorsqu'on avait essayé de le descendre à la mer. Cependant, il possédait encore son franc-bord. L'eau montait jusqu'à la hauteur de ses bancs et, s'il ne coulait pas, c'est qu'il était maintenu par des flotteurs. Au cours de la nuit, ils ramassèrent trois survivants. Serrés l'un contre l'autre, Miller et Ben Coutts attendirent le jour.

Un peu plus loin, à la même heure, le radeau portant Miss Hawkins continuait à errer au gré des vagues.

Ce n'était pas le même que celui sur lequel nous l'avions laissée. Comme de changer de compartiment parce que la compagnie de ses occupants vous est désagréable ou parce qu'on a trouvé mieux, Miss Hawkins avait abandonné le petit radeau sur lequel elle reposait, entourée de ses compagnons italiens. Aussi étrange que cela puisse paraître, elle avait entendu des voix dans la nuit, celles du chef d'escadron H.R.K. Wells et du lieutenant L.J. Tillie. S'ils avaient appelé, crié dans la nuit, c'était pour savoir s'il n'y avait pas de sujets britanniques dans les environs ! Miss Hawkins avait répondu et le chef d'escadron Wells, nageant, était venu jusqu'à elle. C'est alors que les chaudières du *Laconia* avaient éclaté. Miss Hawkins avait ressenti une douleur dans le dos tandis que Wells, projeté, faisait une culbute dans l'eau. Ils avaient enfin rallié le radeau des Britanniques. L'officier avait subi une forte commotion au ventre et il devait en souffrir toute la nuit. Miss Hawkins fut tirée sur le radeau. Ils étaient neuf ou dix à monter à tour de rôle auprès d'elle pour se reposer. Ian Peel était du nombre. Dans la nuit blafarde, ils se regardaient : leurs visages défaits étaient couverts d'huile, cette huile qui faisait vomir.

Cependant, ils tentaient de faire bonne figure à cette mauvaise fortune. Wells disait : « C'est une blague. Cela ne peut nous arriver à nous. » Le lieutenant Tillie paraissait être dans une forme splendide. Dans la nuit, il se mit à chanter, puis il affirma : « Demain matin, nous serons sur un bateau, sauvés. » C'est lui qui organisa la relève : « Chacun de nous prendra son tour pour s'asseoir à côté de notre *sister* sur le radeau et la réchauffer. Toutes les dix minutes, ceux dans l'eau devront changer de place autour du radeau. »

Puis il sortit de son gilet de sauvetage un petit flacon de brandy. « C'est ma mère qui me l'a donné, dit-il, il y a quelques années, pour usage en cas de besoin… Buvez… » Le flacon passa de main en main et chacun but un peu du cordial. Hélas ! alors qu'il était presque vide, un naufragé fit un mouvement et l'eau de mer le remplit. L'homme était navré. Le lieutenant Tillie le consola : « De l'eau salée, c'est dommage, mais ne vous en faites pas… »

La nuit avançait. Le froid paralysait les membres de ceux qui étaient dans l'eau. Il sembla à Miss Hawkins que les hommes qui l'entouraient se faisaient moins nombreux ; le lieutenant Tillie ne disait plus rien. Cependant, il demeurait cramponné à un filin qui courait autour du radeau.

— Montez auprès de Miss Hawkins, lui dit Wells.

C'était d'ailleurs le tour du lieutenant. S'étant hissé sur le radeau, le jeune homme s'appuya lourdement contre la nurse. Miss Hawkins, comprenant qu'il était mal, lui prit le pouls. Très faiblement, il battait.

— Comment vous sentez-vous ?

— Bien…

— Puis-je quelque chose pour vous ?

— Mais non, je vais bien…

Miss Hawkins se pencha et vit que la chemise du jeune Tillie était largement tachée de sang…

— Mais…

A quoi bon parler ? Miss Hawkins, sur ce radeau, n'avait rien pour panser une blessure, pour arrêter une hémorragie.

— Mes dix minutes vont être passées... remettez-moi à l'eau...

Telles furent les dernières paroles du lieutenant Tillie au chef d'escadron Wells qui, pour maintenir le jeune officier, s'était assis au bord du radeau, au risque de le faire basculer. Le blessé perdit conscience à minuit et mourut. Miss Hawkins prit sa montre et se promit de la remettre à sa mère, puis elle ferma les yeux au valeureux lieutenant et, doucement, le poussa dans le cimetière des marins[1].

Toute la nuit, ils firent la relève autour de la nurse, frissonnante de froid sous une mince robe trempée. Ils entendirent des appels en italien, en anglais — appels de plus en plus faibles, de plus en plus rares au fur et à mesure que la nuit frappait ses lentes secondes. Trois fois, le radeau se retourna et leurs forces s'amenuisaient de plus en plus pour y remonter.

Quand l'aube parut, leurs mains gonflées, gelées, exsangues ne sentaient plus le filin qu'elles tenaient depuis des heures et des heures. Une vague les hissa à son sommet et tous purent voir une mer qui faisait penser à un champ de bataille après une défaite : des avirons épars, brisés, des caisses, des canots défoncés et enfoncés dans l'eau et des cadavres, beaucoup de cadavres...

Mrs. Dorothy Davidson toujours à l'arrière de son canot regardait la mer qui rosissait, prenait des teintes moirées. Près de l'embarcation, gonflé comme une outre, maintenu à la surface par une *Mae West*, un cadavre parmi les cadavres flottait, les bras ballants, la face tournée vers le fond de la mer. Une vague le souleva et un instant, elle put entrevoir son visage ; Mrs. Davidson poussa un cri d'horreur : elle venait de reconnaître le brave lieutenant J. Tillie !

Soudain, violent, lumineux, avec le soleil le jour éclata. La journée du dimanche 13 septembre s'annonçait brûlante et la chaleur, la clarté naissantes réconfortèrent un peu les âmes.

---

1. Le lieutenant Tillie avait fait tout son devoir en s'occupant à bord du sauvetage des femmes et des enfants. Quand tout fut fini, il avait sauté par-dessus bord, se blessant au bras. Il avait fait la campagne de Narvik où il avait gagné son D.S.C., puis la *bar* en Méditerranée. La montre a été remise par Miss Hawkins à sa mère. Son nom est gravé au dos.

VIII

LE SAUVETAGE S'ORGANISE

13 septembre. Boulevard Suchet. 1 h 25. Heure allemande.

Tout semble dormir dans l'immeuble du 2, boulevard Suchet. Avant la guerre il y avait là des appartements de grand luxe, aux larges baies vitrées donnant sur le bois de Boulogne. Maintenant il est occupé par le commandement supérieur des U boote, le B.d.U. On l'a camouflé comme un navire, bien sûr, mais il n'est pas certain que ce bariolage savant ne le désigne pas mieux aux aviateurs alliés que s'il faisait une suite naturelle aux autres immeubles du boulevard. C'est la nuit. Des sentinelles veillent aux portes tandis que la Gestapo se charge des alentours.

Le vice-amiral Dönitz occupe là un appartement composé d'une chambre, d'une salle à manger et d'un bureau. L'amiral ne paraît pas ses cinquante ans. Il est mince et tout chez lui revêt un aspect pointu. Son nez, ses grandes oreilles, sa bouche taillée en coup de sabre, son menton volontaire ; même ses yeux d'un bleu d'acier semblent percer le front de son interlocuteur pour y lire sa pensée.

Depuis le début des hostilités, Karl Dönitz a la charge de l'arme sous-marine, la responsabilité des opérations des U boote, l'entraînement des équipages, le maintien de leur moral, les constructions navales aussi qui, à son gré, ne vont pas à une cadence assez rapide.

L'amiral Dönitz dort. Il a eu une journée harassante : préparation minutieuse d'une conférence fixée à la fin du mois à Berlin par le grand amiral Raeder. Sur les cartes de l'Atlantique Nord, l'amiral avait fait tracer « l'espace libre » dans lequel ses sous-marins pouvaient naviguer en toute tranquillité hors des attaques de l'aviation ennemie. Or, cet espace se réduisait tous les jours et il fallait prévoir l'avenir pour parer sans plus tarder à cette menace. Il avait aussi rédiger des notes sur ce nouvel appareil de détection anglais, ce *Radar* qui, en mai 1941, avait permis au *Norfolk* et au *Suffolk* de suivre à distance dans la brume le puissant

Bismarck et d'ameuter la *Home Fleet* pour le couler, non sans qu'il eût envoyé par le fond le *Hood* en cinq minutes de combat.

Le B.d.U. ignorait tout de cet appareil de détection, à cette époque, n'en imaginait même pas l'existence et la surprise avait été grande. Aujourd'hui, sans en connaître le secret, sans pouvoir en construire soi-même, les services allemands possédaient certaines données. La Gestapo avait même arrêté un Anglais spécialiste du *Radar*[1].

Dans ce rapport, les mesures envisagées qui seraient soumises à Hitler étaient exposées : installation des Fu. M.B.[2] qui, combinés avec le Fu. M.G., appareil de repérage orientable à 360 degrés, donc, dans toutes les directions, permettraient aux bâtiments de savoir s'ils étaient repérés ; pousser au maximum la mise au point du sous-marin *Walter* à turbine au peroxyde d'hydrogène, c'est-à-dire à propulsion unique en plongée comme en surface et rapide sous l'eau. Enfin, et c'était là le point délicat, à cause de ses relations difficiles avec Goering, l'amiral demandait instamment pour la marine des He. 177 de reconnaissance qui pouvaient pousser jusqu'à 220 km au large, c'est-à-dire la région des convois.

Selon une coutume solidement établie, Dönitz avait aussi reçu en cette journée du 12 septembre un commandant de sous-marin qui, revenu d'une mission, se rendait en permission. L'officier avait critiqué les gens des bureaux, allant même jusqu'à faire quelques remarques désobligeantes pour le B.d.U. Dönitz laissait toujours ses officiers libres de parler et il avait écouté avec calme... Le sous-marinier était dans l'erreur la plus complète. L'amiral s'était levé, avait posé la main sur son épaule et lui avait dit : « Vous avez tort, jeune homme. Voyons, réfléchissez... »

Dönitz dort. Son uniforme est posé sur le dos d'une chaise, à proximité. Soudain, le téléphone retentit. C'est la voix d'Hessler.

— Amiral, un F.T. important d'Hartenstein vient d'arriver.

— C'est bon, venez à mon bureau. Je vous attends.

Avant qu'Hessler n'arrivât, Dönitz avait revêtu son uniforme. Il attendait.

Le capitaine de frégate Günther Hessler entre. Grand, mince, la chevelure abondante, blonde, rejetée en arrière, cet homme de trente-quatre

---

1. Cet Anglais possédait les secrets du *Radar*. Les Allemands le savaient. On l'interrogea sans résultat. Un jour, on l'amena dans le bureau de Dönitz qui tenta de le faire parler en usant d'une conversation entre hommes. Devant l'insuccès de cette méthode, la Gestapo poussa le prisonnier dans une pièce voisine, le questionna encore. Silence. Cette fois, les policiers seraient venus demander à l'amiral l'autorisation d'employer des « méthodes inhumaines ». Dönitz, chaque fois, aurait refusé. « Et pourtant il y allait de la vie de plusieurs milliers d'Allemands, du sort de la guerre, peut-être », nous dit l'ex-capitaine de frégate Günther Hessler, qui nous conta ce fait.

2. Fu. M.B. : *Funkmess-Beobachtungs Gerät* (récepteur d'impulsions radio-électriques).

ans possède des yeux bleu très clair, presque transparent. Il fait penser au futur duc d'Edimbourg dont il a l'élégance et l'aimable nonchalance. Mais cette douceur s'efface brusquement quand l'officier parle service. Lorsqu'une discussion survient et qu'on le contredit, ses traits, ses yeux se durcissent ; on le devine au bord d'une colère qu'il rentre avec peine [1]. Si l'amiral Dönitz, officier de la guerre 1914-1918, sert l'Allemagne à travers Hitler avec lequel il n'a guère que des relations de service et dont il admire la réussite, le jeune Günther Hessler est plus intégré à l'Allemagne nazie. Il a la fougue, les opinions tranchées de son âge. Après avoir coulé quatorze bateaux comme commandant de sous-marin, il a maintenant la charge de toutes les opérations des U boote. C'est une grande responsabilité. Günther Hessler est aussi le gendre du vice-amiral Karl Dönitz, mais l'un et l'autre, boulevard Suchet, tentent de l'oublier, de le faire oublier.

Hessler tient un message à la main.

— Hartenstein vient d'envoyer ce F.T.

Dönitz prend le papier et, posément, avec calme, selon son habitude le lit à haute voix.

> « *Anglais* Laconia *coulé. Carreau F.T. 7721 - 310°. Transportait malheureusement 1 500 prisonniers italiens. En ai repêché jusqu'ici 90. Combustible : 157 m³. Torpilles 19. Alizé force 3. Demande ordres. Hartenstein.* »

C'est le premier message du commandant Hartenstein mis en clair par les services du boulevard Suchet.

Après un long silence, impassible — l'homme s'anime rarement —, Dönitz pose le message sur son bureau.

— Bien. Laissez-moi.

Hessler comprend. L'amiral, après avoir réfléchi, prendra seul sa décision — et il se retire.

La pièce dont tous les rideaux sont soigneusement tirés est obscure et seul le papier est encerclé par la lumière vive d'une lampe posée sur le bureau. Il est cerné comme un but encadré par les rayons d'un projecteur. L'amiral s'en approche, le prend et le relit. Un chiffre et un mot le frappent : quinze cents Italiens ! Certes, quinze cents soldats de l'Axe prisonniers dans une guerre mondiale n'ont guère plus de valeur qu'une goutte d'eau dans la mer, mais dans le cas présent ce sont des Italiens et c'est un de ses sous-marins qui est responsable du désastre. L'amiral,

---

1. Dans la mesure du possible, tout en gardant notre entière liberté, nous avons lu à chaque intéressé le passage qui le concerne. L'amiral Dönitz nous dit ici que le caractère vif-argent de son gendre est sans doute dû à une aïeule française...

occupé comme il l'est par ses U boote et ses équipages, ne suit la politique que de loin, mais il n'ignore pas que des frictions existent entre son Führer et le Duce, que des décisions importantes sont prises de part et d'autre sans la moindre consultation. Il sait surtout qu'entre les partenaires de l'Axe il faut éviter tout incident. Ayant appris autrefois, lors de la Première Guerre mondiale, du maréchal von der Goltz qu'il ne fallait pas s'attendre à rencontrer chez les soldats d'une autre nation les qualités qu'on croit posséder soi-même, Dönitz n'avait-il pas prescrit le tact et l'absence complète d'arrogance dans les relations entre ses marins allemands et les Italiens de l'amiral Parona, basés à Bordeaux ? Il imagine les complications qui peuvent résulter politiquement de ce malheureux torpillage. Cela, c'est une des faces du problème qui se pose. Une autre n'est pas moins importante : il sait qu'à partir de ce moment, un grand malheur peut arriver à Hartenstein, à l'*U 156* ; ils ont pris des risques qui peuvent les mener à leur perte. Excellent officier, Hartenstein est net, regimbant parfois, mais l'amiral ne déteste pas les hommes qui ont du caractère. En eux, il se reconnaît, lui l'officier qui eut à lutter contre les hommes politiques, les Alliés et leurs services, pour reconstruire une flotte sous-marine quelque peu clandestine en suivant d'assez loin ce maudit traité de Versailles, avant de proclamer bien haut ses droits, lui, Dönitz, qui sut parfois dire *non* à son redoutable Führer... Il pense à Hartenstein, il le revoit dans son bureau, après l'affaire d'Aruba, ennuyé de l'accident survenu à von dem Borne. Dönitz avait félicité le Saxon des raffineries incendiées, du tonnage coulé, de la remise en état du canon. Au sujet de von dem Borne, il avait simplement observé : « Il est à Fort-de-France et j'ai de bonnes nouvelles de lui. » Cet Hartenstein, il pensait lui donner prochainement le poste de chef des opérations au B.d.U., en remplacement d'Hessler qui avait fait son temps à terre. Dönitz ne voulait pas qu'on l'accusât de favoriser son gendre et, à son égard, se montrait plus sévère qu'envers tout autre officier. Oui, Hartenstein occupera plus tard ce poste auprès de lui, s'il en revient.

Un instant, l'amiral envisage de donner l'ordre de jeter tout le monde à la mer et de continuer la mission... Militairement, il aurait raison d'agir ainsi. Un U boot est fait pour combattre et non pour repêcher des naufragés. D'ailleurs le spectacle de ces malheureux tirés hors de l'eau, des épaves, des cadavres ne va-t-il pas émousser l'ardeur guerrière de l'équipage ? Sans aucun doute. Mais il voit mal Hartenstein et ses hommes poussant à la mer les naufragés qu'ils ont tirés de l'eau quelques heures avant — cela au milieu des cris et des injures. C'est alors que le moral de l'équipage serait touché, ce moral si haut qui est une de ses principales préoccupations. Hartenstein s'est penché sur ces naufragés et il les arrache, en ce moment même, à la mort dans la nuit, et lui, « papa Dönitz », donnerait l'ordre de les flanquer à la mer ! Non ! Impossible !

Il faut même aider Hartenstein, lui porter secours. L'*U 156* ne doit pas demeurer seul au milieu de ces milliers de naufragés surnageant. Ont-ils seulement des ceintures de sauvetage ? Le submersible en a pris 90 à son bord. En cas d'attaque pourra-t-il plonger ? Oui. Le bâtiment est solide, maniable et Polchau, son ingénieur, un officier habile, expérimenté. L'amiral se doit cependant de les prévenir, de leur donner un ordre : « *Demeurez toujours paré à plonger.* » Pour la première fois, Dönitz entrevoit une aide possible : engager d'autres U boote, leur ordonner de rallier le carreau 7721 où se trouve Hartenstein. Une solution ? Mais n'est-ce pas mettre le doigt dans un engrenage pouvant causer la perte non seulement de l'*U 156* mais de ceux qui lui donneraient un « coup de main » dans ce sauvetage sans précédent ? Toutes ces pensées se heurtent dans l'esprit de Dönitz... Que faire ?

Le chef du B.d.U. s'approche de la baie vitrée qui donne sur le bois de Boulogne. Paris est calme, endormi. De braves gens se reposent dans leur lit, d'autres œuvrent, fuient, se cachent. Très loin de là, en plein océan, le sous-marin *U 156* repêche des naufragés...

3 h 45.

D'un pas vif, l'amiral se dirige vers son bureau. Sa décision est prise. Il s'assied, prend une feuille de papier, écrit :

> « *Schacht groupe Eisbär (Ours blanc), Würdemann, Wilamovitz* [1], *allez immédiatement vers Hartenstein à Qu. F.F. 7721 toute vitesse - Schacht et Würdemann donnez position.* »

Un instant plus tard, ce message était chiffré par les services du B.d.U., transmis par une ligne secrète aux grandes antennes de Melun qui avisaient le groupe *Eisbär* qu'il eût à se porter au secours d'Hartenstein.

L'amiral Dönitz, retourné dans sa chambre, sachant par expérience, par instinct, que longtemps il devrait demeurer à son poste, cherchait le sommeil — en vain. Il se revoyait jeune commandant de submersible, à la place d'Hartenstein...

*A bord de l'*U 507.

L'*U 507* était commandé par le capitaine de corvette Harro Schacht, âgé de trente-trois ans. Marié, père de deux petites filles, cet officier

---

1. Le B.d.U. ne donnait jamais dans ses messages le numéro des sous-marins qui changeait quelquefois pour la même unité, mais le nom des commandants, ou encore, le prénom.

issu d'une grande famille était encore de la vieille école et cela se devinait à sa tenue correcte, à ses paroles mesurées dites toujours d'un ton égal, à son air modeste, celui d'un marin qui, très naturellement, fait son devoir. Entré dans la marine en 1926, sorti premier de son *crew* [1], il n'avait pas suivi la formation hitlérienne de l'Ecole comme beaucoup d'Allemands. Patriote, il l'était, mais nullement national-socialiste. Presque tout l'équipage de l'*U 507* partageait ses opinions. L'ingénieur-mécanicien Peter Ahlfeldt, vingt-sept ans, entré dans la marine en 1934, d'une famille très connue à Hambourg, passait même pour anglophile ainsi que Ekkard Scherraus, de Hambourg lui aussi, descendant de protestants français, alors deuxième W.O. De quatre ans plus jeune qu'Ahlfeldt, il avait les mêmes idées et tous deux à bord de l'*U 507* passaient pour d'aimables snobs... Le jeune Scherraus portait collier de barbe, de grands cheveux ondulés comme les vagues de l'Atlantique, aimait la vie, la plaisanterie. A terre, sa tenue était aussi impeccable que celle d'un gentleman et pour peu qu'on l'y eût autorisé, il eût porté veste bleue et boutons dorés de yachtman — cela sous l'œil amusé du commandant, père de famille. Les deux jeunes gens donnaient le ton au carré du bord dont seul le I.W.O. Hans Joachim Börner, vingt-quatre ans, ancien chef des Jeunesses hitlériennes, obscurcissait un peu l'atmosphère.

L'équipage n'ignorait pas la désapprobation de Börner, les regards de reproches, les mots aigres-doux échangés mais ces sourdes dissensions n'avaient aucune influence sur la discipline, l'équilibre moral du bord. Souvent le soir, les marins de l'*U 507* se rassemblaient autour d'un pick-up et l'on entendait les disques anglais de la discothèque de l'aimable Scherraus. Hambourg, le grand port de la mer du Nord dont la plupart étaient originaires, a un caractère international, très tourné vers l'Angleterre et le climat sur ce sous-marin s'en ressentait. On aimait, on admirait, on singeait même un peu l'adversaire !

L'*U 507* avait navigué dans le golfe du Mexique. Là, il s'était glissé au milieu des convois, non sans audace ; il avait torpillé son compte de navires, cargos et pétroliers. Puis l'ordre lui avait été donné de longer la côte de la Guyane puis de descendre celle du Brésil. Cela amusait Scherraus et Ahlfeldt de voir, le soir, les villas illuminées *a giorno*, les phares d'automobiles qui soudain découvraient des amoureux enlacés que ces jeunes marins enviaient un peu ! Un jour, ils assistèrent de loin, à la jumelle, à un match de tennis sur un court de brique ! Que n'avait-on débarqué pour prendre une raquette et faire un set avec ces jeunes filles en blanc !

---

1. Promotion. Le mot anglais est employé par les marins allemands.

L'*U 507* torpilla des navires, il coula même cinq navires brésiliens, faisant ainsi de l'histoire sans le savoir [1].

12 septembre 1942, 22 h 15.

Dans la nuit, l'*U 507* fait route des côtes américaines vers Freetown comme il en a reçu l'ordre du B.d.U. et il en est aux deux tiers de son parcours, dans le carré Qu. E.T. 5575. Scherraus est de quart dans la baignoire. La nuit est merveilleusement belle, l'eau phosphorescente et l'étrave du sous-marin fait jaillir de la mer une moustache d'argent.

Soudain, un quartier-maître T.S.F. apporte à Scherraus un F.T. Il lit : Hartenstein annonce le torpillage du *Laconia* et la présence à la mer de quinze cents prisonniers italiens. C'est important. Aussitôt, le commandant Schacht informé vient dans la baignoire pour discuter de la situation avec Scherraus.

— Puisque Hartenstein procède au sauvetage des naufragés, dit Schacht, c'est que le *Laconia* n'était pas escorté, qu'il voyageait seul.

— C'est incompréhensible ! Avec tout ce monde à bord, même pas un navire à proximité pour lui porter secours [2] !

Sur un sous-marin, les nouvelles vont vite et l'équipage ne tarde pas à connaître l'événement, ceux de quart d'abord, ensuite les autres qui, pressentant qu'il se passe quelque chose d'anormal, se réveillent un à un. Dans le central, dans les postes, de hamac en hamac, on échange des réflexions.

— On donnera un coup de main à Hartenstein.

C'était précisément l'avis de Schacht qui fait augmenter un peu sa vitesse...

Le sous-marin continue sa route, seul, en plein océan.

13 septembre, 3 h 45.

L'ordre de Dönitz arrive :

> « *Schacht - groupe Eisbär, Würdemann, Wilamovitz, allez immédiatement vers Hartenstein à Qu. F.F. 7721 à toute vitesse - Schacht et Würdemann donnez position.* »

---

1. Les torpilles de l'*U 507*, en dehors des eaux territoriales, prétendent les Allemands — à l'intérieur, disent les Brésiliens —, furent cause, vingt et un jours avant ces événements, de la déclaration de guerre du Brésil au Reich le 22 août 1942.

2. En réalité, les Alliés préparaient le débarquement en Afrique du Nord, imminent, et ne disposaient pas de bâtiments convoyeurs. Mais pourquoi n'avoir pas placé le *Laconia* dans un convoi ?

L'amiral Dönitz a donc eu la même pensée : se porter au secours des naufragés et Schacht remarque avec une secrète satisfaction que le « Lion » le nomme le premier, sans doute parce qu'il est le plus près du carré 7721. Sans un mot, il descend dans le kiosque et là, le compas en main, sur une carte, il détermine le point où il se trouve, puis, lui-même, il rédige un message :

> « *A 15 nœuds, je me dirige vers le point du torpillage dont je suis éloigné de 750 milles. Peux m'y rendre en deux jours. Schacht.* »

Ensuite, il remonte dans la baignoire.

— Nous allons filer à 15 nœuds vers le carré 7721, explique-t-il à Scherraus et pour lui-même, il ajoute : « Quarante-huit heures, c'est beaucoup, beaucoup trop... »

A bord de l'U 506, 12 septembre, 21 h 45.

Etant sorti des chantiers de Hambourg-Finkenwärder à la même époque, ayant fait avec lui ses essais, étant du même type, l'*U 506*, commandé par le lieutenant Würdemann, était le frère de l'*U 507*. Tous deux avaient rempli leur mission dans le golfe du Mexique et ils y avaient combattu ensemble avant d'être envoyés dans des directions différentes. Le sous-marin de Schacht opérait sur la côte nord de l'Amérique du Sud alors que l'*U 506* était remonté vers New York. Là, il avait coulé un croiseur auxiliaire américain armé de 26 canons de tous calibres. Entre les deux sous-marins, il y avait une petite rivalité à propos de tonnage coulé et ceux de l'*U 506* se prévalaient, outre ce croiseur, de 9 bâtiments dans le golfe du Mexique. Il ne leur déplaisait pas non plus de raconter la mésaventure des matelots de ce canot de l'*U 507* qui étaient allés à bord d'un cargo torpillé pour s'emparer du capitaine, des livres de bord et qui, intéressés par de magnifiques pull-overs, s'étaient laissé surprendre par un bâtiment allié survenant ! Mais que ne raconte-t-on pas entre équipages rivaux ?

Würdemann qui devait commander l'U boot depuis sa mise en service, en septembre 1941 jusqu'à sa perte en juillet 1943 [1] dans le golfe de Biscaye, n'avait rien d'un officier allemand classique. Cet Hambourgeois faisait penser à un Latin avec ses cheveux bouclés, très noirs, ses

---

1. L'U boot fut coulé par des bombes lancées d'un avion ; Würdemann demeura à bord tandis que six hommes sur cinquante-six étaient sauvés par un navire.

traits fins, réguliers, ses yeux bruns sous des sourcils bien épais. Demeuré célibataire, estimant qu'un marin ne doit pas avoir d'attache, il était certainement, à quarante ans, le doyen des commandants de sous-marins. Venu d'un destroyer, le « Vieux », qui paraissait beaucoup moins que son âge, était aimé de son équipage, non pas parce qu'il fraternisait avec eux — une seule fois, à Lorient, il avait offert une tournée de bière — mais parce qu'il savait fermer les yeux sur les beuveries de ses hommes à terre. En cela il était bien officier de marine de l'ancienne époque : « A terre, fais tout ce que tu veux, mais évite le scandale. A bord, discipline et boulot ! »

Le commandant de l'*U 506* avait une coquetterie : chaque dimanche matin, on le voyait apparaître avec une chemise et une casquette blanches, impeccables. A bord, on disait : « Le ''Vieux'' fait ses achats en mer. »

Ce soir-là personne n'avait envie d'aller dormir, même ceux qui devaient prendre le quart à minuit. Il faisait trop chaud à l'intérieur du sous-marin sous les tropiques et si Würdemann n'y avait pas mis bon ordre, tout l'équipage eût dormi à la belle étoile, sur le pont, dans le jardin d'hiver, derrière la tour. La veille, à midi, l'*U 506* avait franchi la ligne de l'équateur et les néophytes avaient été baptisés comme il se doit devant le dieu Neptune.

L'ingénieur Glasow [1], celui qui avait fait plonger le sous-marin à 80 mètres de profondeur en 20 secondes, chronomètre en main, avait fait office de grand prêtre ! Les baptêmes avaient eu lieu par groupes de quatre afin de ne pas se laisser surprendre par un ennemi, avion ou navire — tous sur le pont en train de jouer la comédie ! Le mieux baptisé était sans contredit le quartier-maître Rüter [2] — un qui aimait bien boire le coup et qui, cette fois, avait avalé deux pilules faites de semoule coagulée avec l'huile de Diesel, fabrication Glasow ! La pilule magique, une fois dans la bouche de Rüter, avait gonflé, gonflé... L'homme, étouffant, avait ouvert la bouche pour recracher, un coup de jet de manche à incendie avait arrangé les choses...

On changeait à ce moment de bordée de quart et le F.T. Rüter se dirigeait vers l'ouverture du panneau pour aller remplacer Heinz Müller dans le petit poste de T.S.F. du bâtiment. En passant au pied de la tour, encore étourdi par son baptême — on venait de lui en remettre le diplôme —, satisfait de cet honneur, il leva la tête et aperçut, froncés, les sourcils bruns de Würdemann. Pourquoi ? Le « Vieux », qui aimait bien fumer, souffrait-il de ne pouvoir allumer un de ces cigares qu'il affectionnait ?

---

1. Glasgow est mort sur un autre sous-marin.
2. Rüter fut débarqué le 1er décembre 1942 pour entrer à une école de maîtres-télégraphistes.

C'était interdit pour lui comme pour les autres... Gardait-il rancune à Rüter de la bordée qu'il avait tirée à terre avant le départ ? Ce n'était pas le genre de Würdemann qui engueulait copieusement son monde ou le cinglait de quelques mots brefs avant d'oublier l'incident. Alors, Rüter, un peu gêné, salua et le commandant lui répondit par un sourire moqueur qui en disait long...

Rüter avait pris la place de son copain Heinz au poste d'écoute. Le casque aux oreilles, s'il ne percevait aucun message radio, il entendait encore la voix du « Vieux » qui lui disait avec une colère un peu forcée : « Tu as bu encore deux coups de trop, Rüter, et toi aussi Müller. » Cela se voyait à la gîte de leur garde-à-vous — cela se sentait à leur haleine, que les deux T.S.F. s'étaient arrêtés chez la mère Le Gall avant de se présenter au rapport dans le bureau de Lorient. Ils avaient ressenti le besoin impérieux de boire pour se donner du courage. Ce qu'on leur reprochait ? Lorsque le sous-marin était dans son abri souterrain, sous plusieurs mètres de béton, l'équipage couchait à terre, dans l'Ecole de Musique de Lorient. Or, ce dimanche-là, Rüter et Müller avaient pris une telle cuite que le lendemain matin, ils dormaient encore, alors que l'équipage était rentré à bord de l'U boot qui appareillait pour un essai de la journée. Le bateau était parti sans eux... et sans pouvoir écouter ni envoyer le moindre message puisque c'était lui, Rüter, qui avait la clé du poste dans la poche...

De quoi passer en conseil de guerre !

« Vous avez bu un coup de trop... Foutez-moi le camp. Rompez... » Telle avait été l'unique sanction du « Vieux ».

En décampant, les deux lascars avaient failli renverser un officier...

« Un chic type, le "Vieux"... On se ferait tuer pour lui », pensait le F.T. Rüter, à son poste d'écoute.

Würdemann dans la baignoire regardait ses hommes allongés sur le pont. Quelle chaleur !

De l'intérieur du sous-marin montait une odeur d'huile, de mazout. Tous retardaient le moment de descendre, d'aller crocher les hamacs dans les deux postes, de se glisser dans la couchette surplombée par la paroi courbée du sous-marin.

— Ceux qui ne sont pas de service, à dormir ! cria soudain Würdemann.

Il n'y avait pas à répliquer. A regret, les matelots abandonnèrent la fraîcheur relative du jardin d'hiver pour l'intérieur du bâtiment. Un brouillard, le climat étouffant du Pot au noir, la nuit, enveloppaient le sous-marin.

Soudain, Würdemann crut voir passer une ombre — celle d'un immense bateau. La vision avait été si rapide, si brève, que le commandant de l'*U 506* se demanda un instant si cela n'avait pas été une hallucination due à la fatigue, à cette atmosphère d'un autre monde.

Le premier W.O. Schneewing [1], qui se tenait à côté de lui, avait pourtant vu lui aussi. Quel pouvait bien être ce navire qui leur avait paru si colossal — peut-être à cause de ce brouillard, de cette nuit, du niveau du sous-marin si bas sur l'eau?...

— A.K. [2], avait ordonné Würdemann.

A toute vitesse... Les Diesel avaient tourné plus vite. Ils avaient eu beau regarder de tous leurs yeux, écouter de toutes leurs oreilles, ils n'avaient plus rien vu, plus rien entendu. Pendant dix minutes, inutilement, Würdemann avait maintenu 14 nœuds. Puis, il pensa que mieux valait ne pas dépenser le combustible dans cette course après un vaisseau fantôme. Puisque le hasard l'avait mis en sa présence une fois, il pouvait espérer qu'il en serait de même une nouvelle fois et il avait repris sa vitesse de marche économique...

22 h 15.

Rüter à l'écoute vient d'enregistrer un message. A côté de lui, le premier W.O. l'a décrypté. C'est le télégramme d'Hartenstein au B.d.U. : « *Coulé* Laconia, *britannique. Malheureusement... etc.* » Deux minutes plus tard, dans le kiosque où il est descendu, Würdemann en prend connaissance.

« Près de 20 000 tonnes ! Un beau morceau, ce *Laconia*. Dommage, j'aurais pu le couler. Enfin, tant mieux pour Hartenstein, quoique 1 500 Italiens à la mer... » Plus le commandant de l'*U 506* y pense, plus il comprend qu'en définitive, ce n'est pas une bonne affaire. Bigre ! 90 hommes supplémentaires dans un IX C ! Il faut porter secours à Hartenstein. D'après le point donné par Werner, Würdemann détermine facilement le carré sur la carte.

— A.K. Le cap sur le 7721...

L'*U 506* reprend ses 14 nœuds.

13 septembre, 3 h 55.

Un nouveau message est entendu par Rüter. C'est l'ordre de l'amiral Dönitz de rejoindre Hartenstein dans le carré 7721. Würdemann ne s'est pas trompé : aussitôt avisé, il prend ses précautions et ordonne :

---

1. Fritz Schneewind est mort près du Japon sur un autre sous-marin qu'il commandait.

2. *Ausserte Kraft voraus* : à toute vitesse.

— Qu'on vide le carré des officiers mariniers. Crochez les hamacs. Nous allons recevoir beaucoup de monde. Que le coq fasse de la soupe tant qu'il pourra... Préparez la trousse à pansements.

Lui-même descend du kiosque au central, passe devant le poste de T.S.F., se glisse par le panneau circulaire qui sépare le central de la chambre avant des torpilles. Les hommes dégagent un espace libre entre les torpilles, crochent là quatre hamacs. Bien. Würdemann retourne au central, se rend vers l'arrière. Sa chambre est là sur bâbord, si on peut appeler cela une chambre ce réduit où il y a une étroite couchette, un lavabo de poupée... Ce soir il ne couchera pas là. Peu importe ! Il a l'habitude des longues veilles, des poursuites interminables, coupées de combats. Deux mètres plus loin, le cuisinier est déjà penché sur un chaudron. Un aide assis à ses pieds épluche des pommes de terre. Le « Vieux » passe à la chambre des Diesel. Il y trouve le lieutenant-capitaine Glasow, les matelots Rhein Helmut et Harms Ernst. Würdemann termine son inspection par l'arrière où les hommes disposent des hamacs. Puis il remonte, revient sur ses pas jusqu'au central et grimpe dans la baignoire. Le brouillard s'est dissipé et on peut apercevoir quelques étoiles... La nuit est belle, merveilleusement belle...

A bord de l'U 459.

L'*U 459* de la 7e flottille de Saint-Nazaire n'était pas un sous-marin comme les autres. Du type XIV, son tonnage était plus grand — et de beaucoup — que ceux des types VII et IX — près de 1 700 tonnes au lieu de 740 et 1 120 tonnes, et il ne possédait aucun tube lance-torpilles. Comme seule défense, il avait un canon contre-avions de 37 monté à l'avant et deux mitrailleuses lourdes. Ayant à bord 700 tonnes de combustible, surnommé la « vache à lait » à cause de son office, ou « U éléphant » à cause de ses formes amples, il pouvait céder aux autres 400 à 600 tonnes, selon la dépense de ses propres Diesel. Grâce à ce bâtiment, Dönitz espérait faire délivrer 90 tonnes à chacun des sous-marins du groupe Eisbär dans les parages du cap de Bonne-Espérance, ce qui devait leur permettre de se rendre jusqu'au canal de Mozambique. Les U boote devaient signaler par ondes courtes leurs réserves de carburant entre le 5° Nord et le 0°, le lieu de rencontre avec le sous-marin ravitailleur était fixé au 20 septembre.

Le commandant de l'*U 459* était le capitaine de corvette von Wilamovitz-Möllendorf. Ancien sous-marinier de la Première Guerre mondiale [1], pen-

---

1. On remarquera que les commandants des sous-marins dont il est question sont tous des officiers entrés dans la Marine avant le régime hitlérien ou tout au moins n'ont pas été élevés dans les écoles nazies. A partir de 1943, jusqu'à la fin des hostilités, ces officiers ayant disparu, de plus jeunes, souvent moins compétents et avec un autre esprit, devaient commander d'autres U boote.

dant l'entre-deux-guerres il avait pris une part active aux menées des groupes allemands dans le Schleswig Nord, devenu danois en 1919. Cet officier passait pour un « dur » dans les milieux sous-mariniers, mais aux dires de son équipage, il cachait un cœur d'or. Dans les situations critiques, Wilder Moritz [1], comme ses matelots le surnommaient, montrait un sang-froid, un calme — certains disaient une nonchalance — qui imposaient et les rassuraient tous.

Sorti de Saint-Nazaire le 19 août 1942 à 3 heures du matin, l'*U 459* avait pris place à l'extrémité de l'aile droite du râteau. A cause des avions alliés, le lourd et peu manœuvrable sous-marin avait d'abord navigué, cap à l'ouest, en plongée pendant le jour, à 80 mètres, et la nuit en surface. On rechargeait à ce moment les batteries. Bien lui en avait pris d'agir ainsi, car par deux fois, à minuit et à 2 heures du matin, il avait été attaqué à la bombe par des avions et avait dû plonger rapidement pour remonter à la surface un quart d'heure après. A cent milles à l'ouest du Ferrol, l'*U 459* était sorti de la zone dangereuse et, naviguant en surface, avait pris la direction sud à une vitesse de 7 nœuds...

Le 2 septembre, Saint-Nicolas, une des îles du Cap-Vert, était en vue ; le 3 dans la matinée, par très beau temps, l'*U 459* passait au large de Fogo. Emotion, le lendemain après-midi : un canot à voile, en plein océan. Wilamovitz donne l'ordre de se rapprocher. Il s'agissait bien comme il l'avait pensé d'une embarcation de sauvetage qui contenait quatre Blancs et douze mulâtres. Leur bateau avait été coulé devant la Trinidad et le canot avait été poussé par les vents et les courants au milieu de l'Atlantique. On leur avait donné vivres et cigarettes et indiqué sur une carte au timonier la position du canot par rapport aux îles du Cap-Vert. Bonne chance et en avant !

Il faisait de plus en plus chaud à l'intérieur du sous-marin et le commandant avait fait mettre en marche un nouvel appareil monté avant le départ pour ces régions tropicales. La température de quelque 40° dans le poste d'équipage et la salle des torpilles était tombée rapidement à 24°.

Le 12 septembre, l'« U éléphant » passait l'équateur et, selon l'usage, on baptisait 60 hommes, commandant compris, sur les 63 !

12 septembre, 22 h 15.

Le lieutenant-ingénieur Alfred Goege, un excellent technicien qui avait fait l'expédition du golfe du Mexique sur l'*U 155* sous les ordres du lieutenant-capitaine Piening avant d'embarquer sur l'*U 459*, arrive dans le central. Il vient remplacer Wolfgang von Kirschbaum, qui se propose

---

1. Le sauvage Moritz.

d'aller respirer un instant sur le pont, avant d'aller se coucher. Un peu plus loin, dans son réduit, le matelot T.S.F., le casque d'écoute aux oreilles, paraît soudain attentif. Sur son bloc, il écrit quelques mots... Un ordre, des instructions ? Non. C'est Hartenstein qui signale qu'il a coulé le *Laconia*. Il a déjà repêché 90 Italiens sur les 1 500 transportés par le bâtiment de la *Cunard Line*. Wilamovitz est aussitôt avisé. Va-t-on changer de route ? Non. L'*U 156* est trop loin pour qu'on puisse lui apporter le moindre secours.

13 septembre, 3 h 55.

Dans le kiosque de l'*U 459*, Wilamovitz, qui a pris connaissance de l'ordre de Dönitz, se livre à des calculs sur une carte où figure le carré 7721. L'officier calcule froidement. Son bâtiment est le plus éloigné du lieu du naufrage. Schacht et Würdemann sont plus près. Ils doivent se diriger à toute vitesse vers l'*U 156*. Lui, Wilamovitz, est trop loin. Il arrivera après les autres quand tout sera fini et il aura mangé inutilement de ce carburant indispensable au groupe Eisbär pour continuer son expédition... Dönitz lui a bien ordonné d'aller vers le carré 7721... Oui. Mais un officier digne de ce nom, un commandant, doit savoir prendre ses responsabilités.

4 heures.

Wilamovitz a pris une décision :
Il ordonne : « Vitesse normale 8 nœuds — Cap sud-est. »
Wilder Moritz laisse, non sans raison, aux deux autres sous-marins plus proches des lieux du sinistre la mission de porter secours aux naufragés [1]...

---

1. L'*U 459* devait sombrer dans les premiers jours de juillet 1943. A cette époque, les quadrimoteurs alliés, grâce au radar, causaient des pertes sérieuses aux U boote de Dönitz. L'*U 459* fut attaqué par un Wellington. Il se défendit. Atteint d'un obus de mitrailleuse quadruple, l'avion vint s'écraser sur le pont du sous-marin et les bombes dont il était chargé explosèrent. Durant quinze minutes, Wilamovitz tenta de manœuvrer, de maintenir son bâtiment à flot. L'attaque d'un autre Wellington l'obligea à ordonner l'évacuation de son bateau par l'équipage. Wolfgang von Kirschbaum, avec le quartier-maître F. T., tentait à ce moment de réparer le poste de radio. Wilamovitz leur donna l'ordre de monter sur le pont et de se sauver. Lui demeura dans son sous-marin, délibérément, et coula avec son bâtiment. Douze heures plus tard, le destroyer polonais *Orkan* repêchait quelques hommes de l'*U 459*, dont von Kirschbaum.

IX

DIMANCHE 13 SEPTEMBRE

Le soleil se levait sur l'océan, donnant un peu de chaleur aux naufragés transis. Bientôt ses rayons devinrent ardents et dès 10 heures du matin les rescapés eurent à souffrir de ses brûlures. Ceux qui étaient dans les embarcations ou sur les radeaux couvrirent de chiffons, de linges mouillés leurs bras, leurs jambes. Les membres exposés à ses rayons vésicants gonflèrent, se couvrirent d'ampoules. La plupart des naufragés ne ressentaient pas encore la faim, si tous étaient terriblement assoiffés. Dans les canots, on commençait à ouvrir les boîtes de secours, on estimait le volume de l'eau potable des réservoirs et c'était toujours une déception. On maudissait alors le commandant du *Laconia*, ses officiers qui avaient laissé tous ces moyens de sauvetage sans vérifier leur état. Après en avoir fait l'inventaire, avec parcimonie, on commença à partager les maigres approvisionnements sur chaque embarcation, sur chaque radeau. Miss Hawkins reçut une ration de chocolat d'un capitaine de l'armée qui semblait avoir pris le commandement du radeau. C'était un homme d'une cinquantaine d'années qui rentrait en Angleterre pour se soigner d'une dysenterie. Il paraissait fatigué. Miss Hawkins le connaissait de vue pour l'avoir aperçu à bord. Il se présenta :

— Captain C.E.K. Roony.

Il ne dit pas à quelle arme il appartenait. En réalité, Roony était de l'A.G.5 Branch, de l'Intelligence Service. Avant de sauter à l'eau du pont du *Laconia*, il avait détruit tous ses papiers d'identité. A proximité une orange, une seule orange flottait. Un soldat réussit à s'en emparer et chacun tendit la main vers une tranche du fruit dont la peau fut ensuite mâchée durant des heures.

Soudain, Miss Hawkins vit quelque chose à l'horizon.

— Regardez... un navire... là... là.

Autour d'elle, chacun tourna la tête vers le point qu'elle désignait puis, avec une sorte de pitié, ils la regardèrent.

— Non... nous ne voyons rien... Non.

Au bout d'un moment, Miss Hawkins revit cependant le bâtiment. Il était presque blanc et ce ne pouvait être qu'un navire-hôpital venant à leur secours.

— Un navire-hôpital... Cette fois j'en suis sûre.

En vérité, un bateau venait vers eux et paraissait blanc, d'un blanc laiteux sur une mer que le soleil commençait à rosir.

— Un sous-marin ! Celui qui nous a torpillés... cria soudain un naufragé.

C'était bien un sous-marin qui naviguait en surface et qui avait le cap sur leur radeau. Il se rapprochait rapidement et on pouvait voir les hommes — des Allemands — dans la baignoire, un petit groupe tassé, une casquette blanche. Le cœur des naufragés battit un peu plus vite.

Ils avaient souvent entendu parler des atrocités commises par les marins d'Hitler ! Allaient-ils être mitraillés ? Le sous-marin passa devant eux puis, à un demi-mille, stoppa. Aucun coup de mitrailleuse n'avait été tiré et les Allemands, de toute évidence, se tenaient à distance de leurs armes.

— Si on les approchait ? dit le chef d'escadron Wells.

Personne ne lui répondit. Le radeau dérivait doucement dans la direction de l'ennemi. Un autre radeau flottait à quelques mètres d'eux. Il ne portait que deux officiers de la R.A.F. et un Italien. Avec un filin lancé, ils réussirent à amarrer les deux radeaux. Neuf rescapés s'y trouvaient maintenant réunis. Autour d'eux, des embarcations surchargées voguaient sans but précis. Où aller ? Quelle direction prendre quand on est à trente journées de navigation à la voile de toute terre ? Pouvaient-ils être sauvés par un bâtiment allié ? Non. Des marins disaient que l'on avait détourné le *Laconia* de la route habituelle des convois pour le faire passer seul au milieu de l'océan... Les optimistes avaient foi en les S.O.S lancés...

La mer était couverte d'épaves les plus disparates, depuis la caisse d'oranges jusqu'à un bas de femme qui ressemblait à une méduse entre deux eaux. Dans toutes les directions on voyait des corps.

Le sous-marin était reparti. Il semblait se rendre d'un point à un autre, s'arrêtait, repartait... Quelle besogne pouvait-il faire ? Miss Hawkins avait repris complètement ses esprits et observait le manège de l'U boot.

— Il sauve des naufragés, dit-elle, au bout d'un moment. Voyez, il lance des amarres et tire les nageurs à lui.

C'était vrai. Les marins allemands sauvaient les naufragés !

— Il faut aller vers lui, décida le chef d'escadron Wells.

Sans plus attendre, il se jeta à l'eau. C'était un excellent nageur. Ian Peel le suivit aussitôt. Tous deux s'étaient saisi du câble qui reliait les deux radeaux et ils nageaient, tirant l'extraordinaire attelage vers le sous-marin ; avec de grands efforts, ils réussirent à traîner les radeaux sur une centaine de mètres. Ils avaient encore la même distance à parcourir pour atteindre le submersible. Un instant, les deux nageurs s'arrêtèrent pour souffler ; ce fut pour voir l'U boot repartir dans une autre direction. Épuisés, navrés, Wells et Peel remontèrent sur le radeau. Mieux valait se laisser aller au gré des courants et des vagues...

Ce jour-là, dimanche, c'était l'heure du culte et Miss Hawkins, qui, elle-même, ne manquait jamais l'office, imaginait sa famille se rendant à l'église. Elle savait qu'à la même heure, les siens en Angleterre, ses amis laissés en Palestine priaient pour qu'elle pût faire ce voyage sans incident. Oui, ces prières devaient la sauver... Elle allait joindre la sienne aux leurs, quand elle ressentit une violente douleur à la main qui pendait dans l'eau. Poussant un grand cri, elle la retira vivement. De toutes ses ventouses, un tentacule violacé y était collé. La *sister* secoua sa main et le tentacule s'en détacha ; ce fut pour glisser sur le bras du voisin et s'y fixer. Avec un morceau de bois, un rescapé écrasa ce morceau de pieuvre mais la main de Miss Hawkins et le bras de l'homme s'empourprèrent aussitôt et enflèrent à vue d'œil. Leur douleur était vive. Que faire, si ce n'est retremper leurs membres empoisonnés dans l'eau de mer pendant des heures et des heures... L'interminable journée s'écoula. La faim et surtout la soif les tenaillaient.

Le soleil baissait rapidement. Il semblait que les deux radeaux eussent dérivé dans une zone plus déserte... C'est alors que le sous-marin — ou un autre — apparut. Il tourna autour d'eux, puis plongea... Le soleil disparut à l'horizon et pour Miss Hawkins et ses compagnons la deuxième nuit commença... La nuit précédente avait vu disparaître un à un les naufragés cramponnés au radeau... Alors que tous désespéraient, ils virent réapparaître le sous-marin. Cette fois, il venait droit vers eux. A l'avant, deux marins balançaient une amarre. D'un geste vif, précis, ils la lancèrent et elle vint tomber aux pieds de Miss Hawkins[1]...

C'était vrai. Le sous-marin allemand qui les avait torpillés commençait à repêcher des naufragés. L'un des premiers avait été l'Italien à la jambe enlevée par un requin... Sur le petit radeau avec le sergent Parker qui l'empêchait de tomber à l'eau, il était passé de l'évanouissement à une demi-inconscience coupée de plaintes, parfois de cris. Un de ces appels avait été entendu de l'U boot. Le sous-marin s'était approché dans la

---

1. Le captain C.E.K Roony, M.C., embarqua avec Miss Hawkins sur le sous-marin allemand. Là, la nurse le vit une dernière fois. On perd sa trace à partir de ce moment. Nul ne put donner de ses nouvelles. Sa femme s'imagina longtemps que les Allemands avaient décelé son appartenance à l'Intelligence Service et l'avaient fait prisonnier. Il ne le semble pas. Aucun rapport officiel ou témoignage allemand n'en fait mention.

nuit. Parker avait entendu un langage qu'il ne connaissait pas, entrevu
des hommes, des marins allemands. L'Italien mutilé avait été transporté
sur le pont du sous-marin et Parker s'était retrouvé seul sur le radeau.
Une heure plus tard, le sous-marin revenait vers lui et cette fois le prenait à son bord. Sur le pont, il enjamba des naufragés qui sommeillaient,
enroulés dans des couvertures. D'autres buvaient un café brûlant, tenant
la tasse, le quart à deux mains pour se réchauffer les doigts.

L'aube du dimanche, les reflets glauques de la mer éclairaient faiblement le visage du noyé et Buckingham put constater qu'il avait environ
trente ans. A ses vêtements, il reconnut un homme de l'équipage. Son
corps ne portait aucune trace de lutte et seules ses chaussures manquaient.
Avant de sauter à l'eau, sans doute les avait-il enlevées. Buckingham
ne pouvait se décider à dépouiller le noyé de son gilet de sauvetage. Il
lui semblait que la disparition de ce cadavre le priverait d'une présence
indispensable, que ces heures passées ensemble, si horribles fussent-elles,
les avaient liés. Durant la nuit, si Buckingham avait pu se maintenir à
la surface c'était en s'appuyant au dos de l'homme flottant. Parfois même
il avait oublié que cet inconnu était mort. L'aube venue, il se contenta
de saisir les cordelettes qui pendaient au gilet au lieu de dépouiller le
cadavre de son inutile flotteur — il n'aurait su dire pourquoi !

Les forces, le courage revenaient et un grand espoir soutenait l'officier. Sa montre-bracelet indiquait 9 h 20, l'heure à laquelle, la veille,
il avait sauté à la mer. Les étoiles s'estompaient, disparaissaient, effa-
cées par un soleil d'un pâle rosé qui s'annonçait royal. La journée serait
brûlante et devant cette immensité d'eau, il savait qu'il demeurerait la
gorge sèche, sans salive. Avec la clarté du jour, la figure du noyé lui
apparaissait dans ses horribles détails : yeux exorbités, fixes, lèvres bleuies,
gonflées. Autant, la nuit, sa présence lui avait paru indispensable, autant
maintenant il en avait horreur. Buckingham n'eut alors qu'une idée :
s'éloigner, trouver un être vivant comme lui, pouvoir parler, entendre
des mots.

Pour inspecter l'horizon, sortir un peu de l'eau, se hausser le plus haut
possible, le naufragé se servit pourtant du noyé comme support — une
douzaine de fois ; le saisissant aux épaules, il s'y appuyait tandis que,
la tête bien émergée, il regardait successivement dans toutes les directions. Chaque fois, le corps plongeait d'environ trente centimètres. Epuisé,
Buckingham allait abandonner quand, à sa surprise, il put voir vers le
sud, très loin, une sorte de protubérance sur la mer : la tête et les épaules de deux hommes ! L'officier avait trop l'habitude des choses de la
mer pour ne pas comprendre que, ne nageant pas, les deux naufragés
se maintenaient immobiles sur quelque chose qui flottait, mais lui ne
pouvait voir ce détail. Un aviron peut-être... Oui, c'était bien un aviron

que l'un des naufragés serrait dans ses bras. La vue de ces deux êtres vivants, malgré leur éloignement, parut à l'officier comme un bienfait du sort. Il en éprouva une grande joie qui, bien longtemps après, devait lui paraître exagérée.

Ayant jeté un dernier regard à la figure du noyé, Buckingham l'abandonna et se mit à nager dans la direction des deux naufragés.

Il devait être neuf heures. La mer, sans être mauvaise, était plus agitée et le nageur montait et descendait à chaque vague. Souvent il s'arrêtait pour reprendre son souffle et se reposer... Une heure durant, il nagea dans la direction du sud. Parfois, les deux hommes et leur aviron disparaissaient, c'était à désespérer. Soudain, tout près, il vit un bateau sortir de la vague. Son plat-bord se distinguait nettement avec, au-dessus, une masse d'hommes compacte. Il s'éloignait. Buckingham, confiant, savait qu'il l'atteindrait, qu'il serait secouru. Obliquant dans sa direction — le canot était reparti plus loin — avec obstination, il nagea. Une heure plus tard, il se trouvait à 50 *yards* du canot, le franc-bord à moins d'un pied au-dessus de l'eau, chargé à couler bas de naufragés serrés les uns contre les autres. Il n'aurait pu contenir une âme de plus ! A part une ligne d'hommes assis sur le plat-bord, mains et bras liés pour que personne ne tombât à la mer, ils étaient tous debout. Une couronne de têtes, d'épaules, de bras, d'une dizaine de mètres de rayon, à chaque instant bousculée, défaite par les vagues, entourait le canot. Ceux de la première rangée s'accrochaient à la guirlande de sauvetage, aux défenses, à l'étrave, de leurs mains, de leurs ongles. A l'arrière du canot se tenait le docteur Purslow que Buckingham put distinguer à cause de sa grande taille : d'une bonne tête il dépassait les autres. Le naufragé fut sur le point de l'appeler mais il jugea cet effort inutile, car le docteur paraissait absent. Comme il atteignait la partie extérieure de l'anneau des nageurs, l'un d'eux lui tendit la main et il la saisit avec une gratitude profonde, inexprimée. Ainsi, au milieu des naufragés barbotant dans l'eau, Buckingham demeura une demi-heure avant de pouvoir s'approcher de l'arrière du canot et d'appeler : « Docteur, docteur ! »

Purslow le regarda, le reconnut.

— Y a-t-il d'autres embarcations dans les parages ?

— Oui, une, à l'est, mais elle est loin. Il semble qu'elle ne contienne que peu de monde.

— Les officiers du *Laconia* ?

— A l'aube, autour de ce canot, j'ai aperçu Ellis, mais depuis le milieu de la matinée, il a disparu. J'espère qu'il a trouvé un autre canot... Il y a, hélas ! des requins dans les parages !

Le visage de Buckingham dut montrer de l'effroi, car le docteur, comprenant qu'il avait trop parlé, ajouta :

— Oui, mais ils se tiennent loin et ils n'ont attaqué que les isolés. Tenez-vous près du bord.

Buckingham pouvait-il se maintenir des heures et des heures au milieu des rescapés ? Puisqu'il ne pouvait monter dans l'embarcation faute de place et qu'il avait encore assez de forces, autant rejoindre le canot à moitié vide que lui avait signalé le docteur. Il s'éloigna, nagea avec une vigueur dont il ne se serait pas cru capable. Parfois il s'arrêtait, regardait autour de lui, sous lui. Il pensait aux requins. Si l'un d'eux l'attaquait, sans doute n'aurait-il pas le temps de le voir arriver... Alors le nageur repartait avec ardeur. Il y avait une demi-heure qu'il avait quitté le docteur lorsqu'il put enfin voir l'embarcation. Elle était encore loin, à environ cinquante minutes de nage. Avec la pensée des requins qui le hantait, le naufragé soutint son effort malgré sa fatigue extrême. Lentement, trop lentement, l'embarcation grossissait à ses yeux et parfois il se demandait s'il ne valait pas mieux abandonner ou encore retourner vers le canot du docteur. Enfin il arriva à portée de voix.

— Hé ! Hé !

Les hommes l'aperçurent.

— Un aviron !

On lui tendit un aviron qu'il saisit par la pelle. C'étaient deux mètres de moins à franchir. Il était temps ! Exténué, le souffle coupé après une nuit, une matinée entières dans l'eau sans autre soutien que ce cadavre qui flottait sans doute encore, Buckingham se retrouva baignant dans l'eau, affalé au fond d'une embarcation. Ses bras et ses jambes faisaient mal et un regard qu'il jeta à ses mains les lui fit voir boursouflées, blanchâtres, difformes. Des voix lui parvenaient indistinctes, ouatées, bourdonnantes, des voix étrangères.

Au bout d'un moment, sentant ses forces revenir, il fit un effort pour s'asseoir. Une main l'y aida et il lui parut que les hommes qui l'entouraient étaient des Italiens. Seul, un aviateur de la R.A.F., en uniforme curieusement complet, était au milieu de ces Latins.

— Comment se fait-il, vous êtes le seul Anglais ?

— L'embarcation a quitté le *Laconia* avec ces Italiens. Pendant la nuit ils m'ont tiré hors de l'eau. Ils sont seize.

— Ah !

Ils étaient donc deux Anglais, au milieu de l'Atlantique, dans une embarcation avec des prisonniers qui, maintenant, pouvaient se croire libérés. La guerre continuait, et pour Buckingham, ces Italiens étaient toujours des prisonniers puisque l'embarcation du *Laconia* se trouvait sous son commandement. Le mieux était d'oublier pour le moment ces paradoxales circonstances, d'attendre que l'avenir décidât pour savoir qui, sur ce bateau, pourrait être considéré comme libre ou prisonnier.

Néanmoins, Buckingham pensa que la sécurité lui commandait de se rapprocher de ses compatriotes, du canot du docteur, ce qui lui permettrait en outre de prendre, dans la mesure de ses possibilités, quelques rescapés à son bord.

Presque tous les avirons étaient à poste et, à son commandement, les Italiens se mirent à nager vers l'embarcation du docteur. Pendant ce trajet, Buckingham fit l'inventaire de ce que contenait le bateau. Tous les appareils y étaient intacts, les voiles dans leur gaine, le mât et son gréement complets. Il y avait même un compas qui servirait à faire le point plus tard. Le canot avançait lentement, car les rameurs étaient aussi inexpérimentés qu'exténués ; de plus, l'eau, qu'un Italien écopait sans grand résultat, alourdissait la chaloupe. Tout se passait en silence, aucun mot n'était prononcé et seuls les signes, les gestes de Buckingham, des Italiens servaient de moyens d'expression. Les prisonniers semblaient d'ailleurs remplis de bonne volonté, ou plutôt, ils étaient si abattus qu'ils obéissaient sans pensées et sans résistance. Dans le fond de l'embarcation, des images pieuses tombées d'un missel surnageaient.

Cependant, la mer, sans être mauvaise, avait grossi et Buckingham jugea qu'il était dangereux de s'approcher à moins de quinze mètres de l'embarcation du docteur. Il y compta au moins quatre-vingts passagers et autour, surnageant, une centaine d'hommes. Bientôt, il fut assez près du canot surchargé pour crier : « Docteur ! »

Le docteur Purslow se retourna.

— Docteur, dites à ces hommes de nager vers moi. Je ne puis approcher plus.

Que se passa-t-il alors ? Un seul naufragé se détachant des autres se dirigea vers le canot, fit quelques brasses, puis revint vers ses compagnons de détresse. Buckingham pensa qu'il était trop fatigué pour franchir ces quelques mètres à la nage sur une mer agitée ou qu'il préférait demeurer dans le cercle d'hommes qui, durant toute la nuit, s'étaient entraidés dans une solidarité cimentée par la peur, peur des requins, peur d'être seul.

Que faire ? Buckingham, marin, officier du *Laconia*, malgré sa jeunesse, malgré son grade peu élevé, se sentait responsable de ces malheureux. Alors, après s'être assuré qu'aucun monstre marin n'était en vue, dans l'eau claire il plongea et, nageant, se rapprocha de ces têtes, de ces épaules, de ces bras.

— Mon embarcation est presque vide... Suivez-moi...

Une douzaine d'Italiens se détachèrent. Quand ils arrivèrent près du canot, leurs compatriotes les aidèrent à se hisser sur le plat-bord. Buckingham, devant ce résultat, fit plusieurs voyages. Maintenant, le docteur encourageait les nageurs à aller vers le canot. Ainsi, 73 hommes furent tirés hors de l'eau. Parmi eux se trouvait un timonier anglais.

— J'aperçois deux embarcations à moitié vides qui viennent vers nous, cria le docteur à Buckingham, alors que l'officier nageait une dernière fois vers son canot.

Quand il eut regagné son bord, d'embarcation à embarcation, la conversation entre les deux hommes se poursuivit.

— Nous pourrions mettre dans ces canots ceux qui sont encore à la mer.

— Avez-vous des vivres, de l'eau ?

— Bien peu, trop peu pour tous... Buckingham, à combien de jours sommes-nous de la terre ?

— Trente jours à la voile, peut-être plus.

— Estimez-vous qu'on puisse venir à notre secours ?

— Oui. Notre T.S.F. a donné le point, plusieurs fois... Je le sais. J'étais à côté de l'opérateur.

Buckingham en répondant par l'affirmative cherchait surtout à tranquilliser un peu ceux qui pouvaient l'entendre et le comprendre. Il n'ignorait pas que le *Laconia* avait pris une route en dehors des convois, ceux des Britanniques qui faisaient le tour de l'Afrique en longeant la côte, sous la protection de l'aviation de Freetown, ceux des Français qui ne descendaient pas au-delà de l'Afrique Équatoriale française.

Il savait surtout qu'avec quelques biscuits, quelques tablettes de lait et si peu d'eau douce, les rescapés ne pourraient survivre durant un voyage de plus de 500 milles !

— Il vaut mieux rester ici encore deux jours, conclut l'officier.

Entre-temps, le timonier avait trouvé parmi les nouveaux prisonniers italiens embarqués un homme qui connaissait quelques mots d'anglais. Par son truchement, ils apprirent que Buckingham avait l'intention de dresser la voile dès le lendemain matin et qu'il allait organiser la distribution des vivres et d'eau douce entre les 86 Italiens et les 3 Anglais. Pendant les heures qui suivirent, l'officier de marine instruisit ses deux compatriotes de la manière de monter les gréements et leur expliqua la manœuvre de l'embarcation. Les deux autres chaloupes s'étant rapprochées, on prit des dispositions pour la nuit : ne pas s'éloigner les uns des autres, tenir prête une lampe-tempête mais ne l'allumer qu'en cas de mauvais temps, si les canots étaient drossés au loin de la zone de concentration des quatre embarcations. Seule, celle de Buckingham porterait en tête de mât, toute la nuit, comme point de repère, une lanterne allumée.

Lorsque la nuit arriva, il n'y avait plus de rescapés dans l'eau autour d'eux et l'inventaire avait été fait. Chaque chaloupe était à bonne distance pour ne pas courir le risque d'en aborder une autre, mais assez près pour que ses veilleurs ne perdissent pas de vue le phare fixe du canot de Buckingham. Hélas ! personne n'aurait la possibilité de s'allonger tant la place était rare. On avait établi des quarts pour veiller, d'autres pour écoper l'eau. Ceux qui étaient sur le pourtour pouvaient s'asseoir sur le plat-bord ; fatigués, à bout de forces comme ils l'étaient, ils risquaient de perdre connaissance et de tomber la nuit à la mer alors que le canot se balançait à la houle.

Toujours un des trois Anglais devait être de veille pour observer les signaux éventuels que donneraient les autres embarcations et, il faut le dire, pour garder sous contrôle britannique ces ennemis, pour le moment alliés dans leur lutte commune contre la mort.

A minuit, Buckingham pria l'aviateur de lui donner sa montre pour qu'il pût, sans le réveiller, contrôler les quarts qu'il avait institués. Et la nuit s'écoula lentement. L'officier du *Laconia* voyait au-dessus de lui une voûte d'étoiles, les unes brillantes, les autres dans une sorte de halo, par grappes diffuses. La lampe-tempête, en tête du mât, barattait le ciel dans un mouvement incessant, monotone, régulier. Les autres embarcations n'apparaissaient que par brefs instants sur une mer phosphorescente.

L'une d'elles, commandée par Walker, le premier officier du *Laconia*, contenait quarante-huit personnes dont trois femmes et deux enfants, une trentaine d'Italiens devaient demeurer toute la nuit dans l'eau accrochés aux filins de sauvetage de la chaloupe. Hélas ! Walker ne pouvait rien faire pour eux si ce n'est les encourager de quelques paroles [1]...

A un mille de là, Mrs. Davidson toujours adossée aux genoux de l'homme de barre — il n'avait pas changé, n'ayant pratiquement aucun travail à effectuer —, tentait en vain de trouver le sommeil. Enroulée dans une couverture qu'on lui avait passée, elle ne souffrait pas du froid mais d'angoissantes pensées se succédaient dans sa pauvre tête. Molly, sa fille, où était-elle ? Peut-être dans une de ces embarcations qu'elle avait vues passer à proximité durant cette journée de dimanche. Les naufragés étaient si tassés les uns contre les autres qu'on ne pouvait reconnaître personne. Elle avait aussi toujours devant les yeux le cadavre du lieutenant Tillie soutenu par sa *Mae-West*. Puis ses pensées allèrent à l'aviateur Smith qui, dans la journée, avait menacé de tuer un homme, un Italien, on ne savait pourquoi ; à Mrs. Walker, une Écossaise, épouse d'un officier de la Garde Noire, désespérée d'avoir perdu son enfant et qui semblait lui en vouloir de son calme, de sa certitude de retrouver Molly.

Mrs. Davidson s'endormait une heure, se réveillait en sursaut et regardait la mer, cette mer qui contenait des bancs de requins ! Combien de rescapés se maintenaient-ils encore à la surface ? Bien peu certainement. Toute la journée, on avait tiré des nageurs hors de l'eau. Beaucoup de

---

1. Le premier officier devait par la suite prendre quelques Italiens à son bord ; le canot sera alors chargé de soixante-quatre survivants.

ceux qui, n'ayant pu monter, s'étaient accrochés au bordé avaient finalement lâché prise. Parfois, il lui semblait entendre encore quelques appels, les derniers...

A une heure du matin, elle crut percevoir un bruit de moteurs, ceux du sous-marin qui était passé dans l'après-midi du dimanche à proximité du canot. Elle revoyait encore son commandant, une tête d'oiseau de proie. Elle entendait sa voix disant en un anglais guttural : « Y a-t-il des blessés parmi les Italiens ? Je les prends à mon bord pour les soigner. » Il ne s'occupait donc que des Italiens, cet Allemand maudit ! Une vingtaine d'Italiens étaient passés sur le sous-marin. L'officier avait continué : « Je suis navré pour vous mais votre bâtiment était armé en croiseur auxiliaire et j'ai dû le torpiller. Certainement on va venir à votre secours puisque des messages par T.S.F. ont été envoyés. Je n'attaquerai pas les navires de secours. »

Elle avait cru deviner dans les paroles de l'officier allemand un regret sincère comme si, après les avoir frappés, il souhaitait maintenant les aider...

Illusion ! Mrs. Davidson n'entendait que les bruits confus de la mer : clapotement, vague qui s'étire, se gonfle en mugissant avant de mourir, murmures lointains... Elle avait soif et elle ouvrait la bouche pour capter un peu l'humidité de la nuit. Si, dans l'après-midi, elle avait reçu un biscuit et une tablette de chocolat, elle n'avait pu boire qu'une gorgée d'eau de la bouteille de Smithy et le réservoir du canot était vide. Maintenant, avec le jour qui s'annonçait, un canot se silhouettait à proximité, mais il ne faisait pas assez clair pour qu'elle pût distinguer les naufragés qu'il contenait. Peut-être, au milieu d'eux, était Molly ?... Le soleil parut et quelques conversations reprirent dans la chaloupe ; elle s'y mêla pour ne pas penser.

A bord du canot de Ben Coutts et de Miller, à demi enfoncé dans l'eau, on s'était compté le matin du dimanche : neuf Anglais, six Italiens. Parmi les Britanniques, il y avait le premier officier de navigation Geo Rose. La vedette du commandant Sharp sur laquelle il avait pris place avec le colonel Liswell et quelques matelots avait été renversée, chavirée par les explosions parties des fonds du *Laconia*, alors qu'ils tentaient de tirer hors de l'eau quelques naufragés. Dans la nuit, certains nagèrent, d'autres périrent. Rose avait d'abord trouvé une planche où s'accrocher, puis on lui avait fait place dans un canot. Comme il était le plus expérimenté, le plus âgé, il prit le commandement, partageant d'abord les vivres et l'eau. Ayant aperçu d'autres embarcations à distance, Rose décida de les rejoindre, ne serait-ce que pour pouvoir parler à d'autres naufragés et, le cas échéant, leur demander du secours. L'embarcation défoncée, crevée, faisait eau et elle aurait certainement coulé depuis longtemps si, toute la nuit, les quinze hommes ne s'étaient relayés pour rejeter l'eau avec un seau. Un paquet de cordages extrait d'un caisson fut placé au-dessous du trou par lequel l'eau montait. Ainsi, maintenu à flot, le canot put s'approcher du groupe des quatre chaloupes. Ils appelèrent mais personne ne sembla faire attention à eux. Alors, puisqu'on les ignorait, ils s'éloignèrent doucement. Dans l'après-midi, ils virent d'autres embarcations vers le nord et un sous-marin qui paraissait aller de l'une à l'autre [1]. Serait-ce l'allemand qui avait coulé le *Laconia*? A la fin de la journée, ils aperçurent l'U boot qui avait le cap sur leur canot. Cette fois, le sous-marin glissa sur l'eau jusqu'à eux, à les frôler, et stoppa. Trois hommes se tenaient dans la baignoire. A l'avant et à l'arrière, des matelots donnaient de la soupe à des naufragés, des Italiens pour la plupart. Le commandant du sous-marin était certainement cet officier à la figure en lame de couteau, la casquette blanche rejetée en arrière, qui leur cria en anglais :

— Avez-vous des blessés à bord ?

— Non, lui répondit Rose.

— Avez-vous besoin de secours ?

Ils avaient tout à demander. Rose préféra répondre :

— Non.

— Bien. Vous allez être secourus bientôt par Ascension et peut-être par Dakar. J'ai fait le nécessaire.

— Y a-t-il de la place dans d'autres embarcations ? demanda Rose, la nôtre, la coque défoncée, fait eau.

— Je vais voir ce que je peux faire.

Le sous-marin s'éloigna.

Rose fit alors gréer le mât et la voile. L'officier du *Laconia* savait l'inutilité de cette voile puisque le poids de l'eau rendait impossible toute évolution et que l'absence de compas les empêchait de suivre une route déterminée, mais ces manœuvres occuperaient les esprits un long moment. Soudain, Miller aperçut un gros flotteur qui dérivait. Ils le récupérèrent et l'amarrèrent à l'arrière du canot ; en cas de sinistre, ce flotteur pourrait toujours servir.

Ben Coutts, gai et optimiste, réconfortait chacun, même les Italiens qui ne le comprenaient pas mais étaient influencés par l'atmosphère aimable que ce diable d'homme créait autour de lui.

« Certainement, nous allons être sauvés dans quelques heures », répétait-il. Voire ! L'embarcation dérivait et s'éloignait rapidement des autres canots rassemblés pour attendre du secours. Pour la première

---

1. Il est impossible de savoir combien d'embarcations du *Laconia* purent être mises utilement à l'eau. Hartenstein en compta vingt-deux. Des rescapés affirment qu'il n'y en eut que dix-huit. Mr. Walker en vit quatorze.

fois Rose distribua de la nourriture, des biscuits, du pemmican et des tablettes de *horlicks* et même un peu à boire, très peu. Maintenant, les autres canots n'étaient visibles — des points — que lorsque l'embarcation montait à la crête d'une vague et cet éloignement ne manquait pas d'inquiéter chacun.

Contre le soleil, aucune protection — dans ce canot comme dans les autres — et ses brûlures commencèrent à rougir les peaux. Un petit coin d'ombre du côté de la voile, c'est tout. Coutts souffrait de son pied mais il ne s'en plaignait pas et gardait son optimisme. Il se moquait même de son accoutrement : un officier britannique, un héros de Tobrouk, en pyjama !

Hélas ! L'eau montait toujours dans l'embarcation et atteignait les mollets. Chacun savait que jamais elle ne tiendrait à flot jusqu'au lendemain. Sept heures du soir : la nuit allait tomber, soudaine. C'est alors que Rose, après avoir consulté Ben Coutts et Miller, prit une décision : sans plus attendre, les Italiens devaient passer sur le flotteur. Mais comment leur faire comprendre la nécessité d'alléger le canot pour le bien commun, pour les sauver peut-être ? Ben Coutts usa de sourires, de gestes expressifs, Rose leur donna quelques vivres ; sans trop se faire prier, les six hommes passèrent sur le flotteur. Seul, un prisonnier perdit la tête, cria plusieurs fois : « Maman, maman ! » puis bascula à la mer et dériva un instant avant de disparaître.

La nuit de dimanche à lundi après cette journée tropicale leur parut glacée. Ils avaient de l'eau jusqu'au mollet ; ils sentaient qu'au fond du canot elle montait, montait... Sur le flotteur, ils apercevaient des ombres, tantôt allongées, tantôt assises, les pieds dans la mer... Aucune lueur ne provenait des autres canots, aucun bruit de moteurs de sous-marin.

Quand le soleil se leva, les neuf Anglais virent une mer solitaire, l'infini de l'eau. Pas un canot pas un navire. Sur le flotteur toujours amarré à l'arrière du canot ne restait qu'un Italien, un seul.

X

HARTENSTEIN DÉSOBÉIT

Dimanche 13 septembre, 3 h 40.

Hartenstein devant son minuscule bureau met à jour son journal de bord :

> « 00 h 7722 - SO. 3. 4. Visibilité moyenne. Mer calme. Ciel très nuageux. D'après les informations des Italiens, les Anglais après avoir été torpillés ont fermé les cales où se trouvaient les prisonniers. Ils ont repoussé avec des armes ceux qui tentaient de rejoindre les canots de sauvetage... »

Hartenstein s'arrête d'écrire. Est-ce bien vrai ? Un doute le prend sur la conduite des Anglais qu'il connaît bien et qu'il croit incapables de commettre pareille monstruosité. Oui, il a bien fait d'écrire : « *D'après les informations des Italiens...* » Et pourtant, il en a interrogé trois et tous les trois ont fait des récits semblables avec une exagération latine certes, une profusion de mots sonores dont il doit tenir compte, mais la base demeure, identique pour tous. Il n'y a pas une heure, un homme-squelette dans ses vêtements en lambeaux lui disait encore :

> « *Dans la cale, issues fermées, les coups de feu résonnaient. Le sang commença à couler goutte à goutte dans les cages. Les sentinelles polonaises avaient ouvert le feu et repoussaient à coups de baïonnette ceux des nôtres qui étaient le plus proches de ces grilles mais, immédiatement, tandis que morts et blessés tombaient, d'autres prenaient leur place, marchant sur les premiers. La grille écartelée se tordait, pliait sous notre pression. On riait comme des fous, on hurlait, criait, jurait. Moi, je me tenais contre la paroi, je cherchais à ne pas voir, à ne pas entendre. Beaucoup essayaient*

de se tuer en se martelant le crâne contre les cloisons. Une prière dite inconsciemment me calma. Je me disais que les sentinelles allaient s'apercevoir que le bateau s'inclinait, qu'il pouvait couler d'une minute à l'autre et qu'elles seraient bien obligées d'abandonner leur poste. Alors, je pourrais sortir, me sauver. Enfin, nos efforts centuplés par la terreur, l'exaspération, la folie collective eurent raison des grilles. Avec mes compagnons, piétinant ceux qui étaient tombés, nous nous ruâmes aux échelles. Obscurité complète. Nous nous heurtions à des panneaux fermés, à des portes bloquées ou si déformées par l'explosion qu'il était impossible de les ouvrir.

Quelques échelles tombèrent au sol avec leur charge hurlante de corps brisés et sanglants. Certains souffraient tellement de la faim qu'ils préféraient chercher à manger au lieu de se sauver. Je fus porté, littéralement transporté par cette masse de plus en plus folle. Je réussis à me dégager de son étreinte suffocante, à trouver le chemin des ponts. J'arrivai enfin en vue du ciel.

La plupart d'entre nous se précipitaient vers les chaloupes mais ils étaient repoussés à coups de crosse par les soldats et les marins. Une de ces chaloupes chargées de civils, de femmes et d'enfants, mal manœuvrée, resta attachée d'un seul côté et bascula tout le monde à la mer. Etant allé sur la partie supérieure du navire, j'ôtai mes chaussures et je me jetai à l'eau. Par la suite, j'ai eu à lutter avec un naufragé qui voulait m'arracher ma ceinture de sauvetage. J'en avais une, lui, non[1] !»

L'homme avait parlé, parlé ; soudain il était tombé évanoui au pied du kiosque de l'*U 156*. Hartenstein l'avait fait porter dans le poste d'équipage. Epuisé, l'homme dormait maintenant dans un hamac.

Hartenstein avait l'impression d'être l'apprenti sorcier qui a déclenché un drame de la mer et ce drame le dépassait, le saisissait à son tour, l'entraînait malgré lui dans une suite d'événements tragiques. Allait-il recevoir un message du B.d.U. en réponse à son compte rendu ? Il aurait tant aimé additionner simplement le tonnage coulé, sans histoire, sans attirer l'attention sur lui ! Il n'avait qu'à lever les yeux pour voir dans l'étroite coursive, serrés les uns contre les autres, des hommes debout qui tentaient de trouver un peu de sommeil, d'oublier les horreurs qu'ils avaient vues. Parmi eux se trouvaient certainement des Britanniques. «Mon sous-marin ressemble à une station de métro pendant un bombardement», pensait Hartenstein.

---

1. Récits de Dino et Adolfo Sangiorgi.

3 h 55.

Hartenstein ferme son livre de bord. Il a autre chose à faire que d'écrire ! Il remonte dans la baignoire. Un matelot lui apporte un F.T. Il lit :

> « *Schacht - groupe Eisbär - Würdemann, Wilamovitz, allez à toute vitesse vers Hartenstein.* »

Pour lui, ce secours était plus une satisfaction morale qu'une aide efficace, tout au moins pour le moment. Ainsi, pendant qu'une partie du groupe « Ours blanc » — l'*U 504*, l'*U 172*, l'*U 68* — continuait l'expédition, l'*U 506*, l'*U 507*, l'*U 459* avaient reçu l'ordre de se rendre sur les lieux de la catastrophe. Ils étaient à 700 milles et il fallait au moins deux jours pour y arriver. Pendant quarante-huit longues heures, il demeurerait seul au milieu des caisses, des planches, des mâts, des avirons, des canots dérivant, surchargés, des cadavres flottants que se disputaient les requins !

Le matelot qui lui a présenté le message du B.d.U., avant de disparaître par le panneau du kiosque, ajoute : « L'écoute F.T. entend assez distinctement des messages en code. Le bâtiment émetteur doit être proche. »

Cette nouvelle rassure et inquiète à la fois Hartenstein. Si un anglais est proche, il ne lui reste qu'à décamper et à laisser à ce navire le soin de sauver ses compatriotes et les Italiens. Si c'est un bâtiment de guerre, il lui faut ouvrir l'œil !

Hartenstein demande : « Combien de naufragés à bord ? » Mannesmann répond : « 193 dont 21 Anglais. » Ainsi, ils étaient plus de 250 sur ce bâtiment fait pour contenir soixante hommes au maximum ! En cas d'attaque, il ne pourrait se défendre, plonger ! Pour le moment, en pleine nuit, si loin des côtes, il n'en était pas question mais demain ? En douze heures, après le S.S.S du *Laconia*, Anglais et Américains auraient le temps de prendre leurs dispositions et de l'attaquer ! Hartenstein appelle Polchau toujours dans le central. Avec Polchau et Mannesmann, il pourra tenir un petit conseil de guerre. Un instant, le commandant de l'*U 156* regarde la mer qu'il domine de quelques mètres. Il aperçoit des lueurs intermittentes, rien de plus. Il se ressaisit :

— Nous avons 193 naufragés à bord. Peut-on plonger ?

Polchau a déjà étudié le problème. Sans hésiter il répond :

— Oui.

— Bien. Nous allons faire un essai.

4 heures.

Un F.T. est présenté à Hartenstein. Il provient du B.d.U.; le commandant lit :

> « *F.T. 04 00/13. Hartenstein - Prévenez-moi immédiatement si navire a envoyé F.T. de secours. Les naufragés sont-ils sur des canots de sauvetage ? Plus de détails sur le lieu du naufrage.* »

Hartenstein n'est pas content. Mais par discipline, celle qu'il exige de ses subordonnés, il n'exprime pas son irritation. Ainsi, tranquillement, ceux de Paris lui posent des questions oiseuses. Ils n'imaginent pas le spectacle de la mer couverte d'épaves, de cadavres ; les requins arrachant jambes et bras des naufragés. Ils n'ont pas eu devant les yeux cette femme noyée dont le ventre crevé par une morsure de squale laissait échapper les intestins ! Ils ne savent pas... Pour la première fois, Hartenstein, l'homme de guerre, a pitié. Son rôle n'est pas de faire mourir des hommes, des femmes, des enfants... Des enfants ! Il en a aperçu dans des canots !

Alors, Hartenstein prend son carnet et écrit :

> « *F.T. 0437 : 13 - Le bateau a télégraphié l'endroit exact. J'ai à bord 193 hommes, parmi eux 21 Anglais. Des centaines de naufragés surnagent avec des ceintures de sauvetage.* »

Il hésite un moment, puis il ajoute :

> « *Propose neutralisation diplomatique du lieu engloutissement. D'après écoute radio un navire inconnu était tout près du lieu du naufrage - Hartenstein.* »

Ce télégramme transmis sur ondes américaines devait arriver au B.d.U., être décrypté, enregistré sous le numéro 11/13 et présenté aussitôt à l'amiral Dönitz.

L'amiral était dans la salle des opérations entouré du capitaine de frégate Godt, de Hessler et des officiers de service. Sur l'immense carte fixée au mur, tous regardaient avec attention les points de l'Atlantique Sud où se trouvaient Hartenstein, Schacht, Würdemann et Wilamovitz. Ils estimaient vitesses, distances. Pas avant trente-six heures maintenant, les trois sous-marins alertés ne pouvaient rallier le carré 7721, si petit sur le quadrillage serré de la carte. Pas avant trente-six heures ! Et d'ici là, Hartenstein en surface, avec plus de 250 hommes sur son U boot,

Le capitaine R. Sharp, O.B.E., R.D.R.N.F., commandant du Laconia. *(ci-dessus)* (Press News Photo Service.)

Le grand-amiral Karl Dönitz (*au milieu, 2e marche en partant du haut du perron*) en visite à Pignerolles, au milieu des chefs de flottille d'U.Boote. L'officier à droite (une croix à l'encre sur la poitrine) est le capitaine de frégate Günther Hessler. La photographie, en partie consumée par les flammes, a été retrouvée dans les décombres des archives, au château de Pignerolles, après le départ des Allemands.

Le grand-amiral Karl Dönitz.

Le commandant Hartenstein explique une opération au tableau noir, sur l'arrière de son sous-marin.

Le capitaine de corvette Wurdemann, commandant l'U.506.

A bord de l'U.507, Britanniques, Italiens, Polonais sont
mêlés aux marins allemands.

Un canot de sauvetage contenant une majorité d'Italiens.

Une embarcation surchargée de naufragés va être ravitaillée
par un sous-marin allemand.

Britanniques secourus par l'U.507.

Les naufragés de l'U.506, quittèrent le sous-marin pour embarquer sur l'Annamite.
C'est l'Anglaise, à gauche, qui criait : "Kill me." L'enfant souriant fit la joie de l'équipage.
La jeune fille à droite est Miss Davidson.

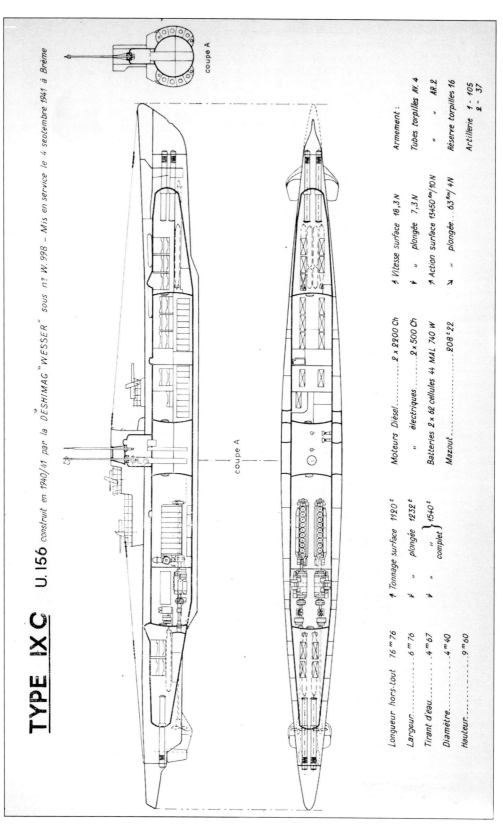

TYPE IX C

U.156 construit en 1940/41 par la "DESHIMAG "WESSER" sous n° W. 998 – Mis en service le 4 septembre 1941 à Brême

coupe A

coupe A

Longueur hors-tout	76 m 76
Largeur	6 m 76
Tirant d'eau	4 m 67
Diamètre	4 m 40
Hauteur	9 m 60

↑ Tonnage surface 1120 t
↓ " plongée 1232 t
↓ " " complet } 1540 t

Moteurs Diésel............2 x 2200 Ch
" électriques...........2 x 500 Ch
Batteries 2 x 62 cellules 44 MAL 740 W
Mazout............................208 t 22

↑ Vitesse surface 18,3 N
↓ " plongée 7,3 N
↑ Action surface 13450 km/10 N
↓ " plongée...63 km/ 4 N

Armement :

Tubes torpilles AV. 4
" AR. 2
Réserve torpilles 16
Artillerie 1 - 105
2 - 37

L'U.156 (coupe).

serait certainement attaqué et coulé. Les mêmes pensées, les mêmes problèmes diplomatiques, militaires, se posaient à l'esprit de l'amiral Dönitz. Il avait envoyé un F.T. à Hartenstein demandant des précisions et il savait qu'il ne tarderait pas à recevoir une réponse.

4 h 30.

La réponse, la voici : Dönitz lit le message pour lui-même alors que les regards sont fixés sur son visage qui demeure impassible. Sous les mots, il devine un mouvement d'humeur chez l'officier saxon. Ce n'est pas la première fois qu'un commandant de U boot fait sentir au B.d.U. la différence de mentalité entre l'état-major à Paris et ceux qui sont à la mer. C'est pour cela que Dönitz a toujours voulu prendre dans son entourage des officiers ayant à leur actif des mois et des mois de navigation.

Dönitz lit à haute voix : « *Le bateau a télégraphié l'endroit exact. J'ai à bord 193 hommes...*, etc. »

La lecture terminée, l'amiral, ses officiers se regardent en silence. Une phrase les stupéfie : « *Je propose une neutralisation diplomatique de la zone sinistrée.* »

— Qu'en pensez-vous ?

L'amiral souvent consulte ses officiers avant de prendre sa détermination.

Godt, le premier, prend la parole.

— Je pense que jamais nos ennemis n'accepteront une telle proposition.

Dönitz est de cet avis. Il insiste cependant.

— Pourtant, il s'agit pour eux de sauver des naufragés, des femmes, des enfants britanniques.

Hessler se contient difficilement. Il a son opinion à ce sujet, une opinion nette, définitive. Il l'exprime :

— Je suis de l'avis de Godt. Jamais une telle proposition ne sera acceptée et nous ne devons pas la faire pour essuyer un échec.

— Pourtant, diplomatiquement, ce serait mettre les Alliés dans une position difficile. Pensez : ils refuseraient d'accomplir un acte d'humanité alors qu'ils nous accusent si souvent !

— Tout cela est du temps perdu.

L'amiral au fond est de cet avis.

— Bien, dit-il. Nous ne ferons pas pareille démarche, d'autant plus qu'Hartenstein signale un bateau inconnu tout près du lieu du naufrage. Cela ne peut-être qu'un navire anglais ou américain. Il y a peu de neutres dans ces parages. Il portera secours aux naufragés.

Hessler qui poursuit son idée et n'a pas encore osé l'exprimer profite de l'occasion.

— En tant que chef des opérations des U boote, je propose de continuer l'opération *Eisbär*. Il y a un grand mouvement de navires autour du Cap et il faut tous nos sous-marins disponibles pour frapper. Qu'Hartenstein, Schacht, Würdemann et Wilamovitz reprennent le cours normal des opérations. Ce bateau inconnu ramassera les naufragés du *Laconia*.

Et il ajoute pour lui-même : « Quelle foutue idée d'aller se mettre dans cette galère ! Il n'avait qu'à ignorer ce qui se passait autour de lui ! »

L'amiral fait un geste tranchant de la main.

— Non. J'ai décidé. Hartenstein ne peut jeter à la mer tous ces gens. Il ne le peut, pour lui, pour son équipage qui a commencé le sauvetage. N'oubliez pas aussi qu'il s'agit en grande partie d'Italiens. Je vais avertir le grand état-major du fait, et moi-même je vais prévenir l'amiral Parona à Bordeaux. Il y a des sous-marins italiens du côté de Freetown.

— Oui, le *Cappellini*, dit Hessler.

— Eh bien ! ils enverront le *Cappellini* au secours des naufragés avec nos sous-marins ! Godt, voulez-vous faire le nécessaire dans ce sens, quant à moi, je demande Berlin.

L'amiral imagine la colère du Führer quand il apprendra que quatre sous-marins non seulement ne combattent pas mais risquent d'être coulés en sauvant des naufragés. Plus Dönitz pense à cette affaire, plus cette idée s'impose primordiale, capitale : par l'ordre qu'il donne, il risque la perte de quatre sous-marins et de 240 hommes, des hommes jeunes, expérimentés, entraînés à la guerre sous-marine, des hommes courageux. Et pourtant, que faire d'autre ?

C'est à ce moment qu'une idée vient à l'esprit de l'amiral : tout à l'heure, en regardant la carte de l'Atlantique Sud, le nom d'un port, un grand port, a attiré son attention : Dakar ! Dakar où se trouve une grande partie de la flotte française de Vichy — c'est ainsi qu'il l'appelle. Les Anglais en septembre 1940 ont attaqué Dakar et les navires s'y étaient réfugiés : le *Georges-Leygues*, la *Gloire*, le puissant mais immobilisé *Richelieu*, avec ses gros canons... La Marine française ne porte pas la Marine anglaise dans son cœur sans pour cela vouloir la combattre avec l'Axe. Dönitz n'ignore pas ceci. Il sait aussi que ce n'est pas en vain que l'on demande à des marins français de se porter au secours de naufragés. Oui, c'est cela qu'il faut faire.

5 h 23, 13 septembre.

L'*U 156* fait surface.

— Stop, ordonne Hartenstein.

Le sous-marin s'arrête. Le panneau du kiosque est ouvert et un peu d'air frais descend jusqu'au central. Hartenstein grimpe rapidement dans la baignoire encore ruisselante d'eau de mer. Autour de lui, la nuit paraît plus noire qu'avant la plongée. Ses yeux ne se sont pas encore accoutumés.

Cette plongée d'une demi-heure, pourtant si délicate avec une telle charge, s'est bien effectuée et Polchau s'est montré toujours aussi maître du sous-marin. Il n'y eut même pas d'affolement parmi les naufragés. Ils étaient assommés, anéantis, quand, dans le central, Polchau avait donné l'ordre : « Diesel stoppés. Moteur électrique en avant 300 tours. Gouvernail de plongée arrière à 20°... Gouvernail avant à 10°... »

Quelques rescapés avaient entendu la sonnerie, le klaxon, le changement de moteurs, le ronronnement des Diesel remplacé par le silence des moteurs électriques, l'eau pénétrant dans les ballasts. Si l'inquiétude s'était lue sur certains visages, aucun naufragé n'avait bougé.

Le sous-marin avait bien manœuvré.

60 mètres... 80... 100... 150 mètres.

Hartenstein avait fait augmenter la vitesse.

400 tours...

Quand on avait fait les essais du sous-marin en Baltique, jamais on n'aurait pensé qu'il pût plonger avec tant de monde à bord ! C'est réellement magnifique et Hartenstein est content de son bâtiment. Il a l'impression qu'avec un tel instrument — et avec Polchau — il peut faire le tour du monde !

Pendant cette demi-heure passée sous l'eau, le commandant de l'*U 156* a pesé la situation. Elle lui est apparue lourde de morts. Il sait que bien peu d'embarcations ont pu être mises à la mer, que des centaines et des centaines de naufragés surnagent encore, qui accroché à un radeau, qui à un aviron, qui avec une simple ceinture de sauvetage ; il sait que des requins sont sur les lieux et attaquent ces malheureux ; il a vu leurs terribles morsures, ses matelots les ont pansées. Il a mesuré l'étendue du désastre et il en est effrayé. La mer et la nuit qu'il tente de percer du regard recèlent des horreurs, les angoisses des hommes qui font leurs dernières brasses, leurs ultimes efforts avant de couler à pic... Et lui, Hartenstein, sain et sauf, invulnérable, semble-t-il, passant une hautaine inspection, est là, dans cette baignoire de tôle qui domine la surface de quelques mètres. Les mains d'Hartenstein serrent plus fort le bordé. Que faire ? Que faire pour porter secours à ces malheureux ? Schacht et les autres n'arriveront que dans quarante-huit heures et d'ici là !... Et ce navire inconnu qui, cette nuit, a lancé des messages ! Qui est-il ?

Hartenstein descend dans le kiosque, prend une feuille de papier et écrit en anglais :

« *If any ship will assist the wrecked* Laconia *crew, I will not attack her, providing I am not be attacked by ship or airforce. I picked up 193 men, 4° 52 South, 11° West. German sub-marine*[1]. »

Puis il se penche sur l'ouverture du panneau, il peut voir Polchau toujours debout, vérifiant l'équilibre du sous-marin.

— Que l'on envoie tout de suite le message. Lisez, Polchau.

L'ingénieur prend le papier, lit, lève la tête et regarde étonné son commandant. Va-t-il faire une observation, lui dire l'inutilité de cet appel ? Non. Hartenstein doit avoir réfléchi avant de lancer ce message. D'ailleurs, il commande :

— Il est 5 h 50. Que ce F.T. soit envoyé en clair et en anglais sur 25 mètres et sur 600 mètres.

Le message transmis à 6 heures sur 600 mètres et à 6 h 10 sur 25 mètres, il ne restait plus qu'à attendre le jour. A bord, aucun membre de l'équipage n'avait dormi. Le torpillage, le sauvetage des naufragés — chacun donnant sa couchette ou son hamac —, les pansements à faire, la soupe, le café à préparer, l'exercice de plongée les avaient menés jusqu'à l'aube de ce dimanche 13 septembre sans qu'ils eussent eu le temps de penser à eux.

Sur le pont, les matelots en short, torse nu, le calot posé sur l'oreille, circulaient au milieu des naufragés qui avaient préféré l'air de la mer à celui, vicié, du sous-marin. Beaucoup portaient des barbes hirsutes qui mangeaient des figures ravagées.

A la cuisine, un mètre carré, le coq aidé d'un matelot n'arrêtait pas de préparer la soupe. A l'intérieur du sous-marin, quelques naufragés sommeillaient encore ou demandaient un peu d'eau pour se laver tandis que de grands bols de café étaient distribués.

Les Britanniques étaient groupés à l'avant.

— Pourvu qu'il n'y ait pas de bagarre à bord entre Anglais et Italiens, dit Mannesmann.

— Il n'y en aura pas. D'ailleurs, je vais les prévenir.

Hartenstein, devant le micro, parlait en anglais :

« *Attention, attention ! Ici, le commandant du sous-marin. Vous êtes ici tous des naufragés sans distinction de nationalité et nous vous traiterons tous également. Je ne tolérerai aucune dispute entre vous et si cela devait arriver, vous seriez punis avec une grande sévérité et sans distinction.* »

---

1. « Si quelque navire peut porter secours à l'équipage du *Laconia* naufragé, je ne l'attaquerai pas, pourvu que je ne sois pas moi-même attaqué ni par un navire ni par un avion. J'ai ramassé 193 hommes. 4° 52. S. 11° 0. Un sous-marin allemand. »

Ces paroles furent suivies d'un long silence. En réalité, personne à bord de l'*U 156* n'avait envie de se disputer avec son voisin ; les Britanniques, trop heureux d'être encore de ce monde, aimaient mieux être soignés et nourris à bord d'un sous-marin ennemi plutôt que de geler sur un radeau ou dans une embarcation ; quant aux Italiens prisonniers, si étrangement libérés, ils pensaient déjà au retour en Italie. A quelque chose malheur est bon !

7 h 20.

Le jour a découvert l'immense étendue d'eau et des centaines de points qui représentent chacun un homme... Un F.T. arrive. Hartenstein est un peu inquiet. Va-t-il recevoir une semonce du « Lion » pour son message en clair, en anglais, ou serait-ce un message d'un bâtiment britannique annonçant qu'il arrive à toute vitesse ? Hartenstein lit :

> *« Hartenstein, restez sur les lieux du sinistre, paré à plonger. Les sous-marins participant ne doivent prendre que le nombre de naufragés pour pouvoir plonger. Neutralisation suit. »*

Ainsi, le B.d.U. donne suite à sa proposition de neutralisation. Donc, tout va s'arranger. Certainement, il va recevoir des félicitations pour avoir demandé du secours à des navires ennemis... Cette idée, Hartenstein la rejette : ce ne sont pas des compliments qu'il cherche, mais un résultat, le sauvetage de ces gens...

Précisément, un radeau est en vue. Hartenstein ordonne :

— En avant, doucement.

Le radeau est à portée. Des rescapés sont allongés, inertes, sur les planches. On leur lance une amarre. Deux matelots de l'*U 156* tirent le radeau qui vient tosser contre la coque du sous-marin qui monte et descend à la houle, laissant chaque fois échapper par les orifices des cascades d'eau, comme un monstre marin qui respire.

13 septembre, 5 heures.

Dönitz entouré de son état-major était toujours dans la salle des cartes. Anxieusement, il attendait des nouvelles d'Hartenstein. Mais il n'était pas resté inactif. Ce n'était pas l'habitude de Karl Dönitz d'attendre les événements sans tenter de les façonner dans le sens qu'il souhaitait. Ainsi, Hessler avait-il appelé le service de la guerre sur mer au quartier général et fait un rapport sur le rassemblement des sous-marins ordonné, l'opération *Eisbär* étant suspendue pour les quatre bâtiments. Le capitaine de frégate Godt était certain qu'Hitler désapprouverait cette entreprise. Non sans anxiété, ils attendaient sa réaction.

Sur l'ordre de l'amiral, Hessler avait aussi demandé que l'on intervînt auprès du Gouvernement de Vichy pour qu'il envoyât sur les lieux les avisos français basés à Dakar. La commission d'armistice à Wiesbaden avait été alertée par la commission d'armistice allemande qui la pressait d'agir sans tarder. On avait aussi prévenu le Gouvernement italien.

La demande exceptionnelle, inusitée dans la guerre sous-marine, d'un commandant de submersible coulant un bâtiment ennemi et demandant ensuite à ces derniers de venir l'aider à sauver les naufragés, dès qu'elle fut connue, rencontra l'unanimité de désapprobation au B.d.U. entre Dönitz, Godt et Hessler.

— C'est une folie ! dit Hessler. Jamais les Alliés n'accepteront.

— C'est mon avis, répondit Dönitz. Cependant...

Il n'acheva pas d'exprimer la pensée qu'il venait de rejeter : si les Alliés refusent — eux qui nous accusent d'être des barbares — ne montreront-ils pas ainsi leur propre dureté en ne portant pas secours à leurs compatriotes, en refusant la demande de neutralisation de la zone du naufrage ?

— Ils ne viendront pas, dit Hessler, persuadés que cet appel est un piège et qu'ils vont tomber sur une meute de sous-marins qui va les envoyer par le fond[1].

— De toute façon, le F.T. d'Hartenstein est inutile..., conclut l'amiral.

Godt prit la parole ;

— C'est aussi mon avis et nous devons continuer les opérations, laisser tous les naufragés à leur sort. Nos sous-marins vont courir les plus grands dangers, l'ennemi connaissant leur position. Sans doute sait-il par les F.T. échangés le nombre des sous-marins engagés, leur type. C'est une folie que de...

Rouge de colère, le capitaine de frégate Godt allait et venait dans la salle des cartes. Dönitz savait que son gendre Hessler approuvait Godt, que lui seul soutenait le commandant de l'*U 156*, quand une sonnerie de téléphone retentit. Elle devait être importante pour qu'on les dérangeât ainsi.

On appelle de Berlin... Le Führer, sans doute. Qu'allait-il dire ? Qu'allait-il ordonner ? Etait-ce lui-même qui parlerait au bout du fil ?

Tous s'étaient tus. De son pas vif, Dönitz s'était approché de l'appareil, avait pris le récepteur qu'un matelot lui tendait et il écoutait. C'était l'amiral Fricke qui parlait au nom du grand-amiral Raeder : « Le Führer a pris connaissance de l'affaire du *Laconia*. Il est mécontent et vous prie instamment, si vous continuez les opérations de sauvetage, de ne prendre aucun risque pour les U boote... Aucun risque... Nous avons

---

1. Ce fut, en fait, une des craintes de l'Amirauté britannique.

insisté auprès de la commission d'armistice française à Wiesbaden pour l'envoi immédiat sur les lieux de bâtiments français.

— Bien, je vous remercie. Quant aux sous-marins, ils ont des ordres que je vais confirmer : être toujours paré à plonger. » L'amiral allait-il parler du message en anglais d'Hartenstein ? Il le jugea inutile pour le moment. Après quelques mots, il interrompit la conversation.

Tous le regardèrent quand il revint à la table de conférence.

— Continuons, dit-il simplement.

Si l'amiral obéissait au Führer, il n'était pas toujours d'accord avec lui. Il résistait habilement à Hitler, noyait le poisson. Ainsi en mai 1942, en présence du grand-amiral Raeder, Hitler avait demandé à l'amiral Dönitz : « Pouvez-vous agir contre les équipages des navires marchands torpillés pour éviter leur retour dans leur patrie ? » — autrement dit, mitrailler ces hommes dans les canots de sauvetage. Dönitz avait répondu : « Il me paraît impossible de demander cela à mes commandants, mes équipages — nos futures torpilles détruisant à la fois, d'un seul coup, bateaux et équipages, le même résultat sera obtenu. » Hitler n'avait pas insisté et le Führer avait d'autant plus de respect pour cet amiral qui osait s'opposer à ses idées qu'il ne connaissait absolument rien aux choses de la mer.

— Oui, nous continuons, avait dit l'amiral Dönitz à ses officiers. Revenons au message d'Hartenstein. Il est certain qu'il est aussi inutile que dangereux mais nous ne pouvons pas blâmer Hartenstein qui se débat comme il peut au milieu des naufragés. Le coup de téléphone de Berlin peut se résumer ainsi : ne prendre aucun risque pour les sous-marins. Or, un sous-marin qui sauve des naufragés court obligatoirement des risques puisqu'une partie de l'équipage est obligée pour faire cela de se tenir sur le pont, assez loin du panneau, qu'il faut deux ou trois minutes à un sous-marin bien entraîné pour plonger à une profondeur suffisante et un avion qui apparaît à l'horizon met à peu près le même temps pour arriver au-dessus de son objectif.

« Donc, ou il faut renoncer au sauvetage des naufragés du *Laconia* ou risquer les sous-marins. Je n'ignore pas que, selon la règle maritime primordiale en temps de guerre, la sécurité du sous-marin l'emporte sur le sauvetage et que l'on doit tenir compte du développement de la guerre aérienne.

— Donc, interrompons le sauvetage », coupe Hessler.

L'amiral fit comme s'il n'avait pas entendu. Sa détermination était prise : il couvrirait Hartenstein et prendrait tout sous sa responsabilité.

— Il faut avant tout parer au plus pressé. Dans ces sortes de choses, la situation évolue vite.

Dönitz disant cela, écrivait.

— Voilà le F.T. qu'il faut envoyer à Hartenstein.

« *Hartenstein, demeurez sur les lieux du naufrage, paré à plonger...* »

C'était le F.T. que devait recevoir le commandant de l'*U 156* à 7 h 20 le 13 septembre. A ce moment, le B.d.U. recevait un message des Italiens annonçant l'envoi du sous-marin *Cappellini* au secours de ses compatriotes.

— Prévenez Hartenstein, Schacht et Würdemann, ordonne Dönitz. A 7 h 45, le F.T. était transmis :

« *Groupe* Eisbär*, Schacht, Würdemann, le* Cappellini *arrive sur les lieux* Laconia*, par F.E. 10.* »

Ce message était le premier d'une série de transmissions radio entre le B.d.U. du boulevard Suchet et les sous-marins au milieu de l'Atlantique. Ces messages devaient les diriger vers le lieu du naufrage, leur demander le nombre de rescapés à bord, leur réserve en mazout et surtout leur recommander de demeurer toujours parés à plonger [1]. Dönitz et son état-major devaient passer ce dimanche parisien dans l'anxiété, dans l'attente de nouvelles d'Hartenstein, des Français, des Italiens alertés.

A 8 heures, ils apprenaient que, dans le carré F.F. 7721, Hartenstein avait transféré 31 Anglais et Italiens sur les canots pour alléger son sous-marin ; à 9 h 30, qu'il s'apprêtait à repêcher toute la journée des survivants et à les répartir sur les canots moins chargés.

Puis, ce fut un long silence jusqu'à 16 heures. L'*U 156* rendait compte au B.d.U. qu'il avait repêché 100 rescapés, qu'il les avait répartis dans les canots et que le sauvetage continuait.

A 21 heures, Hartenstein donna le point : 5° 08 Sud et 11° 25 Ouest. La nuit était venue et il avait stoppé.

L'amiral et les officiers étaient toujours dans la salle des cartes. Les ordres à donner aux autres sous-marins, les affaires courantes leur apportaient un peu de détente mais toutes leurs pensées convergeaient vers le carré 7721 où bientôt trois U boote, peut-être quatre, allaient se trouver réunis, repêchant des naufragés, offerts aux coups de l'adversaire.

L'amiral et son état-major devaient demeurer là encore deux jours et deux nuits, ne distinguant plus très bien, dans leur attente anxieuse, le jour de la nuit...

---

1. On demeure surpris du nombre de ces messages et de l'imprudence que leur transmission constituait.

XI

BETASOM A *CAPPELLINI*

Le 13 août 1942, le sous-marin italien *Cappellini*, commandé par le lieutenant de vaisseau Marco Revedin, issu d'une vieille famille de marins vénitiens, avait appareillé de la base de Bordeaux [1] pour accomplir une mission dans la zone située entre les parallèles 4° N et 10° N et les méridiens 18° O et 21°O, c'est-à-dire un rectangle d'environ 300 000 km², un peu au-dessus de l'équateur. Le beau Marco Revedin avait sous ses ordres un équipage d'élite : son second, le *sottotenente di vascello* Federico di Siervo, aussi enthousiaste que lui-même, rêvant de prendre des navires ennemis à l'abordage, le *sottotenente di vascello* Ricardo Pescatore, chargé spécialement de la route, un officier sérieux, pondéré, célèbre par ses reparties caustiques [2], enfin, l'ingénieur-mécanicien Marturo, qui commandait avec autorité une équipe de spécialistes. Le *Cappellini* avait ordre d'opérer seul ou, selon les circonstances, avec le sous-marin *Barbarigo* ou l'*Archimede*. Or, le 13 septembre, à 10 h 10, le commandant Revedin avait reçu le télégramme 061513 ainsi conçu :

> « Betasom *au* Cappellini *: diriger de toute urgence petit carré 0971* [3] *— stop — autres unités alliées* [4] *se dirigent même zone.* »

---

1. La base italienne de Bordeaux était appelée Betasom.
2. Les deux officiers italiens Federico di Siervo et Riccardo Pescatore, commandant du sous-marin *Mediterraneo*, devaient être tués en 1945.
3. Dans le but de garder le secret opérationnel, la carte de l'Atlantique était divisée en « *quadratini* » (petits carrés) et ceux-ci en « *sotto-quadratini* » (sous-petits-carrés) numérotés : un chiffre marquait les colonnes verticales et un autre chiffre les lignes horizontales. La numérotation changeait souvent, trois ou quatre fois par mois. Chaque petit carré avait une dimension de soixante milles dans le sens de la latitude et de soixante dans le sens de la longitude.
4. Il s'agit bien entendu des Allemands.

Le commandant Revedin avait aussitôt repéré le carré indiqué. Il se trouvait dans la zone allant du 4° au 5° Sud et 11° au 13° Ouest Nord-Est de l'île Ascension. Pourquoi l'envoyer tellement au Sud ? Il s'était posé la question. Mais comme tout marin, il s'était dit qu'après tout il le saurait bien assez tôt. Les messages de ce genre étaient alors fréquents dans la marine comme dans l'armée, le contrordre suivant l'ordre de près. Il fallait obéir et attendre d'autres précisions.

Le sous-marin poursuivit donc sa route vers le sud, vers ce *sotto-quadratino 0971* dont il était encore très éloigné.

Dans l'après-midi du 13 septembre, le commandant Revedin recevait un autre message (N° 073013) avec des précisions, des détails cette fois et la nouvelle était épouvantable pour son cœur d'Italien : le Betasom l'informait qu'un navire anglais avec 1 500 Italiens à bord avait été coulé et que six U boote avaient reçu l'ordre de se diriger vers la zone de sauvetage. Le *Cappellini* devait s'y rendre à la vitesse de 12 nœuds... Hélas ! le *Cappellini* était encore très loin du lieu du naufrage. Aussitôt, Revedin fit augmenter la vitesse jusqu'à 12 nœuds.

Pendant la nuit, le temps changea. Le *Cappellini* pénétrait dans la zone des alizés du Sud-Est et il était durement secoué. Plus haut sur l'eau, moins stable que les U boote, il tenait moins bien la mer et fatiguait. Le lieutenant de vaisseau Revedin maintenait cependant la vitesse prescrite. Inquiet, il se demandait comment, même avec l'aide de six sous-marins allemands, il pourrait sauver 1 500 compatriotes mêlés probablement à autant de Britanniques. Il aurait fallu envoyer au moins un bâtiment-hôpital !

Un peu après minuit, Marco Revedin reçut d'autres précisions (N° 005214), l'U boot qu'il devait rencontrer porterait le numéro 506, il se trouvait au sous-petit carré 53 du petit carré 8971. L'*U 506* devait donner une partie des naufragés à l'*U 507* et au *Cappellini*.

A 4 heures du matin, le 14 septembre, il enregistrait un autre message précisant les signaux de reconnaissance à échanger avec les bâtiments français et allemands :

> « *(N° 040014) - Au* Cappellini *de Betasom - L'opération en cours pour reconnaissance entre sous-marins et navires français établie suivant signaux suivants - stop - Signal à étoile ES - stop - appel une étoile rouge et une verte - stop - réponse deux étoiles vertes - stop - Signal à lettres - stop - appel GU - stop - réponse SB - stop - Ne disposant pas signal étoiles employez lettres - stop - Navires avertis.* »

La journée du 14 septembre s'écoula sans incident notable, sauf une modification du point de rencontre : c'était maintenant le petit carré 0971, indiqué comme étant le lieu du naufrage.

A 22 h 47, le commandant du *Cappellini* notait pour la première fois le nom du bâtiment naufragé : le *Laconia*, et ceux des navires français qu'il devait rencontrer : un croiseur, classe *La Galissonnière*, le 15 au soir, les avisos *Dumont-d'Urville* et *Annamite* le 17 au soir. Les bâtiments français arboreraient en tête de mât un grand pavillon national. Ils avaient ordre de n'arriver que de jour et ils devaient émettre sur 600 mètres un signal : ETTG, quatre groupes de cinq lettres GNRCH.

Revedin avait maintenant la certitude d'être dirigé d'une main sûre — celle des Allemands sans aucun doute — vers le lieu de rendez-vous avec non seulement les sous-marins de l'Axe mais des navires français d'un plus grand tonnage.

Le sauvetage des naufragés du *Laconia* s'organisait.

Le 14, à minuit, le *Cappellini* franchissait l'équateur, mais nul à bord ne pensait à fêter le baptême de la ligne ! Ceux qui n'étaient pas de quart dormaient, les autres, à leur poste, veillaient. Le lieutenant de vaisseau Revedin, dans la baignoire, regardait une mer déserte, sans la moindre présence, sans le moindre feu.

A minuit dix, il descendit dans sa cabine et s'allongea tout habillé tandis que Federico di Siervo le remplaçait. Le commandant du *Cappellini* savait que le lendemain il allait avoir besoin de toutes ses forces, de tout son sang-froid pour repêcher les naufragés du *Laconia*... Mieux valait dormir alors qu'il le pouvait encore...

XII

LES FRANÇAIS INTERVIENNENT

Dakar, 13 septembre 1942 — 12 h 30.

Une chaleur torride pèse sur Dakar et l'atmosphère est si lourde, si moite, que tous, hommes, bêtes et végétation, semblent immobilisés, pétrifiés. Et pourtant, les veilleurs dans les postes fortifiés de la côte, ceux des bâtiments ancrés en rade extérieure, ont les yeux fixés sur le large, ou encore fouillent le ciel sans nuages, un ciel insupportable à une observation prolongée tant sa luminosité est intense. Amarrés à leur coffre, le *Georges-Leygues*[1] qui porte la marque de l'amiral Longaud, voisine avec la *Gloire*, commandée par le capitaine de vaisseau Graziani.

A l'Amirauté, le commandant en chef de Marine-Dakar, l'amiral Collinet, est seul dans son bureau. C'est dimanche et il s'apprête à aller déjeuner en ville après une matinée de travail bien remplie : la lecture, la notation des rapports sur la période d'exercices en cours de la quatrième escadre légère que commande son ami Longaud. Parfois ses yeux portent sur la grande carte fixée au mur représentant les quais, la rade, les postes de mouillage des croiseurs *Georges-Leygues*, *Montcalm* et *Gloire*, qui se trouvent assez éloignés, devant la plage de Tiaroye, des contre-torpilleurs *Fantasque*, *Terrible* et *Malin*, et ce grand losange qui n'est autre que le puissant *Richelieu*, immobilisé mais encore redoutable avec ses canons de 380 toujours tournés vers le large, toujours prêts à faire feu.

Aucun de ces amiraux, aucun des officiers à bord de ces navires n'a

---

1. Conformément à l'usage dans la Marine de guerre, nous ferons concorder l'article avec le nom du bâtiment. Ainsi nous dirons la *Gloire*, le *Dumont-d'Urville*, le *Richelieu*. Certes, on peut dire le croiseur *Gloire*, mais sous-entendre le mot croiseur et dire « le *Gloire* » est, à notre avis, une erreur, car ce bâtiment pourrait aussi bien être une frégate et on n'est pas obligé de le savoir : d'où une grande confusion. Dire « la *Jeanne* » sonne mieux aux oreilles que « le *Jeanne* ». Et puis, il y a la tradition.

confiance en la somnolente quiétude qui s'appesantit sur cette terre d'Afrique, sur cette mer qui paraît si calme. Depuis Mers El-Kébir et l'attaque de Dakar en juillet 1940, ils savent qu'un incident est toujours possible et qu'il peut avoir de très graves conséquences sur la politique française. Tous maudissent cette situation fausse : armistice avec les Allemands qui regardent ces navires avec les yeux d'un chat pour une souris vivant sur l'autre rive d'un fleuve ; paix avec ses alliés anglais qui, de peur qu'ils ne passent à l'ennemi, ne songent qu'à envoyer ces navires par le fond. Alors, ces marins ont décidé de se défendre contre toute attaque, de quelque côté qu'elle vînt.

L'horloge frappe une heure quand l'officier de service se présente.
— Amiral, un message de Vichy.
Sans un mot, l'amiral Collinet prend le papier et lit. C'est un ordre : il faut prendre toutes dispositions pour recueillir à la limite des eaux territoriales, à la hauteur d'Abidjan, les rescapés du bâtiment britannique *Laconia*. Des sous-marins de l'Axe doivent les conduire à ce lieu de rendez-vous.
Bien. Quel est le navire le plus proche d'Abidjan ? L'amiral n'a pas besoin de regarder la carte des opérations et de consulter ses dossiers pour savoir que c'est l'aviso colonial *Dumont-d'Urville* qui doit se trouver à ce moment même à Kotonou... Oui, Madelin a dû y arriver en fin de matinée avec son convoi. Aussitôt, l'amiral rédige un télégramme, le fait chiffrer :

> « *Dumont-d'Urville, appareillez immédiatement pour croiser à 20 milles Sud-Ouest Port-Bouet. Rencontrerez sous-marins allemands qui vous donneront naufragés du* Laconia. »

Ce *Laconia*, la veille, dans la matinée, l'amiral Collinet en avait entendu parler. On lui avait même rendu compte d'un appel radio en anglais envoyé par un sous-marin allemand demandant du secours pour les naufragés de ce navire. Message surprenant ! Ruse de guerre ? Après tout, ce n'étaient pas ses oignons et, à se mêler de ce qui ne le regardait pas, il n'y avait à recevoir que des coups. Maintenant, il fallait dépêcher le *Dumont-d'Urville*... L'amiral Collinet n'aimait pas ces sortes de missions : la rencontre en mer d'un bâtiment français avec un U boot pouvait le faire accuser de collaboration [1]. Il redoutait en outre l'interven-

---

1. Un des rescapés, Mr. Charles P. Mercer, devait écrire le 8 février 1959, à la suite d'un article paru dans le *Sunday Times* à propos des Mémoires de l'amiral Dönitz : « Quand nous fûmes à bord du croiseur de Vichy *Gloire*, je parlai avec des Italiens dont un caporal et nous eûmes preuves et conclusion que la flottille de sous-marins allemands travaillait en étroite collaboration avec les bâtiments de guerre de Vichy. » Inutile de dire que cette insinuation est sans le moindre fondement.

tion, à ce moment précis, d'un navire de guerre anglais qui, non averti, ou ne voulant rien entendre, engagerait le combat. La situation politique entre Vichy et les Alliés était assez compliquée sans y ajouter de nouveaux troubles.

D'autre part, le commandant d'un sous-marin de l'Axe, fatigué et nerveux, non ou mal prévenu, pouvait aussi torpiller un bâtiment français. Il y avait donc tout à perdre fors l'honneur dans cette affaire « d'aviron tordu ». Cependant, il ne pouvait être question de ne pas se porter au secours des naufragés, par humanité ; si l'Amirauté lui en donnait l'ordre, c'est que les circonstances étaient graves, exceptionnelles...

Au même moment, le capitaine de frégate François Madelin faisait mettre au poste de mouillage son *Dumont-d'Urville*[1] devant Kotonou. A bord, il faisait une chaleur à ne pouvoir toucher les tôles et l'aviso colonial, malgré ses coursives aérées, ne recevait pas le moindre souffle. Sauf la barre qui grondait à quelques mètres du rivage, tout était calme...

A 19 h 30, un timonier apporta un message chiffré à Madelin. Sans aucun doute, il provenait de Marine-Dakar. Le commandant de l'aviso se pencha longtemps sur le papier sans pouvoir le déchiffrer. Il fit appel aux lumières de son second, le lieutenant de vaisseau Messud. Hélas ! tout était si brouillé qu'il leur fallut renoncer à décrypter le message. Madelin fit cependant prévenir le poste de T.S.F. d'avoir à prêter l'oreille. La nuit était maintenant tombée sur Kotonou. Au grondement de la barre se mêlaient le coassement des grenouilles et les stridulations des grillons, vie mystérieuse, enfouie dans la nuit tropicale.

A quelque 2 000 kilomètres de là, l'amiral Collinet, qui ne pouvait se douter que son premier message ainsi d'ailleurs qu'un second qu'il venait de faire transmettre avaient été si brouillés par les conditions atmosphériques qu'ils n'avaient pu être déchiffrés par Madelin, avait acquis la certitude que le petit *Dumont-d'Urville* ne suffirait pas à recueillir tous les naufragés du *Laconia*. A 15 heures il avait lui-même été prévenu d'une modification du lieu de rendez-vous avec les sous-marins, donnée par la commission d'armistice allemande. C'était maintenant au 1° 57 S — 11° 22 O, soit en pleine mer, à 200 milles au nord du point du naufrage. C'est cette précision, de même que le premier avis d'alerte, que Madelin n'avait pas reçue. L'aviso n'accusait pas réception et, quoique ce silence n'inquiétât pas outre mesure l'amiral Collinet — les ordres

---

1. Le *Dumont-d'Urville* était un aviso colonial de 1969 tonnes ; ses machines, d'une puissances de 3 200 CV, lui donnaient une vitesse de 15 à 16 nœuds. Il avait à son bord 14 officiers et 121 hommes d'équipage. Armement : 3 canons de 138 et de nombreuses pièces antiaériennes : 4 de 40, 12 de 37, 22 de 20 et une quarantaine de mines.

prescrivaient le silence à la radio —, mieux valait prévoir tout de suite l'envoi d'un second bâtiment. Collinet pensa à l'*Annamite* qui convoyait à ce moment même le cargo *Carimaré* vers Konakry. Un instant, l'amiral Collinet imagina les coups de téléphone, les pressions, les instructions, les ordres qui devaient être échangés entre l'état-major de l'amiral Dönitz à Paris, les commissions d'armistice de Wiesbaden, de Turin et Vichy. Et tout cela aboutirait sans aucun doute dans ce bureau où il devait demeurer attentif, paré à prendre de graves décisions, dans des conditions aussi difficiles que délicates.

Le 14 septembre, le *Dumont-d'Urville* est toujours à l'ancre devant Kotonou et le capitaine de frégate François Madelin est inquiet. Il se doute que quelque chose d'anormal se passe en mer, mais quoi ? Cependant, les cargos de son petit convoi, à l'ancre sur la rade extérieure, vont commencer le chargement de bananes et de café pour la France non occupée. A bord du *Dumont-d'Urville*, il y a quelques matelots malades et le docteur Duval les soigne à l'infirmerie par les moyens du bord. A 8 heures du matin, les couleurs. Un message arrive du commandant de la marine à Kotonou, c'est la retransmission des ordres que la T.S.F. de l'aviso n'avait pas pu capter la veille. Cette fois, Madelin sait à quoi s'en tenir. Il souhaiterait appareiller sans plus attendre, mais il lui faut compléter ses approvisionnements en vivres, en eau douce et en combustible. Il lui faut aussi descendre à terre les matelots malades et tout cela prend du temps. Il est 17 heures lorsque le *Dumont-d'Urville* s'éloigne de Kotonou vers le lieu de rendez-vous, à près de 1 000 milles de là. Madelin calcule qu'à 14 nœuds, il ne pourra s'y trouver que le 16 au soir, peut-être le 17 au matin. La terre est encore en vue lorsque la T.S.F. de l'aviso capte, clairement cette fois, un nouveau message modifiant encore le lieu de rendez-vous. C'est à l'endroit même du naufrage, au 4° 52 Sud — 11° 22 O que maintenant, il devra se rendre. Et jamais Madelin n'a tant regretté de commander un bâtiment si peu rapide...

Ce même jour, l'*Annamite*[1] fait route de Dakar vers Konakry, escortant le cargo *Carimaré*. L'aviso est commandé par le capitaine de corvette Quémard. Comme Madelin, Quémard est toujours à la mer, convoyant de petits cargos dans des conditions difficiles et avec peu de moyens. Quémard fait les cent pas sur la passerelle de son petit bâtiment qui marche au ralenti pour toujours demeurer auprès de son cargo. On dirait un chien qui n'a qu'un seul mouton à garder et qui règle son

---

1. L'*Annamite* était un aviso drageur de 647 tonnes. Sa puissance était de 4 000 CV, et il pouvait atteindre 20 nœuds. Son armement était de 1 pièce de 100 et de 4 mitrailleuses de 13 mm. L'*Annamite* a changé de nom et est devenu le *Chamois*.

pas sur celui de son protégé. Pour le moment, l'officier inspecte la mer avec ses jumelles, une mer déserte. Dans le fond, il préfère ce calme. Du ciel ne vient aucun bruit inquiétant de moteurs. A l'avant, les hommes enlèvent le linge étendu durant la nuit ; on voit des matelots passer avec des gamelles pleines de café noir et des miches de pain rond sous le bras. « Allons, ce voyage se passera sans incident », pense Quémard, un Breton qui, s'il eût vécu à l'époque des corsaires malouins, eût accompli plus d'une action d'éclat. C'est lui qui, convoyant un jour, dans le golfe du Bénin, un unique rafiot, vit venir vers lui une escadre anglaise — une véritable escadre avec cuirassés, croiseurs, destroyers. Estimant qu'il appartenait à son navire de s'écarter, il donna des ordres en conséquence. L'amiral anglais, se méprenant, avait envoyé au commandant de l'*Annamite* le message suivant : « N'ayez aucune crainte, nous ne vous attaquerons pas. » — « Moi non plus », avait répondu Quémard ! Tel était ce diable d'homme.

Soudain, l'enseigne de vaisseau de quart s'approche de lui, il tient un message radio à la main.

— Commandant, nous devons aller au secours d'un bâtiment britannique naufragé, le *Laconia*.

Tout en parlant, l'officier a donné le message à Quémard qui le lit attentivement. Il s'agit bien, en effet, d'une nouvelle mission que lui donne Dakar : après la mise en sécurité du *Carimaré* qu'il doit conduire à la limite des eaux territoriales françaises et là, il transbordera huit militaires passagers qu'il a à son bord, il devra se rendre au lieu de rendez-vous fixé avec les U boote pour prendre les naufragés du *Laconia* : 4° 52 S — 11° 22 O.

Quémard ne dit mot, il va jusqu'au bout de la passerelle, revient un instant après et ordonne : « 12 nœuds. » C'est tout ce qu'il peut faire sans perdre de vue son escargot, auquel il signale : « Marchez toute puissance. »

Ce n'était pas la première fois que ce Breton se porterait au secours de naufragés. Souvent, il en a rencontré sur sa route, dans des embarcations, sans vivres et sans eaux, aux limites de la folie et de la mort. Certains avaient même commencé à dépecer les cadavres de leurs compagnons qui, perdant la raison, s'étaient jetés à la mer et s'étaient noyés. On ne peut pas dire que le commandant Quémard aimait les Anglais. Il avait participé à Mers El-Kébir. En convoyant des cargos, il avait souvent eu maille à partir avec les Britanniques. Ainsi, l'*Annamite* avait-il vu un jour un petit croiseur battant pavillon de l'Union Jack se mêler aux navires qu'il convoyait et ordonner à un de ses cargos de le suivre, espérant ainsi augmenter, sans trop de frais, les unités de son propre convoi. L'officier breton, aussi tenace que loquace, avait tout simplement braqué un de ses canons sur la ligne de flottaison du bâtiment anglais, le suivant de très près. Le croiseur avait compris et s'était éloigné. Un exemple entre plusieurs. Donc, Quémard sait ce qu'il risque en allant mettre le nez de son navire dans cette gadoue internationale.

L'*Annamite* est plus rapide que le *Dumont-d'Urville*, plus proche des sous-marins aussi ; mais il doit s'occuper d'abord de la sécurité de son cargo. Quémard estime que cette nuit même il pourra lâcher le *Carimaré* dans les parages des îles de Loos...

Pendant que les ordres partaient de Dakar vers les deux avisos français, le gouvernement italien, alerté depuis la veille par son partenaire de l'Axe, prenait conscience de l'ampleur du désastre. Dix-huit cents de ses soldats noyés, perdus ! Les premiers sentiments avaient été la stupeur, la colère contre ce commandant d'U boot qui se mettait à envoyer par le fond des Italiens ! Mais on apprit aussi que les Allemands dépêchaient jusqu'à six sous-marins au secours des naufragés. Il n'y avait qu'à accuser la fortune de mer ou plutôt l'infortune ! On demanda aussi à la commission d'armistice à Turin que les moyens de sauvetage fussent accrus. Télégrammes, message téléphonés s'entrecroisèrent et, sur l'insistance de la délégation française à Turin demandant « un accueil aussi large que possible à la requête allemande relative au sauvetage des prisonniers italiens », l'Amirauté française décida d'envoyer sur les lieux du naufrage la *Gloire*.

14 septembre, 16 heures, à bord du Georges-Leygues.

L'amiral Longaud, sur la plage arrière du croiseur, suit du regard une vedette qui vient de se détacher de la *Gloire*. Il attend son commandant, le capitaine de vaisseau Graziani, qu'il a prié de venir immédiatement à son bord pour communication très urgente. La veille, l'amiral Longaud était passé à l'Amirauté. Il y allait souvent et ses rapports avec l'amiral Collinet étaient constants et amicaux. Il a été mis au courant du torpillage du *Laconia* et de l'envoi des avisos *Dumont-d'Urville* et *Annamite*. Aussi n'a-t-il pas été surpris quand un coup de téléphone de Collinet lui a donné ordres et instructions pour l'appareillage de la *Gloire* [1]. Cela ennuie l'amiral de détacher ce grand croiseur de son escadre et de l'envoyer au milieu de l'océan à la rencontre des sous-marins

---

1. La *Gloire*, croiseur de 7 600 tonnes, 179 mètres hors tout, 17 m 48 de large ; puissance : 84 000 CV ; vitesse : 31 nœuds ; armement : 9 pièces de 152, 8 de 90 ; canons antiaériens : 24 de 40, 16 de 20 ; tubes lance-torpille de 550 : 4. L'équipage était de 540 hommes.

de l'Axe. Pour lui, ce sont les mêmes pensées, les mêmes soucis que pour son supérieur et son ami Collinet. Même si les naufragés sont transbordés sans le moindre incident sur la *Gloire*, si les Anglais l'apprennent, admettront-ils la présence d'ex-prisonniers italiens naviguant sous pavillon français ? Lors du retour, ne tenteront-ils pas de reprendre ces prisonniers, sans compter les marins et soldats britanniques récupérés par la même occasion ? Il y a aussi la question du combustible qui se pose. Le mazout, rare pour ces navires, une fois consommé, qui va le remplacer ? Les bâtiments risquent d'être ensuite immobilisés.

Ces sombres pensées sont interrompues par le bruit du moteur d'une vedette qui accoste à la coupée. Le commandant Graziani ! Longaud se porte à sa rencontre. Graziani est un bel homme, élégant, le type de l'officier tel que se l'imaginent les jeunes filles. Il trouve à la coupée l'amiral Longaud et son chef d'état-major, le capitaine de frégate Bosvieux. Il salue tandis que le timonier termine son trille au sifflet.

— Bonjour, cher ami, venez à mon bureau, j'ai des choses importantes à vous dire.

— A vos ordres, amiral.

Tous trois se dirigent vers l'arrière de la *Gloire*, croisant des matelots qui saluent.

— J'ai une mission délicate pour vous, cher ami, dit l'amiral, dès qu'ils sont seuls. Dans combien de temps la *Gloire* peut-elle appareiller ?

— Dans quatre heures, amiral.

— Beaucoup d'hommes à terre ?

— Non, amiral. Deux compagnies de débarquement seulement.

— Faites rentrer tout votre monde à bord. Appareillage immédiat. La *Gloire* doit se rendre au 4° 52 S — 11° 22 O. Elle y rencontrera l'*Annamite* et le *Dumont-d'Urville* avec, à leur bord, du moins je veux l'espérer, des centaines de naufragés du *Laconia*. Oui, c'est un ancien paquebot anglais torpillé et coulé par un sous-marin de l'Axe près de l'île Ascension. Il avait à son bord, outre des Britanniques, 1 500 prisonniers italiens, peut-être plus. Les avisos arriveront avant vous et vous passeront leurs naufragés. Vous rencontrerez sans doute aussi des sous-marins de l'Axe. Votre mission est uniquement, j'insiste, uniquement, de ramasser le maximum de naufragés sans distinction de nationalité. Il y aura peut-être des femmes et des enfants.

— Bien, amiral, je prendrai mes dispositions pour les héberger, mais je dois attirer votre attention sur les réserves de mazout. Nous graissons nos Diesel à l'huile de cacahuètes !

— Je le sais. J'aviserai. Je demanderai son remplacement aux Allemands [1].

_____

1. Les Allemands devaient effectivement remplacer le mazout consommé au cours de cette opération.

— Votre mission est strictement un sauvetage, rien d'autre ! Vous ne riposterez que si vous êtes attaqués. Afin d'éviter toute indécision quant à la nationalité de nos navires, ils ne devront atteindre le lieu du torpillage que de jour. C'est très important. Que de jour ! Vous émettrez les signaux de reconnaissance spéciaux par fusées ou par projecteurs selon les instructions que voici et vous arborerez un grand pavillon national en tête de mât. A 20 nœuds vous devez arriver en quarante-huit heures sur les lieux. Voici les silhouettes des sous-marins de l'Axe que vous y trouverez.

Le commandant Graziani jette un coup d'œil aux plans succincts des U boote et du *Cappellini*. Il note les signaux de reconnaissance.

— C'est tout ?

— C'est tout. Vous en savez maintenant autant que moi, cher ami.

Graziani sourit, serre la main de l'amiral qui demeure dans son bureau tandis que son chef d'état-major, Bosvieux, le reconduit jusqu'à la coupée. Dans la vedette qui s'éloigne rapidement du *Georges-Leygues*, Graziani pense : « Il y a un mot que l'amiral n'a pas dit : débrouillez-vous. Eh bien ! nous allons nous débrouiller ! »

L'enseigne de vaisseau Vivier ayant ordonné : « Repos !... La première compagnie, à la baignade ! », la moitié des hommes, sous les ordres du jeune officier-fusilier, s'étaient vivement déshabillés. Sur la plage de Tiaroye, avec des cris, des plongeons, des éclats d'eau, ils s'étaient jetés dans la mer tiède. Vivier, lui, résistait mal au désir de faire comme ses matelots... Il faisait si chaud et la marche avait été épuisante mais il fallait qu'il demeurât en uniforme, qu'il commandât.

Au-delà de la barre, il pouvait apercevoir la *Gloire*, son croiseur, dont la fine silhouette se détachait sur l'horizon. Soudain, il vit, s'élevant des cheminées du croiseur, des volutes de fumée noire. Que pouvait bien signifier cela ? On ne gaspille pas ainsi le mazout sans raison majeure. C'est alors que des pavillons montèrent aux drisses : « Rappel immédiat de toutes les embarcations », signifiaient-ils. Cela ressemblait à un véritable branle-bas de combat. En tout cas, l'appareillage s'annonçait comme immédiat. Il n'y avait pas un instant à perdre.

Vivier donna des ordres et les matelots regagnèrent en maugréant un peu le rivage. Dix minutes plus tard, les compagnies réembarquaient dans les chaloupes. Bientôt, elles accostèrent la *Gloire* tandis que des embarcations venues de terre apportaient des vivres supplémentaires au croiseur. A bord régnait une grande activité. On rentrait les embarcations, les ventilateurs de chauffe, en route, ronronnaient. Les tentes étaient serrées... Les coups de clairon éclataient, se répercutant de batterie en batterie. Le lieutenant de vaisseau Prache inspectait les tourelles ; Demon vérifiait ses transmissions. Le capitaine de vaisseau Graziani et son second Arden étaient sur la passerelle.

— En avant lente.

A 21 heures exactement, le 14 septembre 1942, la *Gloire* appareillait, direction Sud. Bientôt, le croiseur avait acquis la vitesse de 21 nœuds. La mer était houleuse et le navire roulait dans la nuit. Graziani partagea le quart comme d'habitude avec son second, à peu près du même âge que lui...

Cette première nuit fut sans histoire.

Le lendemain, vers 9 heures, une vigie signala un quadrimoteur allié. Savait-il où se rendait la *Gloire*? A une hauteur de 1 500 mètres environ, il s'approchait rapidement. Qu'allait-il faire? Bombarder le navire, tenter de le couler? Les canonniers étaient à leurs pièces, parés à faire feu sur un ordre de la passerelle. Les télémètres indiquaient 7 000 mètres... 6 000... Le Sunderland allait pénétrer dans la zone dangereuse à partir de laquelle le commandant avait ordre de tirer... 5 000... Attention... 4 500... Les pièces tournaient, menaçantes, l'ordre de tir aurait dû être donné à 5 000 mètres et Graziani, impassible, attendait encore. Soudain, le quadrimoteur vira sur l'aile, s'éloigna vers l'est pour aller survoler un paquebot de la P. et O. qui faisait route vers le nord. Le commandant Graziani avait gardé jusqu'au bout son sang-froid; sa mission était de recueillir des naufragés et il ne devait engager le combat qu'à la toute dernière extrémité.

A 15 heures, le même jour, nouvelle alerte. Un autre Sunderland se présenta et garda un contact étroit avec la *Gloire*, pendant trois heures, se tenant à distance respectable, 20 000 et 30 000 mètres sur l'arrière, puis il disparut.

A 21 nœuds, selon les calculs du capitaine de vaisseau Graziani, la *Gloire* doit arriver le 17 au matin sur les lieux du naufrage. Encore deux jours de navigation.

XIII

SAUVÉS PAR LES JERRIES !

A l'extrême limite du moment où la raison dans l'égarement du délire bascule, où les forces épuisées laissent les corps sans ressources, Miss Doris Hawkins, le chef d'escadron Wells, Ian Peel et les six autres rescapés des deux radeaux avaient été recueillis le dimanche soir par l'*U 156*. Dès que les marins allemands, appelés à d'autres besognes, avaient cessé de les soutenir, ils étaient tombés sur le pont, au pied de la tour, devant Hartenstein et ses hommes. Non sans peine, dans le cercle étroit de l'écoutille, Miss Hawkins avait été descendue à bout de bras, portée jusqu'au carré des officiers. Elle grelottait sous sa robe ; elle claquait des dents, plus à cause de ses nerfs qui l'avaient lâchée que de froid. Hartenstein, qui l'avait accompagnée comme un commandant aux petits soins pour une passagère de marque, lui avait donné sa couchette, de l'eau de Cologne afin qu'elle se frictionnât et lui avait fait apporter du café chaud. Étrange situation pour cette Anglaise de se retrouver occupant le lit d'un commandant de sous-marin ennemi. Elle en percevait vaguement le paradoxe quand, ouvrant les yeux, elle éprouva une grande surprise : lady Grizel Wolfe-Murray, sa voisine de cabine, celle avec laquelle elle parlait sous-marins et torpilles sur le *Laconia* cinq minutes avant qu'il ne fût frappé, était devant elle et lui adressait un pauvre sourire.

On l'avait tirée de l'eau peu de temps avant Miss Doris. La jeune femme avait été sauvée en fin de journée avec des Italiens et quelques Anglais — les 193 rescapés signalés par F.T. au B.d.U. Pendant que les deux femmes, sans beaucoup d'ordre dans leur récit, se racontaient leur aventure, les matelots allemands s'affairaient à donner soins et boissons aux uns et aux autres. Non sans une secrète satisfaction, Miss Hawkins remarqua qu'ils paraissaient avoir plus de considération pour les Britanniques, leurs ennemis, que pour leurs alliés de l'Axe.

La *sister* était trop énergique pour demeurer couchée et le sentiment de son inutilité lui pesait. Après une heure de repos, elle était debout, parlant à ses compatriotes, à Wells, à Peel qu'elle avait retrouvés ; circulant à l'intérieur du sous-marin, elle regardait ce monde qui lui paraissait d'une complexité extrême. A bord, il y avait quatre femmes. Les officiers leur avaient abandonné leurs couchettes. A peine allongées, un matelot parlant anglais venait prendre leurs vêtements trempés en leur disant qu'ils allaient être séchés avant de leur être rendus. Elles reçurent chacune un bol de thé ou de café, une tranche de pain noir avec du beurre, des biscottes et de la confiture mais elles ne purent avaler la moindre bouchée tant elles étaient déshydratées. Elles burent tout ce qu'on leur présentait.

Il y avait douze couchettes à bord du sous-marin, toutes contre la paroi concave, ce qui donnait l'impression de loger dans une soupente. Sur les autres reposaient des officiers britanniques à bout de forces ou blessés, dont le chef d'escadron Wells, malade à la suite des efforts surhumains qu'il avait faits en halant les radeaux.

La nuit, l'intérieur du sous-marin était faiblement éclairé. Une torpeur, une demi-conscience s'étaient abattues sur ces êtres qui, coude à coude, cuisse contre cuisse, sur une tôle grasse, souillée de flaques d'eau, tentaient de trouver le sommeil. Parfois ils tâtaient leurs membres endoloris avec l'obscure satisfaction de se sentir encore en vie.

Puis le sous-marin avait plongé. Certains avaient perçu le bruit de l'eau pénétrant dans les ballasts, avaient entendu des ordres sans les comprendre... Que leur importait ! Miss Doris se réveillait à intervalles irréguliers et jetait un coup d'œil inquiet sur sa voisine. La jeune femme enceinte semblait dormir. Parfois elle geignait comme si elle souffrait.

Les marins allemands dans la coursive glissaient comme des ombres, enjambant les corps...

Le lendemain, dès l'aube, on sentit une odeur de café venir de la cuisine — en fait, elle n'était séparée par aucune cloison de ce dortoir sous-marin, de ce long tube où s'entassaient quelque deux cents êtres humains. On s'étira, les membres faisaient mal. Maintenant, ceux qui avaient été blessés par chutes, chocs ou morsures de requins ressentaient leurs douleurs. Avec le jour, la conscience de leur tragique situation émergeait.

On fit circuler des gamelles de café au lait, des miches de gros pain noir, extraites de boîtes en fer-blanc soudées, du beurre provenant de Norvège. Les boîtes de lait condensé portaient des marques françaises. Les pays occupés nourrissaient l'armée et la marine du Reich et on comprend la disette qui épuisait ces pays riches.

A bord de l'*U 156*, les mêmes repas étaient servis aux officiers, marins et naufragés. Tous, commandant compris, étaient traités sur le même pied. On permit aux naufragés de circuler librement dans le sous-marin et même de monter sur le pont pour respirer, s'asseoir un instant. La plupart des hommes étaient demeurés debout toute la nuit ; pour satisfaire leurs besoins naturels, un coin du pont, une balustrade en fer sur laquelle chacun se tenait des deux mains, le derrière au-dessus de l'eau... Les Allemands, même sans naufragés à bord, faisaient ainsi...

Les femmes étaient l'objet de soins particuliers de la part de l'équipage. Certains marins leur donnèrent des citrons, des fruits, des conserves tirés de leur propre réserve ou encore de l'eau de Cologne offerte au départ par une main féminine.

Hartenstein allait de l'un à d'autre, interrogeant, prenant des notes, donnant des ordres. Il était souvent accompagné de l'ingénieur Polchau qui parlait anglais mieux que lui. Miss Doris, curieuse, passait l'inspection des coins personnels des officiers, de l'équipage. Il y en avait bien peu mais, en regardant, elle vit parfois un portrait de femme, un ruban accroché à un hamac. Aucun svastika, seulement un portrait d'Hitler, à peine visible dans un petit coin.

A 10 h 30, une première bordée de marins se mit à table : macaronis à la tomate, viande, pommes de terre et pain noir, fruits en conserve. Les marins allemands ne perdaient pas de temps. Sept ou huit hommes assis mangeaient, échangeaient à peine quelques mots. Quand ils avaient terminé, leurs places étaient immédiatement prises par d'autres, ceci jusqu'à ce que tout l'équipage eût pris son repas. Pour boisson, de l'eau distillée. Les Allemands suçaient aussi des tablettes « Énergie » faites de jus de fruit et de sucre. Ils en distribuaient aux naufragés ainsi que des cigarettes.

Ainsi, certaines habitudes furent prises mais tous avaient le sentiment de leur précarité. A chaque instant pouvait survenir un bâtiment sauveteur, anglais, italien, peut-être français ! Ils ne savaient que souhaiter ! Un navire de guerre, un avion aussi pouvaient attaquer le sous-marin, empêtré dans son sauvetage, il pourrait difficilement plonger avec tant de naufragés à bord... Qu'adviendrait-il ? Cette attaque, malgré les risques qu'elle leur ferait courir, les officiers britanniques la souhaitaient de tout leur cœur... et pourtant, le commandant Hartenstein, malgré son visage dur, en lame de couteau, sa balafre à la joue, ce Polchau qui ressemblait à un Anglais, ces marins un peu lourds comme des marins de Cornouailles, semblaient navrés de ce torpillage et faisaient ce qu'ils pouvaient pour leur rendre possibles ces quelques jours, deux, peut-être trois, à passer à bord de leur sous-marin !...

Ni Hartenstein, ni ses officiers n'avaient pris le moindre repos depuis trente-six heures que l'*U 156* avait torpillé le *Laconia*. Ils avaient repêché Anglais et Italiens sans cesse de remettre à flot les embarcations retournées, de répartir les naufragés dans les chaloupes, de donner aux uns et aux autres vivres, boissons et médicaments.

Toutes les embarcations, même celles qui contenaient une majorité d'Italiens, étaient commandées par des Britaniques. Le commandant de l'*U 156*, au porte-voix, leur recommandait de grouper chaloupes et radeaux, de s'amarrer les unes aux autres, « des secours ne vont pas tarder à arriver », concluait-il avant de s'éloigner.

A bord du submersible, la vie s'organisait dans une bonne volonté générale où la nationalité importait peu. Un médecin italien — prisonnier de guerre — se proposa pour soigner les malades et panser les blessés. Hartenstein mit à sa disposition les réserves de bandages, de liniments, de comprimés d'opium et le docteur se dépensa jusqu'à l'épuisement. Lui-même, très atteint, devait mourir bientôt. Un de ses principaux malades fut le chef d'escadron Wells qui souffrait du ventre et des brûlures de soleil. Malgré ses douleurs, ses déficiences physiques, Wells, avec pour seul vêtement une robe du soir serrée autour de la taille — elle appartenait à Miss Hawkins —, reçut des ordres et en donna. On le voyait descendre de la tour du sous-marin, se glisser dans la coursive centrale au milieu de la foule des rescapés debout, puis il remontait sur le pont et rendait compte à Hartenstein, discutait, faisait des suggestions comme s'il avait la responsabilité de tous les Britanniques embarqués à bord du sous-marin.

Les femmes tentaient elles aussi de se rendre utiles, mais leurs jambes en coton ne pouvaient les porter et la peau de leurs membres et de leur visage, à la suite des insolations, pelait par longues plaques, laissant la chair à vif. Les muqueuses de leur gorge, de leur langue et de leurs lèvres, malgré les boissons absorbées, demeuraient sèches, irritées, couperosées. Le soleil avait pompé, semblait-il, toute l'eau de leur corps. Miss Doris, s'étant foulé le genou, malgré ses efforts, n'était pas bonne à grand-chose.

Après les premières heures où ils avaient joui de la béatitude de survivre, les naufragés commençaient à souffrir de la promiscuité et souhaitaient être tirés de là rapidement, fût-ce dans les conditions les plus mauvaises. Comme toujours, des bruits divers couraient : un grand sous-marin allemand devait arriver sur les lieux et les débarquer en France, les Italiens seraient libérés, les Britanniques emmenés dans un camp. Puis, on parla d'un bâtiment italien. Enfin, par Hartenstein, on eut la certitude que des bâtiments français allaient bientôt être en vue...

Soucieux, le commandant de l'*U 156* regardait souvent la mer, inspectait le ciel, cachait mal sa nervosité quand un matelot lui apportait un nouveau message radio, car il échangeait de nombreux F.T. avec le B.d.U. et cela au risque de se perdre.

Lundi 14 septembre, 2 h 03.

Hartenstein vient d'envoyer un nouveau F.T. au B.d.U. faisant le bilan de la situation. 600 naufragés, provisoirement sauvés, répartis entre 22 canots et radeaux, tous remplis jusqu'au bord. Après en avoir repêché 400 sur son U boot, il en avait ventilé, disait-il, 200 sur les canots. Quant au navire qui avait envoyé des messages, il ne s'était pas montré et avait cessé ses émissions.

A 7 h 40, le même jour, un long message du B.d.U. ordonnait aux sous-marins du groupe *Ours blanc* et à Wilamovitz de continuer leur route au sud s'ils n'avaient pas de naufragés à bord. Dans le cas contraire, chaque U boot devait donner l'effectif de ses passagers — et Donitz insistait sur « *la nécessité absolue pour tous de ne prendre que le nombre de naufragés permettant, en cas de nécessité, d'être toujours en état de plonger* ». Cette recommandation, cet ordre, devait être répété plusieurs fois par la suite. Enfin, Dönitz, dans un F.T., précisait le carré que ses U boote devaient rallier, le F.D. 4485, pour donner leurs naufragés aux bâtiments français.

Cette journée du 14 septembre fut la plus atroce pour ceux qui, sur les radeaux, dans les canots, n'avaient pas encore été ravitaillés par l'*U 156*. Sous un soleil brasillant, l'immensité d'eau incendiait les yeux de mille et mille reflets, miroitements, réverbérations. La mer, semblait-il, fumait. Serrés les uns contre les autres, recevant de celui qui avait pris le commandement un peu de pemmican, une tablette d'*horlick*, deux biscuits, quelques gouttes d'eau, inquiets de leurs besoins naturels à satisfaire devant tous, ils tentaient de se protéger de ce soleil implacable avec un chiffon trempé dans l'eau de mer qu'ils plaçaient sur leurs membres, un mouchoir noué aux quatre coins sur le crâne. Les barbes des hommes poussaient, les visages des femmes se creusaient sous leur chevelure en désordre, poissée par le sel de la mer. Certains furent pris d'hallucinations. Mrs. Davidson crut entendre un avion... Elle vit un sous-marin lancer des fusées, arborer un pavillon, l'amener... Qu'y avait-il de vrai, qu'y avait-il de faux, d'irréel dans ce que leurs yeux virent et ce qu'entendirent leurs oreilles, leurs sens étant obscurcis par une demi-somnolence, troublés par le long séjour dans l'eau, la vue des cadavres flottants, la faim et surtout une soif de feu, inextinguible.

Il y avait aussi ceux qui, ayant dérivé, se retrouvaient dans leur embarcation, seuls au milieu de l'océan. Ces rescapés n'avaient plus le secours d'entendre d'autres voix humaines que celles de leurs compagnons avec lesquels ils étaient condamnés à vivre dans un enfer sartrien. Ils avaient beau se dresser dans leur canot alors qu'il était hissé sur une crête de vague, regarder la mer dans toutes les directions, ils ne voyaient rien, absolument rien. Seuls, ils l'étaient, désespérément, loin de toute terre, de tout secours. Tel était le cas de l'embarcation commandée par Geo Rose avec à bord Ben Coutts, l'homme sans nez, Miller, quelques Anglais et l'Italien qu'ils avaient tiré du flotteur après la disparition nocturne de ses compatriotes. Malgré le rudimentaire paillet Makarov [1] constitué par un paquet de cordages, l'eau continuait à s'infiltrer par le fond de l'embarcation et la mer était assez mauvaise dans leurs parages. Lentement, sans espoir, la journée du lundi 14 s'écoula. Même le joyeux Ben Coutts s'était tu. L'euphorie du début de se retrouver sain et sauf avait fait place à l'abattement. Ils ne s'occupaient même pas de la voile, inutile ; elle ne servait guère qu'à les protéger un peu des rayons du soleil tropical.

La nuit vint et les heures pour ceux qui ne pouvaient trouver le sommeil se traînèrent comme si on en avait compté les minutes, distillé les secondes. Le dernier Italien était mort, un des sept Anglais aussi. On bascula leurs cadavres par-dessus bord. Cela faisait trois jours et trois nuits qu'ils croupissaient sur cette embarcation crevée.

L'aube du 15 septembre parut enfin ; et tous, à bord, crurent être la victime d'un mirage : autour d'eux, il y avait cinq, six chaloupes remplies de naufragés. Était-ce possible ? Quand ils entendirent les voix des hommes — des Italiens pour la plupart — ils n'eurent plus de doute. Par miracle, pendant la nuit, les courants les avaient poussés vers cette zone de rassemblement. L'embarcation la plus proche était un canot à moteur mais, faute de combustible, il était immobilisé. Un Britannique entouré d'Italiens paraissait en être le chef. Rose lui demanda :

— Beaucoup de prisonniers ?

— Oui, trop, reprit l'Anglais. Beaucoup trop.

— Transbordez-les sur notre canot. Nous avons quelques provisions. Nous les leur laisserons. Nous, nous irons avec vous.

— D'accord, s'ils acceptent.

Ils réussirent à persuader ces Italiens sans volonté. Les deux embarcations se mirent flanc à flanc. Les premiers allaient passer dans le canot crevé de Rose quand tous virent un sous-marin s'approcher, stopper. Il y avait sur le pont beaucoup de rescapés demi-nus, la tête couverte d'un mouchoir noué aux quatre coins. Ils circulaient au milieu des marins allemands reconnaissables à leur calot, à leur condition physique parfaite. Hartenstein, du haut de la baignoire, cria : « Votre position est connue. Vous allez recevoir du secours ! » Puis, il s'éloigna... Sans doute avait-il jugé que d'autres naufragés avaient plus besoin de lui que ces hommes affairés à un transbordement.

Le canot dans lequel se retrouvèrent Rose, Ben Coutts et Miller était en meilleur état que celui qu'ils avaient abandonné et qui, maintenant, s'éloignait avec son chargement d'Italiens. Il possédait en outre un moteur, inutilisable faute d'essence, un petit poste de T.S.F. et une voile.

---

1. Enorme bouchon fait de cordage d'étoupe compressée qui servait à aveugler les voies d'eau. C'est une invention du vice-amiral Serge Makarov, né à Nicolaïev en 1848, mort à Port-Arthur en 1904 sur le *Petropaulosk*.

Normalement, le canot devait contenir vingt-quatre personnes. Or, ils étaient 52. Le vent, les courants, les éloignèrent des autres embarcations vers le N.-E. Ils savaient que la côte la plus proche se trouvait dans cette direction mais à quelque 600 milles, hors d'atteinte.

Ben Coutts s'allongea un instant sous les bancs du canot pour se protéger du soleil. Il souffrait beaucoup de son orteil mais jamais il ne faisait entendre la moindre plainte. Il y avait à bord une fillette inquiète de ses parents qu'elle avait perdus et un pasteur et sa femme, venant de Malte. Malade, l'épouse du pasteur s'était réfugiée à l'intérieur de la petite cabine à l'avant, à côté des approvisionnements.

Bientôt les autres embarcations furent perdues de vue et au crépuscule du 15, Ben Coutts, Miller et ses compagnons de misère se retrouvèrent seuls.

À quelques milles de là, quatre canots [1] faisaient voile les uns derrière les autres, direction Nord-Est — la côte d'Afrique —, naviguant à la limite de la visibilité ; la nuit bientôt les isola sur l'océan. Buckingham qui commandait l'embarcation de tête avait heureusement donné aux autres les instructions pour cette navigation de nuit.

La volonté, la compétence du troisième officier du *Laconia* l'avaient imposé comme *leader* des quatre chaloupes.

Ce lundi 14 septembre au matin, Buckingham avait estimé les chances qu'ils avaient d'être sauvés. Bien peu ! Vers l'ouest, la distance jusqu'au Brésil était d'environ 1 000 milles. Avec l'aide du courant équatorial et des alizés, il ne pouvait guère espérer faire plus de 100 milles par vingt-quatre heures. Si tout allait bien, il lui faudrait au moins dix jours pour atteindre l'Amérique. Mieux valait se diriger vers le nord-est où passaient les convois. La T.S.F. avait signalé le naufrage du *Laconia* et des avions ne tarderaient pas à survoler cette zone. Le problème de l'eau douce se posait avec de plus en plus d'acuité et il en venait à souhaiter un bon orage avec sa pluie torrentielle. La lampe à huile qui avait servi de phare fixe aux embarcations environnantes était depuis longtemps éteinte faute de combustible. On l'avait rangée dans la réserve.

À 9 heures du matin, l'officier avait fait savoir aux autres embarcations qu'il avait l'intention de mettre la voile et de s'éloigner vers le nord-est. Chacune des trois embarcations devait s'aligner sur lui et le suivre mais en s'échelonnant à une distance de 15 milles les unes des autres, avec une visibilité de 3 milles de chaque côté de la file. En prenant ces dispositions judicieuses, Buckingham espérait intercepter un convoi dont

---

1. A bord de l'un d'eux, qui d'abord avait fait route vers la Côte de l'Or, se trouvait le sergent Parker.

les veilleurs apercevraient au moins une embarcation. Il avait poussé ses précautions jusqu'à faire un inventaire général et commun des approvisionnements afin de les répartir sur une durée de trente jours. Il avait dû y renoncer. Il y avait trop peu de chose à distribuer et les réserves d'eau étaient vides dans les quatre canots. Devant ces lacunes, Buckingham en colère s'en était pris à un de ses compatriotes, l'accusant presque d'avoir gaspillé l'eau du canot. L'autre répondit par des jurons : il n'avait pas touché à l'eau alors qu'il était demeuré seul à bord avec ses 16 Italiens ! Et pourtant, Buckingham était certain que le canot n'avait pas quitté le *Laconia* sans sa réserve d'eau. Celle-ci avait donc été bue pendant la première nuit. En réalité, l'officier défendait avec conviction son bateau, son *Laconia*, estimant à priori que tout, à bord, était en ordre. Et pourtant, au fond de lui-même... Mais ces doutes, à aucun prix, il ne devrait les faire connaître.

Cette discussion avait amené une tension entre les 86 Italiens et ces 3 Anglais entassés dans l'embarcation. On s'était jeté de mauvais regards. Les Italiens avaient fait des messes basses et Buckingham avait compris que sa vie et celle de ses compatriotes étaient menacées. Comme seule arme, il possédait un couteau pliant, au fond de sa poche. Rapidement, il l'avait dissimulé sous le bordage, à l'arrière. Puis le matelot anglais et lui, allant vers l'avant, banc après banc, ils avaient ordonné à chaque homme de retourner ses poches. Plus d'une douzaine de couteaux avaient ainsi été trouvés et aussitôt jetés par-dessus bord. Si Buckingham avait conservé le sien, c'est qu'il pouvait lui être de la plus grande utilité dans les jours à venir... comme instrument de cuisine !

Toutes ces précautions avaient retardé le départ et il était bien 10 heures quand le chef de la petite armada avait hissé la voile et s'était éloigné des autres canots, non sans avoir donné à chaque patron des instructions précises pour qu'ils ne se perdent pas de vue et surtout pour que les veilleurs ouvrent l'œil en quête d'un navire sauveteur. Hélas ! malgré la brise, le canot de tête était si lourdement chargé, si bas sur l'eau qu'il n'avait pu faire que deux milles dans la première heure. Après 90 minutes de navigation, Buckingham constata que, derrière lui, la mer était déserte. Aucun canot, semblait-il, ne l'avait suivi. Mécontent, il allait faire demi-tour pour donner de nouvelles instructions quand la première voile apparut à l'horizon. A 3 heures de l'après-midi, les canots voguaient en file indienne et tout paraissait aller bien à bord.

A 5 heures, Buckingham avait fait distribuer une ration de biscuits, des tablettes de lait et pour chacun un peu d'eau, la valeur d'un verre à dessert.

Et la nuit était arrivée, apportant un peu de fraîcheur à ces malheureux déshydratés par le soleil implacable. Penchés sur l'habitacle, la figure éclairée par le reflet jaune phosphorescent, dans le feu des explications que leur donnait Buckingham sur l'utilisation du compas, les Anglais oublièrent un instant leur situation.

Aucun des passagers de l'embarcation ne pouvait dormir, car la mer secouait ferme, et pour redresser le gouvernail, il fallait se mettre à plusieurs pour agir sur la barre. Épaules contre épaules, dos contre dos, jambes emmêlées, beaucoup debout, ils étaient si intimement liés les uns aux autres que si l'un deux sommeillait, il ne tombait pas. L'eau n'embarquait plus et il n'était plus besoin d'écoper.

Un peu avant minuit, Buckingham, estimant que tout était en ordre et que le cap était bon, quitta la barre pour la confier au timonier britannique. Il regarda derrière lui et il lui sembla que le sillage phosphorescent ne disparaissait qu'avec une extrême lenteur. On lui fit place sur un coin de banc, et là, entre deux inconnus, il sommeilla une heure, peut-être plus...

XIV

MEETING DE SOUS-MARINS SUR L'ATLANTIQUE

*A bord de l'*U 156, *15 septembre, 3 h 40.*

Cette nuit a été plus calme que la précédente. A bord, Anglais, Italiens, Polonais sont groupés par nationalité et certains ont pu dormir quelques heures. Les femmes sont dans les couchettes des officiers et, comme elles sont servies par des matelots — eux-mêmes amusés de cette situation inattendue —, ayant retrouvé leur équilibre si ce n'est leur coquetterie, elles se laissent dorloter.

Werner Hartenstein sommeille assis sur le bord de la baignoire. Il tient, avec du café, quelquefois un cigare.

Un matelot lui apporte un message du B.d.U. Alors, il se secoue, descend dans le kiosque et lit :

> « *Pour le groupe* Laconia. *Avisos coloniaux* - Dumont-d'Urville - Annamite - *arriveront probablement matinée du 17.9. Croiseur de la classe* Gloire *vient à grande vitesse de Dakar. Ci-après instructions pour contact :* 1° *Rencontre seulement pendant la journée. Arborer pavillon national en tête. Projecteur E.S.* - 2° *Une heure avant d'arriver sur place, émettre un F.T. sur 600 mètres commençant par "p p" ensuite 4 groupes de 5 lettres parmi le cinquième groupe avec lettres "N R C H".* »

Hartenstein est satisfait. Il voit le bout du tunnel, encore lointain hélas ! pas avant le 17 au matin ! Encore quarante-huit heures avant de pouvoir passer tous les naufragés à un grand navire. Alors il repartira vers le sud pour continuer sa mission. Schacht et Würdemann de leur côté arriveront bientôt sur les lieux, lui donneront un coup de main. Hartenstein remonte dans la baignoire, regarde maintenant avec plus de sérénité le ciel où se déplacent avec lenteur sur la nuit lumineuse de légers nuages blancs. Parfois il croit entendre un bruit de moteurs... Des avions britanniques ou américains ? S'ils venaient le bombarder alors que le sous-marin, long fuseau d'acier, se détache sur l'eau immobile avec, autour de lui, ces embarcations et ces radeaux ! L'officier commence à regretter son message en clair et en anglais demandant du secours. Oui, il aurait dû avant de le transmettre demander l'accord du « Lion », plus averti que lui, simple officier de marine sans expérience politique. S'il n'a reçu aucune observation, il devine qu'il est désavoué par le silence de tous, celui de son chef, l'amiral Karl Dönitz, celui des Alliés. Seul ici, dans la nuit, il supporte outre le poids de la fatigue, peu de chose, celui de la responsabilité qu'il a prise devant son supérieur et ses hommes. S'il se sent coupable d'imprudence devant le premier — a-t-il réellement désobéi ? —, il éprouve vis-à-vis des autres un sentiment d'apaisement et même de fierté.

Il a maintenant hâte de voir arriver Würdemann et Schacht. Quoique son tempérament de chef autoritaire répugne à demander conseil à ses collègues, il pourra du moins discuter de la situation et surtout répartir les naufragés. Son sous-marin contient plus de 200 personnes et il hésite à faire un exercice de plongée comme la nuit précédente.

Enfin le jour paraît et Hartenstein peut apercevoir une dizaine de canots groupés à quelques milles. Aucun nageur. Ceux qui n'avaient pu se hisser sur une épave, un radeau ou un canot sont morts. Des cadavres, en partie dévorés par les requins, flottent çà et là.

Hartenstein fait distribuer du café, du thé, de la soupe — le cuisinier est à bord l'homme le plus occupé —, puis il fait venir le chef d'escadron Wells.

— Mon sous-marin a trop de monde pour plonger. D'autre part, je voudrais encore embarquer des femmes et des enfants et quelques hommes blessés, qui ont passé deux nuits dans les canots. Je demande des volontaires pour débarquer de mon bateau et prendre leur place.

— Oui. D'abord moi. Je suis demeuré assez longtemps sur votre sous-marin et je vous en remercie.

— C'est bien. Réunissez les volontaires sur le pont, dans cinq minutes.

Quelques instants plus tard, douze hommes se retrouvent groupés devant Hartenstein. Wells est au premier rang.

— Non, pas vous. Vous resterez avec nous — et comme l'officier britannique s'étonne, Hartenstein ajoute : Vous êtes encore trop malade et vous ne pouvez débarquer dans cette tenue !

Le chef d'escadron avait toujours pour tout vêtement la robe du soir enroulée en guise de ceinture !

Parmi eux se trouvait « Ronny » Nice. Hartenstein l'aperçut, lui sourit. Comme l'Anglais allait prendre place dans le canot de sauvetage, Hartenstein lui cria : « C'est la guerre[1] ! »

1. Dit en français par Hartenstein.

Quelques femmes et hommes blessés venus des canots montèrent à bord de l'*U 156*. Parmi eux se trouvait un aumônier qui avait perdu un œil dans le sauvetage. Comme son autre œil avait une vision pratiquement nulle, il était aveugle. Jamais on ne devait entendre une plainte sortir de ses lèvres qui n'exprimèrent que remerciements pour les soins qu'il avait reçus. Ce fut lui qui dit les prières des morts lors de l'immersion d'un Anglais mort pendant la nuit. Cette dramatique cérémonie devait se répéter plusieurs fois...

11 h 32.

« A 263° bâbord, bâtiment en vue », crie un veilleur.

Immédiatement, Hartenstein dirige ses Zeiss vers le point désigné. En effet, c'est bien un navire qui se dirige vers l'*U 156*. Si c'était un destroyer ennemi ? Le petit pincement au cœur disparaît vite. Hartenstein a trop l'habitude des silhouettes, du comportement des navires pour ne reconnaître aussitôt qu'il s'agit d'un U boot. Tous les regards se portent vers le sous-marin. Qui est-ce ? Würdemann ? Schacht ? Würdemann est plus près. C'est bien l'*U 506*. Bientôt il vient se ranger le long de l'*U 156* et Hartenstein peut voir le sourire amical de son commandant, ses sourcils noirs, épais, sous la casquette blanche.

— Je n'ai pu arriver plus tôt, crie Würdemann, comme s'il avait à s'excuser.

— J'ai torpillé le *Laconia*, 20 000 tonnes, explique Hartenstein, malheureusement, trois mille...

Würdemann interrompt son ami dont il devine la fatigue. Il ne voit que son nez d'aigle, ses pommettes saillantes sous les joues creuses, barbues.

— Je sais, j'ai capté tes F.T., ceux du B.d.U. Combien as-tu de naufragés sur ton yacht ?

— Exactement 263.

— Parfait, j'en prends la moitié, 131, plus un... C'est bien mon tour. Passe-moi uniquement des Italiens. Mieux vaut les séparer des Britanniques.

— Quand nous aurons fini le transbordement, tu viendras faire une partie de cartes avec moi, conclut Hartenstein en riant.

Würdemann est un des meilleurs joueurs de bridge de toute la flotte sous-marine.

Maintenant les deux sous-marins sont flanc contre flanc, à transborder des naufragés de l'*U 156* sur l'*U 506*. Ce n'est pas une petite affaire car les deux bâtiments parfois se séparent malgré les amarres, les gaffes qui les maintiennent. Il faut attendre que le creux disparaisse. Les rescapés sont maladroits pour sauter d'un bâtiment à l'autre.

Enfin, à 13 heures, le transbordement est terminé et Hartenstein envoie un premier F.T. au B.d.U. :

« 11 h 32 - 7721 - rencontre avec U 506. Transbordé 132 Italiens. 131 naufragés gardés. »

Würdemann de son côté rendait compte :

« 13 h 02 - Transfert terminé - Vais sur le lieu du naufrage. »

Pas question de se rendre visite et encore moins de taper la carte ! Aussitôt, les deux sous-marins se séparèrent et partirent à la recherche d'autres naufragés.

A 16 h 12, Hartenstein repérait encore un canot si bas sur l'eau que son bordé émergeait à peine. Il se dirigea vers l'épave qui au premier abord semblait vide. Quelques hommes évanouis reposaient dans le fond rempli d'eau. Ils étaient glacés. Les marins les tirèrent de là, les descendirent dans le sous-marin pour les mettre à nu, les frictionner, leur donner une boisson chaude. Une heure plus tard, ils n'eussent plus trouvé que des cadavres tant ces malheureux étaient à bout de forces. Leur lourd canot fut vidé, retourné. La fissure colmatée, il fut amarré à l'arrière, à la suite des autres. Ce sauvetage prit une heure et ceux qui y participèrent sous un soleil de plomb, secoués par la houle, rentrèrent à bord exténués.

En fin d'après-midi, Hartenstein fit son compte : il avait à bord 55 Italiens et 55 Anglais dont 5 femmes. Le nombre des naufragés à bord changeait souvent avec les hommes valides remis dans les embarcations tandis que les blessés venaient se faire panser.

Ainsi, à 19 h 43, il avait fait remplir le dernier canot en remorque d'Anglais et d'Italiens, leur avait donné vivres et eau potable, puis l'avait lâché. Tous ces détails, Hartenstein les consignait sur son livre de bord, le soir, après avoir rendu compte au B.d.U. par F.T. Ses derniers messages devaient donner son point, le soir à 21 heures — 4° 46 Sud - 11° 50 Ouest et rendre compte d'un dernier canot trouvé à 21 h 50.

Enfin, à 23 h 24, il signalait : *« Stoppé. »*

Dès qu'il se fut éloigné de l'*U 156*, Würdemann s'était dirigé vers une embarcation qui paraissait en difficulté. Les naufragés y étaient entassés à plus de cent. Il s'approcha. A l'avant de l'*U 506*, le matelot Rüter se tenait prêt à lancer un filin dès qu'il se trouverait à portée.

— Que les femmes et les enfants embarquent d'abord ! cria Würdemann du haut de la baignoire.

Or, un mouvement de panique se produisit à bord du canot. Un naufragé cria : « Je ne veux pas me séparer de ma femme ! » Un autre dit en écho : « Moi, de ma fille ! Vous êtes des barbares ! »

— *Bloody Jerries !*

Würdemann savait que les Français appelaient les Allemands « Boches » et les Anglais « Jerries » alors qu'eux-mêmes qualifiaient les Britanniques du nom de l'animal le plus apprécié en Allemagne, le cochon. Il n'ignorait pas les effets de la propagande mais jamais il n'eût imaginé pareille terreur.

— Stop.

Le canot était maintenant le long du bord.

— Embarquez les femmes et les enfants... Rassurez-vous, on ne vous fera pas de mal. Nous allons vous ravitailler, cria-t-il en anglais.

Schulz, le II.W.O., aidait une femme à embarquer. Elle pouvait avoir trente ans et ses cheveux mouillés, défaits, sur ses épaules, ses yeux hagards lui donnaient l'air d'une folle. Schulz lui montra du doigt la tour où se tenait Würdemann, l'échelle de fer à laquelle il fallait grimper. Alors la femme tomba à genoux et, se tordant les mains, entre deux sanglots, elle s'écria :

— *Kill me ! Kill me*[1] *!*

Tous ceux qui étaient présents, y compris quelques Anglais, se mirent à rire. Alors, un peu confuse et à moitié rassurée, la femme se releva.

Glasow, en excellent anglais, lui dit en riant :

— Nous ne tuons ni femmes ni enfants, Madame. Venez plutôt vous reposer.

Cet incident avait détendu l'atmosphère. Si, au début, les Anglais riaient « jaune », maintenant, avec leur sens de l'humour, comprenant que le *Jerry* paraissait sincère, ils se déridaient franchement.

Würdemann fit descendre femmes et enfants dans le sous-marin. Ils furent logés dans le minuscule carré des officiers-mariniers. C'est Glasow qui dirigeait les opérations de distribution de vivres. Une femme alla jusqu'à lui faire part de ses ennuis intimes mais on n'avait rien prévu à bord pour ce cas exceptionnel ! Bientôt, les enfants commencèrent à courir dans la coursive centrale malgré son encombrement. Une petite fille de douze ans, espiègle, trouvait l'aventure très drôle et tentait des conversations avec des marins qui rassemblaient quelques mots d'anglais appris à l'école. Pendant ce temps, sur le pont, on continuait à embarquer Anglais et Italiens ; ceux-ci étaient les plus mal en point, les plus mal vêtus : une chemise en lambeaux ou un tricot. A ceux qui avaient le derrière nu, les matelots donnaient des caleçons. Würdemann avait fait préparer de grands plats de macaroni et on dut les mettre à la rai-

---

1. « Tuez-moi ! Tuez-moi ! »

son, car ils se jetaient dessus. L'équipage eut également ce soir-là, des macaroni à dîner, ce qui provoqua divers quolibets à propos de ces « patates Mussolini » !

Malgré la vitesse réduite du sous-marin, l'eau embarquait entre les deux coques et même parfois submergeait l'avant, obligeant les naufragés à se cramponner à tout ce qui leur tombait sous la main. Pour passer la nuit, Würdemann les fit descendre dans le submersible, puis il continua à naviguer sur les lieux du naufrage, repêchant par-ci par-là quelques passagers du *Laconia*. L'*U 506* contenait au matin plus de deux cents personnes !

Ce même 15 septembre, un peu après 14 heures, Schacht qui filait 15 nœuds avait aperçu la première embarcation à voile à 225° dans le carré 7473. Il avait aussitôt mis le cap dessus. Il ne l'avait pas encore rejointe qu'un veilleur signalait un deuxième canot dans l'azimut 260°.

A 14 h 35, l'*U 507* venait se ranger le long du premier canot. A bord, il y avait 35 Italiens, 20 Anglais et 4 Polonais. Certains Anglais étaient armés et Schacht devina qu'une lutte avait opposé Anglais et Italiens lors du naufrage. Les Britanniques, en voyant le sous-marin approcher, manifestèrent une légitime frayeur.

Schacht ordonna aux naufragés de monter sur son sous-marin. Non sans appréhension, ils mirent pied sur le pont de l'U boot. On leur distribua aussitôt de la soupe, des cigarettes, on pansa les blessés. Les Italiens étaient en piteux état. Ils se montrèrent menaçants envers les Polonais et Schacht dut intervenir pour ramener l'ordre. Le commandant du sous-marin comprit qu'il lui faudrait imposer une discipline de fer et d'abord les séparer. Il ordonna aux Italiens de descendre dans le bâtiment alors qu'Anglais et Polonais devaient rester sur le pont. Le lieutenant Scherraus qui parlait admirablement l'anglais releva les noms et commença à interroger les Britanniques sur les conditions du naufrage. Il se heurta à un mutisme absolu, à un mauvais vouloir concerté. Schacht fit habiller avec des vêtements de ses hommes les prisonniers libérés.

Pendant ce temps, le canot de sauvetage vide, pris en remorque, l'*U 507* se dirigeait vers la deuxième chaloupe alors qu'une troisième était en vue dans l'azimut 160°. Schacht porta secours au canot le plus proche, le deuxième aperçu. Il lui sembla distinguer deux femmes. A 15 h 04 il l'abordait. Sur ce canot, il y avait bien deux femmes avec 31 Italiens et 24 Anglais. Les naufragés ravitaillés, Schacht se dirigea vers le troisième, puis vers le quatrième. Les embarcations étaient prises en remorque. Malheureusement, entre la deuxième et la troisième opération, l'aussière se rompit et on perdit du temps pour la repêcher, en frapper une nouvelle et repartir.

A 17 h 55, Schacht signalait au B.d.U. qu'il avait à son bord 153 rescapés : 149 Italiens et 4 Anglais dont les deux femmes et un officier de la R.A.F. et l'officier de navigation et d'artillerie du *Laconia*. L'officier de la R.A.F. était Smith, l'officier de navigation Buckingham, les deux femmes, Mrs. Davidson et Mrs. Walker.

L'inquiétude de Mrs. Walker devenait angoisse chaque fois qu'un radeau ou un canot de sauvetage était en vue. Elle montait jusque dans la baignoire de l'U boot et Schacht qui, lui aussi, avait des filles un peu plus âgées, et y pensait, prêtait à Mrs. Walker ses jumelles Zeiss... Hélas ! Doreen n'était pas là, jamais[1]...

Les canots ramassés par Schacht n'étaient autres que les quatre embarcations dont Buckingham était le *leader*.

Au matin du 15 septembre, Buckingham les avait retrouvées, naviguant au mieux, derrière lui. C'est à midi qu'il avait aperçu sur tribord à 2 milles un sous-marin. A toute vitesse, il faisait route vers lui. Quand le bâtiment n'avait plus été qu'à un mille, l'Anglais avait cru reconnaître à sa silhouette un submersible italien. Il en avait eu la certitude quand il avait vu sur le pont les uniformes des officiers, leurs casquettes blanches. Et son cœur avait battu très fort car il ne voulait à aucun prix que les 86 Italiens qui l'entouraient apprissent que des compatriotes étaient si près d'eux. Si le submersible accostait, les rôles seraient inversés, les prisonniers libérés et lui, Buckingham, et ses deux compagnons prisonniers. Malgré son désir d'être ravitaillé, il poussa un soupir de soulagement quand il vit le sous-marin s'éloigner avant qu'à bord du canot un prisonnier soupçonnât la vérité[2].

Peu de temps après, ils avaient entendu un bruit de moteurs d'avion. Tous avaient regardé un ciel sans nuages, d'un bleu blanchâtre. Ils n'avaient rien vu et le bruit s'était atténué dans la direction du nord-ouest. Quelle pouvait bien être la nationalité de cet avion ? Allemand ? Italien ? Non. Ils étaient trop loin de leurs bases. L'appareil portait certainement les cocardes britanniques et il devait chercher les sous-marins allemands ou les naufragés du *Laconia*, peut-être les deux... Le pilote avait dû voir les canots et allait signaler leur présence. Buckingham avait donc eu raison de prendre la direction nord-est... Cette pensée lui avait donné l'espoir d'être bientôt sauvé.

A midi, il s'était retrouvé seul sur l'océan avec une unique embarcation en vue, loin, très loin derrière lui... Qu'étaient devenues les autres ?

---

1. Mrs. Jane Walker ne devait jamais revoir sa fille ni connaître, malgré ses recherches, les circonstances de sa disparition.

2. Cette rencontre avec le sous-marin italien est donnée selon le récit de Mr. Buckingham. Comme nous relevons, dans le livre de bord du *Cappellini*, que le premier canot rencontré le fut le 16 à 8 heures et qu'il fut arrêté par le commandant Revedin, nous pensons que Buckingham s'est trompé et que c'est un sous-marin allemand qu'il a rencontré.

Suivaient-elles ? Il était environ 4 heures de l'après-midi quand le timonier avait signalé un sous-marin sur l'arrière. Il avait le cap sur eux et marchait vite. Sur la tour, un officier faisait un geste significatif : « Amenez votre voile, stoppez. » Buckingham fit comme s'il ne comprenait pas, mais cette velléité de résistance ne le mena pas loin. Le sous-marin le dépassa et se mit en travers de sa route. Il ne restait plus à l'Anglais qu'à amener sa voile, ce qu'il fit. Cette fois, c'était bien un sous-marin allemand, l'*U 507*. Peint sur la tôle du kiosque, un chien faisait le beau, ce dessin imitait d'assez loin les dessins animés américains [1]. Derrière lui, 3 canots de sauvetage en remorque étaient remplis de naufragés. Un lieutenant barbu, le jeune Scherraus, avait aussitôt donné des ordres à Buckingham.

— Embarquez tous sur le sous-marin.

Quand les 86 Italiens et les 3 Anglais furent rassemblés sur l'arrière du bâtiment, des hommes les fouillèrent avant de les faire passer à l'avant. Là, dans de grands chaudrons, une soupe chaude leur fut distribuée. Chacun eut sa gamelle. Jamais ils n'avaient mangé de soupe aussi bonne ! Les Allemands remarquèrent la maigreur des Italiens, leurs yeux hagards, leurs joues creuses, bleuies de poils, leurs cheveux rasés qui les faisaient ressembler à des forçats évadés.

Les trois Britanniques ne pouvaient oublier qu'ils se trouvaient en face d'ennemis mais ceux-ci, pour le moment, ne s'occupaient que des naufragés. Buckingham, sur le pont du sous-marin, reconnut plusieurs compagnons du *Laconia* sauvés avant lui. Il avalait sa soupe avec délices, sans se préoccuper de rien d'autre, quand il sentit une main qui lui touchait doucement l'épaule.

— Vous êtes un officier du *Laconia*, le commandant veut vous parler. Venez sur la tour.

Jamais Buckingham ne put savoir comment les Allemands avaient deviné qu'il était officier alors que ses vêtements consistaient en un unique pantalon de toile en fort mauvais état ! L'Allemand, Buckingham le constata avec non moins de surprise, était vêtu d'un *battle-dress* britannique et parlait parfaitement l'anglais ! Plus tard, il devait apprendre qu'il était mécanicien à bord et qu'il se nommait Feldmann.

— Comment avez-vous pu savoir que j'étais officier ?

Buckingham oubliait un moment qu'il était prisonnier. On ne lui répondit pas. Il grimpa sur l'échelle de fer jusqu'à la baignoire et se trouva en présence du commandant ennemi, un homme de taille moyenne qui, les mains dans les poches, se tenait négligemment appuyé à la tôlerie. Sa casquette de toile blanche tirée en arrière rabattait deux grandes oreilles. Buckingham remarqua ses lèvres tombantes, irrégulières, un peu

---

1. Ces dessins, peints sur le kiosque, changeaient souvent.

moqueuses. Cette apparence nonchalante fut aussitôt démentie par les paroles sèches du commandant Schacht :

— Nous savons que vous étiez officier à bord du *Laconia* qui transportait des prisonniers italiens. Or, plusieurs d'entre eux se sont plaints de mauvais traitements que vous leur avez fait subir. Est-ce exact ?

— Je n'en ai aucune connaissance : en tout cas, je puis vous affirmer qu'ils ont été traités avec humanité, comme des prisonniers de guerre.

— Certains m'ont affirmé que les gardes polonais — sous votre responsabilité — avaient tiré sur eux, leur avaient donné des coups de baïonnette pour les empêcher de sortir de leur prison flottante.

— Ils ne peuvent avoir tiré sur eux. Ils étaient dépourvus de munitions.

— Nous verrons cette question plus tard. Mon rôle ici est de porter secours à tous les naufragés sans distinction de nationalité. Quelle était la position du *Laconia* quand il a été torpillé ?

— Je ne sais exactement mais je puis tenter de la calculer approximativement d'après la position de mon canot et le temps que j'ai mis pour parvenir au point où vous m'avez trouvé.

— C'est bon. Je vais prendre le même chemin que vous pour parvenir au lieu du naufrage.

Pendant ce temps les matelots faisaient monter sur le pont les survivants d'un cinquième canot. Il y avait maintenant foule sur le bâtiment. On s'interpellait en quatre langues : anglais, italien, allemand, polonais. Les Italiens, considérés comme des enfants par les marins allemands et traités comme tels, faisaient le plus de bruit. A part quelque rancœur violemment exprimée envers leurs gardes polonais, ils se montraient secourables envers les femmes et les enfants britanniques. Certains Polonais parlaient un mauvais allemand, quelques membres de l'équipage de la province de l'Oberschlesien un mauvais polonais. Des conversations aidées de gestes s'engagèrent.

Buckingham, demeuré dans la baignoire auprès des officiers allemands, fut pourvu d'une paire de jumelles.

— Signalez-nous tout naufragé isolé, tout radeau, lui ordonna Scherraus.

C'est alors que la remorque de l'un des canots s'était rompue. L'officier anglais avait vu la figure du commandant changer. Il parut très contrarié par ce contretemps qui obligea le bâtiment à stopper.

Un quart d'heure plus tard, on repartait à vitesse réduite.

— Qu'allez-vous faire de nous ? osa interroger Buckingham.

— Vous transborder sur un autre navire.

— Lequel ?

On ne lui répondit pas. Il se retourna vers l'officier de quart, Scherraus.

— Nous avons entendu les moteurs d'un avion, ce matin.

— Oui, c'est un avion appartenant à un de nos bâtiments.

Buckingham, déçu, cessa ces questions inutiles. Il était d'ailleurs persuadé qu'on lui avait dit la vérité au sujet de l'avion puisque, manifestement, à bord du sous-marin, aucun veilleur ne s'occupait de ce qui pouvait se passer dans le ciel.

Buckingham ne pouvait pas savoir qu'en ce moment même Schacht commettait une grave imprudence : chargeant son bâtiment outre mesure, ne s'occupant que des naufragés et uniquement des naufragés, il risquait de se voir attaqué et coulé sans être en état de plonger. En voyant cette fourmilière d'hommes sur le pont, ces rescapés, ces femmes qui, sans la moindre discipline, envahissaient tout son navire, depuis la salle des Diesel jusqu'au central, où on pouvait à peine poser le pied, Schacht comprit le danger. Il était 18 h 38 quand le klaxon retentit. Exercice de plongée. Tous ceux qui se trouvaient à l'extérieur descendirent et se tassèrent encore. Les canots furent largués après que Schacht eut fait savoir aux naufragés qu'il faisait un essai de plongée et qu'il allait revenir. Tout se passa bien grâce à Peter Ahlfeldt, ce jeune Hambourgeois de vingt-sept ans qui connaissait admirablement son métier d'ingénieur et de marin. On refit surface, on reprit les embarcations en remorque...

Il ne se passa plus rien jusqu'à la nuit qui s'écoula sans incident.

A l'intérieur du sous-marin, Mrs. Davidson et Mrs. Walker, quelques autres femmes et enfants avaient pris possession des couchettes des officiers et des hamacs des marins. Les deux femmes pouvaient à peine bouger tant leurs membres leur faisaient mal. L'aviateur Smith, on ne sait pour quelle raison, dit qu'il était l'époux de Mrs. Walker. De temps à autre, on voyait l'aviateur, qui avait remis de l'ordre dans sa toilette, avait peigné sa barbe, ondulé ses cheveux, se diriger vers les couchettes et aller dire quelques mots d'encouragement à Mrs. Walker.

Mrs. Davidson, quand elle y avait pris pied, s'était presque évanouie sur le pont du sous-marin. Le commandant Schacht avait alors donné le choix aux deux femmes :

— Vous pouvez retourner avec les hommes rescapés sur votre canot que j'ai pris en remorque ou demeurer, cette nuit, à bord du sous-marin. C'est ce que je vous conseille. La mer va devenir mauvaise.

Elles hésitaient encore quand Smith leur avait conseillé :

— Vous feriez mieux de rester sur le sous-marin. Moi, si on m'y autorise, je resterai également.

L'ingénieur Peter Ahlfeldt les avait aidées à se glisser à travers l'étroite ouverture circulaire, à descendre l'échelle à la verticale. A peine installées, le commandant de l'*U 506* était venu leur rendre visite, accompagné d'un matelot :

— Voici mon *boy*. Il sera à votre disposition. D'abord, il va s'occuper de faire sécher vos vêtements. On vous donnera du savon pour vous laver, un peigne pour vous coiffer, des tablettes de chocolat. Vous n'avez qu'à demander. Tout ce qu'on pourra faire pour vous sera fait...

Avant de les quitter, il avait ajouté :

— Un grand bateau de sauvetage a été alerté. Il vous prendra bientôt.

Puis, regardant leur nez, leurs joues rouges et pelées par les coups de soleil, il avait souri :

— Je vais vous faire donner du *cold-cream* pour vos visages.

Mrs. Davidson, devant l'amabilité du commandant allemand, lui avait demandé :

— J'ai perdu ma fille Molly, pendant le naufrage. Je sais qu'elle a pu s'embarquer sur un canot. Ne serait-elle pas à bord ? Je ne l'ai pas aperçue.

— Non, elle n'est pas à mon bord. Mais je vais interroger les rescapés et, si je puis avoir de ses nouvelles, je vous les donnerai.

Il ne restait plus aux deux femmes qu'à se restaurer, à se laver, à se peigner pour passer une bonne nuit dans le sommeil. Ce qu'elles firent... Terrassées de fatigue, elles s'endormirent vite.

XV

BOMBARDÉS PAR UN LIBERATOR

Mercredi 16 septembre 1942.

A bord de l'*U 156*, Hartenstein a des ennuis. La soupape III du Diesel est faussée depuis 4 heures du matin et malgré la réparation de fortune faite par l'ingénieur Polchau, la vitesse de l'U boot en surface est maintenant réduite. Hartenstein en a prévenu le B.d.U. par un message :

« *J'ai besoin d'une tête pour soupape III Diesel.* »

Il a aussi rectifié la position du sauvetage précédemment donnée et qui est fausse, ou plutôt qui s'est déplacée avec les canots. C'est le carré 7752 et non plus le 7721. Il signale aussi qu'il a parcouru 15 milles la journée du 15, direction Nord-Ouest et que l'*U 156* se trouve dans le carré 9933.

L'officier n'a pas oublié une de ses missions : renseigner le B.d.U. sur les mouvements des navires ennemis et il a interrogé un officier de la Royal Air Force. Ainsi il a appris qu'il y avait une base américaine à Freetown, à Tocoradi un aérodrome civil. Rien dans l'île Ascension pas plus qu'à Sainte-Hélène. Ces renseignements ont été transmis boulevard Suchet par radio à 1 h 51... Hartenstein et son équipage ne dorment guère depuis le 12 septembre au soir !

A 2 h 55, il reçoit des précisions du B.d.U. sur le lieu de rendez-vous avec les Français : le F E 9695, le 17 septembre. Les navires français ne répondront pas à leur message sur 600 mètres.

Et le matin du 16 septembre, à 8 heures, Hartenstein fait le point : 4° 48 Sud - 12° 03 Ouest - carré 9697.

Dans l'azimut 340°, il aperçoit encore un canot, va vers lui et le prend en remorque derrière les trois embarcations qu'il traîne depuis la veille... Etrange cortège ! Il a toujours à son bord 55 Italiens, 55 Anglais dont

5 femmes. Il rend compte de tous ces détails par T.S.F. à l'amiral Dönitz. L'amiral, il l'imagine avec tout son état-major attendant avec anxiété ses messages radio, mais il ne se doute pas de l'atmosphère qui règne boulevard Suchet. Lui, qui est dans l'action et n'a aucun moment de répit et peu de temps pour penser, ne peut savoir la terrible inquiétude de ces hommes enfermés dans la salle des opérations surchauffée, les yeux fixés à cette carte de l'Atlantique où l'on déplace à chaque message les minuscules maquettes représentant les sous-marins engagés... Un rassemblement de U boote presque immobilisés en plein Atlantique alors que leur position est connue par l'ennemi ! Hartenstein ne sait pas que Dönitz et ses officiers ne distinguent plus la nuit du jour, qu'ils s'observent comme les membres d'une famille assemblés, guettant l'innocent télégraphiste qui doit apporter d'un instant à l'autre un petit papier annonçant la mort d'un être cher et lointain, que l'on sait perdu pour l'avoir envoyé soi-même dans un pays dont bien peu reviennent. On agit, on remue ciel et terre pour leur porter secours. Ainsi, le « Lion » est en rapport constant avec les Français pour connaître la position de leurs navires qui, maintenant, doivent foncer vers le lieu de rendez-vous. Hessler crie toujours au suicide ; il se heurte à un Dönitz inflexible qui s'est arrêté à une décision raisonnée sinon militairement raisonnable.

1° Une opération commencée ne doit être interrompue que lorsqu'elle est terminée — dans la circonstance, le transbordement des naufragés sur les navires français.

2° Maintenir au plus haut degré le moral des équipages des U boote en ne leur donnant pas l'ordre de jeter à la mer les femmes et enfants qu'ils ont sauvés, car on s'attache à ceux à qui on a donné un peu de soi.

Et pourtant, et pourtant... Dönitz n'ignore pas les dures lois de la guerre qui exigent que l'ennemi soit détruit partout et à tout heure ; il n'ignore pas que les Anglais ne sauvent que rarement les naufragés, pas plus ceux des convois de l'Arctique que ceux du *Laconia*. Un deuxième coup de téléphone du grand-quartier général du Führer parvint cette nuit-là à l'amiral Dönitz. Le capitaine de vaisseau von Puttkamer, attaché au Führer, lui faisait savoir que « s'il continuait le sauvetage, il ne devait risquer aucun sous-marin ». Comme si c'était possible de faire l'un sans l'autre ! Dönitz prend tout sous sa responsabilité ; seule, l'arrivée des Français pourra libérer les bâtiments engagés, les sauver... Mais d'ici là, que d'événements peuvent encore se passer ! L'amiral sous-marin sait que s'il perd seulement un U boot, il sera destitué, puni. Le pire peut lui arriver.

A bord du Cappellini, *16 septembre, 8 h 28.*

Le lieutenant de vaisseau Revedin sait depuis ce matin 4 h 40 par un message du Betasom que des embarcations avec des naufragés sont dispersées entre le petit carré 9871 et le 0971 et qu'elles se déplacent à la vitesse de 15 milles par jour vers le Nord-Ouest. Il doit se diriger vers le sous-petit carré 51 du petit carré 0971 où il doit rencontrer les sous-marins allemands. Il sait aussi par des messages radio reçus dans la journée du 14 et du 15 qu'un croiseur, type *La Galissonnière*, et des avisos français vont arriver pour leur donner un « coup de main ». Ainsi Bordeaux en relation étroite avec la commission d'armistice de Turin suit de près les opérations du sauvetage et le dirige avec précision vers le lieu du naufrage.

Le commandant du *Cappellini* a fait le point et l'a noté sur son livre de bord : 8 h 28 - 4° 08 S - 11° 58 O.

Un instant plus tard, il aperçoit pour la première fois une embarcation à voile rouge, très visible de loin. Le *Cappellini* s'approche. A son bord se trouvent environ 50 naufragés, soldats et marins, rien que des Anglais. Ils semblent très bien organisés et leur canot est en bon état, ils disposent d'une boussole, d'une carte et même d'un petit poste de transmission fonctionnant à pédale. Batchelor, un des sergents de la R.A.F. qui jouait au bridge avec ses camarades au moment du torpillage — un veinard qui a toujours eu les pieds au sec —, est parmi les naufragés.

— Avez-vous besoin de quelque chose ? demanda Revedin aux Britanniques.

— Oui, de l'eau.

Le commandant du *Cappellini* leur fait passer quelques fiasques remplies d'eau et même quelques bouteilles de vin.

— Y a-t-il d'autres naufragés dans les parages ?

— Oui, plusieurs canots et radeaux dans la direction où vous allez, vers le sud.

Les Anglais aperçoivent sur le pont du sous-marin un opérateur qui les filme. Propagande ? Non sans humour, ils saluent le commandant italien à la romaine et le remercient pendant que le submersible s'éloigne.

Le commandant Revedin note ce détail sur son livre de bord.

10 h 32.

Par 4° 20 S - 11° 57 O, Marco Revedin aperçoit une autre voile rouge. Il s'approche. Le canot est endommagé et son équipement presque nul. Il porte 41 hommes, tous anglais, 18 femmes et 25 enfants, tous au-dessous de six ans dont deux de quelques mois. Quand le sous-marin est à portée de voix, les femmes crient et pleurent en montrant les enfants. L'une d'elles tient dans les mains une boîte de médicaments et met en évidence une croix rouge peinte sur le couvercle.

La mer n'est pas bonne, le baromètre baisse et la chaloupe est en mauvais état. Le commandant du *Cappellini* se décide :

— N'ayez pas peur, crie-t-il. Nous ne vous ferons pas de mal. Je vais prendre à mon bord femmes et enfants... Quant aux hommes...

Il les estime trop nombreux, et lui, commandant du *Cappellini*, craint pour l'équilibre de son sous-marin ! Une femme dans l'embarcation se lève et s'écrie en italien :

— Je suis vénitienne !

« Moi aussi ! » manque de répondre le commandant Revedin, mais il la laisse parler.

— Vénitienne, mariée à un Anglais. Les femmes ici préfèrent demeurer sur la chaloupe avec leurs époux.

— Bien, que puis-je faire pour vous ?

— Nous avons besoin de couvertures pour les enfants, de l'eau et, si possible, quelque chose de chaud.

Des couvertures, les Italiens n'en disposent pas en supplément des leurs, mais ils donnent de l'eau, trois gamelles de bouillon chaud, du vin, des biscuits, du chocolat, des cigarettes. Ils font tout ce qui est en leur pouvoir pour ces pauvres gens.

— Donnez-nous une carte et une boussole, fait demander un Anglais par le truchement de la Vénitienne. Revedin ne peut satisfaire ce désir. Il leur indique la direction de la côte — à quelque 780 milles !

Les naufragés renseignent le commandant du sous-marin sur la position approximative de six chaloupes qu'ils disent pleines d'Italiens. Ici encore, les Anglais saluent à la romaine et vont jusqu'à crier : « Vive le Duce ! » Quand le *Cappellini* s'éloigne, un Britannique s'écrie en anglais : « On se reverra après la guerre. »

A bord de l'U 156, 16 septembre, 11 h 25.

Pendant que le *Cappellini* poursuit sa route vers le sud à la recherche des canots signalés, Hartenstein, le dos appuyé à la baignoire, allume son deuxième cigare de la journée. Il le fume nerveusement, par courtes et rapides bouffées ; sans le quitter, il fouille l'horizon de ses Zeiss, à intervalles réguliers, mais il n'aperçoit plus de naufragés isolés, plus de radeaux en détresse. Depuis le torpillage du *Laconia*, il a peut-être sauvé la vie à six cents naufragés. Il a hâte de les passer aux Français, d'aller enfin dormir car il n'en peut plus. Ses yeux lui font mal et il a peine à les tenir ouverts.

La mer scintille, le ciel est d'une pureté absolue...

Un veilleur signale soudain un bruit de moteurs et tous dans la baignoire pointent leurs jumelles vers le ciel. C'est bien un avion, à 70°. Il est maintenant très visible avec ses quatre moteurs. C'est un Liberator. Anglais? Américain? On ne peut savoir encore. Cet avion inconnu vient à leur secours ou tout au moins va les survoler pour repérer les embarcations alentour et demander par radio à des bâtiments alliés de rallier les lieux. Cependant, Hartenstein veut que l'équipage de l'avion n'ait pas le moindre doute sur la situation, sur ses intentions pacifiques.

— Evacuez la pièce avant. Faites la recouvrir du pavillon de la Croix-Rouge!

Aussitôt, un matelot déploie un carré blanc de deux mètres sur deux sur lequel on a cousu une croix rouge en étamine et il en recouvre la pièce de 105. Ce pavillon, Hartenstein l'a fait fabriquer dès le 13 septembre quand il a commencé à sauver les naufragés. Selon les ordres, marins et rescapés s'éloignent de la pièce qui fait penser à un cercueil couvert d'un pavillon avant l'immersion. A l'arrière, dans les canots, Britanniques, Italiens et Polonais ont levé la tête et attendent. Tous les marins allemands se sont allongés derrière la tour, sur le jardin d'hiver. Il n'est pas possible de ne pas voir cette croix rouge recouvrant le canon, sans servants, et ces hommes allongés, et les quatre canots en remorque! L'anxiété étreint les cœurs. On entend le vrombissement des moteurs qui se fait de plus en plus assourdissant. Le Liberator fait un cercle court au-dessus de l'*U 156* à environ 80 mètres d'altitude. C'est un Américain, ses étoiles sont parfaitement visibles. L'observateur doit certainement apercevoir les autres sous-marins à quelques milles de distance mais c'est le bâtiment d'Hartenstein qu'il survole à basse altitude. Un timonier est à l'appareil morse braqué vers le ciel. Hartenstein ordonne : « Signalez en anglais : ''Ici sous-marin allemand avec naufragés anglais. Y a-t-il un bâtiment de secours en vue?'' » A cadence rapide, le message est transmis.

Le pilote ne répond pas. Quelques minutes s'écoulent. Soudain, un officier anglais, en deux bonds, grimpe jusqu'à la baignoire auprès d'Hartenstein.

— Commandant, laissez-moi envoyer un morse à l'Américain. Moi, il me comprendra.

— D'accord, mais vous transmettrez ce que je vais vous dire.

Action unique dans les annales de la guerre maritime : un officier anglais sur un sous-marin allemand va envoyer un message à un allié!

Et le message part :

« Ici officier R.A.F. à bord sous-marin allemand. Il y a naufra-gés Laconia, *soldats, civils, femmes, enfants. »*

Le pilote ne répond toujours pas et le Liberator s'éloigne direction Sud-Ouest.

Chacun à bord est persuadé que l'Américain va revenir avec un bâti-ment de secours ; il faut attendre encore, avoir de la patience. Une demi-heure s'écoule. Ah ! Voici l'avion, il revient ! Lui ou un autre du même type, de la même nationalité américaine... Sans aucun doute, il va larguer médicaments, vivres et donner un message d'espoir ! Il est exactement 12 h 32. L'Américain à 80 mètres de hauteur pique vers l'*U 156* et sou-dain, avec terreur, Hartenstein aperçoit le panneau de la soute à bombes qui s'ouvre... Pas possible ! Va-t-il bombarder ? Oui, tous, Hartenstein et ses hommes sur le pont du sous-marin, les naufragés dans les embarca-tions en remorque, tous voient deux bombes sortir de la soute et tomber.

Et ce sont des cris ! Aussitôt, Hartenstein réagit :

— En avant, toute.

A l'arrière, sous la poussée, les quatre canots en remorque voient leur avant soulevé. Entraînés dans une vitesse folle, quelques naufragés effrayés sautent à l'eau. Trois secondes plus tard, les deux bombes tom-bent à la mer près de l'*U 156* et explosent, provoquant deux hautes ger-bes d'eau qui recouvrent le pont. Tous, Allemands, Anglais, Italiens, hurlent des jurons. Hartenstein manœuvre avec sang-froid, tente d'échap-per à l'avion. Aucun canot, pas plus que le sous-marin, n'a été touché et l'avion, toujours à basse altitude, moteurs au ralenti, tourne au-dessus d'eux, se préparant à exécuter une deuxième passe.

— Coupez la remorque des canots, crie Hartenstein.

Un matelot, une hache à la main, n'avait pas attendu l'ordre du commandant pour se tenir prêt à frapper. D'un seul coup, il tranche l'amarre. Les canots largués se heurtent au moment précis où une nou-velle bombe tombe et, cette fois, un canot est mis en l'air.

Au milieu d'une colonne d'eau, ses débris s'éparpillent. Mannesmann comme un fou crie :

— Commandant ! Tirez, tirez !

— Non ! Pas un homme près du canon !

Décidément, Hartenstein, pour continuer son acte de sauvetage jusqu'au bout, choisit le suicide.

Pendant ce temps, l'avion a lâché une quatrième bombe qui tombe à l'eau à 200 mètres du but... L'Américain remonte, vire de bord et, de nouveau, il va survoler le sous-marin, le bombarder. Hartenstein fume toujours son cigare, constate les dégâts : un canot détruit, un autre retourné. Les naufragés à l'eau surnagent. Quelques marins courent sur le jardin d'hiver.

— Conservez votre sang-froid, leur crie Hartenstein, et pour montrer son calme, il tire ostensiblement une bouffée de son cigare.

L'Américain revient ! Il vole à 60 mètres. N'aurait-il pas lâché toute sa cargaison ? Non. Deux dernières bombes se détachent de son ventre ouvert...

— Barre à bâbord, crie Hartenstein.

Trop tard, une des bombes tombe à la hauteur du central, tout près du sous-marin. Presque aussitôt, sous une gerbe d'eau, le pont disparaît comme l'avant d'un bâtiment quand, par mauvais temps, il pique dans la lame avant de reparaître ruisselant. A l'intérieur du submersible, femmes et enfants hurlent de terreur, certains se précipitent vers l'unique échelle qui s'ouvre sur le central ! Là, Polchau se tient, calme lui aussi, plus inquiet de ces passagers au bord de la panique que de son sous-marin. L'explosion sous-marine a eu lieu, sourde, violente, secouant le bâtiment. Que va faire Hartenstein ? Donner l'ordre de plonger avec tous ces passagers affolés ou les évacuer ?

— Voie d'eau à l'avant, signale Mannesmann qui, rapidement, bousculant les naufragés, a fait l'inspection du sous-marin.

Maintenant, Hartenstein comprend qu'il a eu tort. Il aurait dû tirer, abattre cet avion qui le survolait à 60 mètres, tournant au-dessus de lui, tranquillement. C'était si facile et il ne l'a pas fait ! Ses hommes continuent à jurer et ne comprennent plus... Lui, Hartenstein, si ardent, si combatif, il a laissé partir l'Américain !...

L'officier a cependant pris une décision : son bâtiment doit être paré à plonger, à combattre, il l'a par trop oublié ! Ces Britanniques ne valaient pas la peine d'être sauvés !

— Evacuez les naufragés... Vite..., crie-t-il à travers le kiosque et sa voix descend jusqu'au central, jusqu'à la salle des torpilles de l'avant.

— L'eau a envahi les bacs à accus et des gaz se produisent, rend compte Polchau.

Hartenstein regarde le ciel. L'avion, ses soutes vides, s'est éloigné, a disparu.

— Ouvrez les panneaux avant et arrière, ordonne-t-il sans lâcher son cigare, et faites évacuer, en vitesse.

Si les Anglais gardent leur sang-froid, sans un mot, sans un cri, même les femmes, sortent du sous-marin et sautent à la mer, les Italiens, se voyant déjà au fond de l'eau, enfermés à deux cents dans un sous-marin sans air ou encore rejetés au milieu des requins, crient, supplient. Aucun ne veut quitter le submersible et il faut employer la force. Bientôt, il n'y a plus à bord de l'*U 156* que l'équipage et l'étroit bâtiment leur semble vide. Chacun est à son poste de plongée. Tous les panneaux sont bloqués, souqués.

Polchau rend compte des dégâts :

— Périscopes faussés, coincés, bloqués. Sept cellules de batteries se sont vidées et d'autres sont endommagées. Les réservoirs d'eau des Diesel sont crevés et se vident. La T.S.F. est détruite. Appareils de sondage hors de service.

Aussitôt, chacun s'est remis au travail pour réparer.

A 13 h 45, Hartenstein écrit sur son livre de bord : « Très bon travail du personnel technique. » Et il ordonne un essai de plongée...

A 16 heures, alors que le sous-marin se trouve à 60 mètres de profondeur — et tient —, il note : « Les dommages ont été réparés selon les moyens du bord. »

A 21 h 42, il refait surface. La nuit est belle et maintenant, seul avec ses officiers et son équipage, Hartenstein respire. Il prend la direction Ouest.

A 23 h 04, le poste de T.S.F. réparé, il peut enfin rendre compte au B.d.U. de l'attaque par le bombardier américain.

> « Hartenstein - stop - Liberator américain nous a bombardés cinq fois avec quatre canots chargés malgré un pavillon avec croix rouge de 4 m² - Stop - Altitude était de 60 mètres - Stop - Les deux périscopes endommagés - Stop - Arrête sauvetage - Stop - Tout le monde enlevé du pont - Stop - Va à l'ouest pour réparer - Stop - Hartenstein. »

Ce message devait être enregistré au B.d.U. le 17 septembre à 0 h 40.

Le *U 156*, le cap à l'Ouest, ne participe plus au sauvetage des naufragés du *Laconia*.

Les naufragés qui se trouvaient dans les quatre embarcations en remorque de l'*U 156* étaient passés successivement de l'espoir d'être sauvés à la certitude de mourir sous les bombes du Liberator. L'un d'eux, le docteur Large — il n'était alors que *Able-seeman* R.N.V.R. (S. Africa) —, se trouvait dans le premier canot à côté d'un ami, le *Leading seeman* Harry Vines.

« Le temps était calme et la visibilité parfaite, devait-il nous écrire, quand le Liberator pour la première fois apparut aux alentours de midi. Le plus myope des pilotes n'aurait pas pu ne pas comprendre la réalité : un U boot avec un pavillon à grande croix rouge improvisé étendu sur le pont, son équipage loin de ses canons, les survivants entourant la tour du sous-marin, un officier de la R.A.F. faisant des signaux avec la lampe d'un appareil Aldis à l'avion alors que celui-ci volait à une altitude de 100 pieds lui confirmant ce que ses yeux pouvaient voir : un sous-marin continuant sa course avec quatre canots remplis de survivants en remorque, le premier à environ 20 *yards* de lui.

« Le Liberator alors s'en alla et soit lui, soit un autre du même type, revint quelques minutes plus tard, ouvrit ses soutes et fit trois attaques toutes par le travers gauche, toutes à vitesse réduite, toutes délibérées et à très basse altitude. Il n'y eut pas utilisation des canons ni des mitrailleuses des deux côtés. Les deux premières charges profondes dépassèrent leur but de beaucoup. Une bombe de la deuxième passe toucha l'eau à six pieds de moi, tuant plusieurs rescapés. Pendant ce temps, un matelot allemand s'était précipité et avait coupé la remorque. D'un bateau retourné, quille en l'air, j'ai pu voir la troisième attaque : des charges profondes bousculant le sous-marin et lui causant apparemment des avaries car l'huile s'échappait de ses flancs.

« Pauvre tireur d'élite ! Trois attaques sans riposte et dans des conditions idéales, et, pour unique résultat, un canot de sauvetage renversé contenant des Italiens et des alliés blessés ou malades ! Le bombardier a-t-il réellement essayé, avait-il le cœur à l'ouvrage ou était-il seulement un bombardier sans expérience ou nerveux ? Un erreur de direction lors de la première attaque est peut-être acceptable mais une erreur qui fait manquer un but aussi facile, presque arrêté, est vraiment extraordinaire[1] !... »

Et le Dr Large de conclure :

— L'homme qui a ordonné cette attaque est responsable de l'ordre *Laconia* dont le résultat fut donné à Nuremberg avec l'envoi de l'amiral Dönitz au procès où il risqua sa vie.

Miss Doris Hawkins et Mrs. Grizel Wolfe-Murray étaient à l'intérieur du sous-marin quand il avait été touché par la bombe du Liberator. A travers l'eau, les explosions avaient été terrifiantes : « Allons, évacuez. Tout le monde sur le pont. » Il n'y avait pas à répliquer. Toutes deux étaient montées par l'échelle verticale de la tour, suivies par le chef d'escadron Wells.

Hartenstein et Mannesmann étaient là.

— Je suis navré, avait dit simplement Hartenstein en mâchonnant son cigare.

Elles étaient descendues de la tour sur le pont alors que le sous-marin manœuvrait pour se rapprocher des deux canots de sauvetage pour qu'elles n'eussent pas à nager trop longtemps.

Elles s'étaient jetées à l'eau. La mer était mauvaise et dans les creux elles ne pouvaient voir que difficilement les canots cachés par les vagues. Mrs. Wolfe-Murray peinait à côté d'un officier anglais qui l'encoura-

---

1. Lettre du Dr Large de Durban (S. Af.) du 10 janvier 1960.

geait tandis que Wells aidait la *sister*. Quoique excellent nageur, il avançait d'autant moins que, d'une main, il maintenait Miss Hawkins hors de
l'eau. Ils avaient nagé ainsi cinquante minutes qui leur avaient paru un siècle.

— Je ne vous abandonne pas, disait Wells, mais nous n'avançons pas.
Je vais nager jusqu'au canot le plus proche et nous reviendrons vous
chercher.

Les deux femmes l'avaient vu s'éloigner. Cet homme âgé, malade, tendait son énergie à l'extrême limite ; il faisait de grandes brasses. Enfin
le canot fut à proximité. L'embarcation, qui ne possédait qu'un seul aviron, se rapprocha difficilement des nageurs et Wells, toujours dans l'eau,
aida Miss Hawkins à s'y hisser tandis que l'officier anglais s'occupait
de Mrs. Wolfe-Murray. La chaloupe était bondée de rescapés : 66 hommes, tous britanniques, sauf deux aspirants polonais. On fit place quand
même aux naufragés.

Maintenant, installée à l'arrière auprès de Mrs. Wolfe-Murray, Miss Hawkins regardait la houle. Le sous-marin avait disparu... Elle pensait à ceux
qui n'avaient pu, comme elle, trouver un canot et étaient morts ou allaient
périr noyés alors qu'ils se croyaient sauvés. Miss Doris ne pouvait pas imaginer le sort tragique qui l'attendait avec ses compagnons d'infortune.

La base secrète de Wideawake.

L'île d'Ascension, anglaise depuis 1815 — on pensa à cette époque
y exiler l'empereur Napoléon Ier [1] — est située à 1 330 km au nord-ouest
de l'île de Sainte-Hélène. « C'est une espèce de butte en pleine mer. Elle
est couverte d'une terre rouge, semblable à la brique pilée. Sa capacité
est un gouffre qui retentit d'un bruit sonore et confus lorsqu'on frappe
le sol des bords du volcan [2]. » Telle la virent surgir de l'Atlantique cette
forteresse rouge quand, en juillet 1942, le capitaine R.C. Richardson III
et ses camarades de E.U. Air Force y arrivèrent. Ils ne découvrirent
d'abord que des falaises abruptes, une terre aride, sèche et de grandes
étendues de lave rougeâtre, celle des volcans éteints. Pas d'eau, pas de
végétation sauf quelques points verts sur une montagne. Il y avait des
oiseaux, des milliers d'oiseaux blancs, sortes de pigeons [3] qui se ser-

---

1. On y montre une calèche envoyée par le gouvernement anglais en 1815. Elle devait
servir à Napoléon Ier. On préféra Sainte-Hélène, plus salubre.

2. Description de l'abbé La Caille, avril 1754. En français dans *Six months in Ascension*, by Mrs. Gill. London, John Murray, 1878.

3. Le nom scientifique de ces oiseaux est : *sterna fuliginosa*. Les habitants de l'île,
par onomatopée, les ont surnommés « Wideawakes » (bien éveillés). La base américaine
prit elle-même le nom de « Wideawake ».
En réalité, ces oiseaux arrivaient vers la fin de l'automne, pondaient chacun un œuf,
le couvaient et repartaient au bout de deux mois.

raient par plaques sur les rochers, sur les courtes plages, à marée basse, partout...

— Notre plus grand ennemi ici ne sera pas l'Allemand, dit Bob Richardson à son chef, le colonel James A. Ronin, mais ces bestioles. Nous allons les hacher menu avec nos hélices. Gare à la casse !

— Nous trouverons bien le moyen de les éliminer, répondit Ronin.

Les Américains avaient débarqué leur matériel en utilisant des péniches qui faisaient le va-et-vient entre le *James Parker* et la mauvaise jetée de George Town, un village anglais qui ne dépassait pas 200 habitants. Toutes les vingt minutes, une lame de fond avec des creux profonds soulevait le *James Parker*, les péniches, bousculant tout.

Il avait fallu plus d'un mois pour débarquer le matériel. Quand ils arrivèrent à la base de Wideawake, ils trouvèrent un énorme travail réalisé en peu de temps par ceux qui étaient arrivés par les transports précédents depuis le mois de mars. Sous les ordres de l'énergique général Arnold, les équipages du Génie américain, partis de zéro sur une terre désertique, rocailleuse où il y avait si peu d'eau que celle tombée du ciel était recueillie grâce à des plans inclinés, construisirent en un mois routes, pistes, hangars, magasins, réservoirs d'essence, un hôpital, les habitations sur le plateau ; entre le Pic de la Green Mountain et la mer, au sud de l'île, une petite cité militaire s'éleva. Des avions commencèrent à y atterrir et à en repartir. Les équipages dormirent dans leurs carlingues, puis sous des tentes, enfin dans des baraques.

Ascension, d'accord avec le gouvernement anglais, allait devenir la grande base de transit des avions fabriqués en série aux U.S.A., entre le Brésil où ils faisaient escale et les théâtres d'opérations du Moyen-Orient et de l'Afrique du Nord, ainsi qu'à Basra. De Basra, ils partaient pour la Russie à titre d'aide militaire. Des milliers et des milliers de bombardiers, d'avions de reconnaissance, de transport, de tous modèles, allaient y passer, les uns quelques heures, le temps de se ravitailler, de donner un court repos aux équipages, les autres quelques jours, s'ils avaient besoin de réparations.

Pour protéger l'île, l'armée américaine avait envoyé, sous les ordres du colonel Ross O. Baldwin, 1 700 officiers et hommes de troupe. Environ un tiers formaient la A.A.F. Composite Force 8012. Le colonel d'aviation James A. Ronin la commandait.

Un groupe, le principal, sous les ordres de Richardson, formait le 1er Composite Squadron avec deux escadrilles de chasse — 18 appareils P-39 D'S et une escadrille de bombardiers moyens — 5 B-25 C'S. Deux radars, un poste météorologique complétaient l'équipement. Trente officiers et 219 hommes les servaient. Leur rôle était avant tout de défendre la base d'Ascension contre un raid ou un débarquement venu de croiseurs auxiliaires allemands ou même un bombardement des réservoirs d'essence par les sous-marins du Reich.

Les Américains craignaient aussi qu'un des bâtiments de guerre français basés à Dakar ne vînt reconnaître l'île et communiquer le renseignement aux Allemands. On disait que certains officiers de marine français étaient germanophiles, en tout cas anglophobes.

Le service de renseignements sur l'île avait même la certitude qu'au milieu de septembre, l'ennemi, averti de la construction des pistes ou ayant appris, par un de ses sous-marins survolé, la multitude des avions dans ces parages — certains jours, trois cents machines touchaient l'île —, comprendrait enfin l'importance capitale de la base et l'attaquerait. Le secret, si bien gardé fût-il, ne durerait pas toujours.

Richardson et ses avions avaient donc mission de survoler la mer et d'empêcher tout bâtiment ennemi d'approcher. La réalité devait être tout autre. Beaucoup d'avions, venus du Brésil, avec des équipages de fortune, manquaient l'île ; pour la repérer il aurait fallu des marins capables de faire le point. Par radio on les entendait, sur les radars on les distinguait. A bout d'essence, ils passaient au nord ou au sud d'Ascension, dépassaient l'île, rebroussaient chemin, cherchaient ce rocher perdu dans l'Atlantique Sud. Alors les chasseurs de Richardson partaient, trouvaient les égarés, les conduisaient vers l'île où enfin, ils atterrissaient. Beaucoup furent perdus.

Richardson espérait bien un jour utiliser ses bombes, ses charges profondes, contre ces fameux U boote qu'on lui disait naviguer par meute entre Ascension et Sainte-Hélène. Il l'espérait tout en se demandant quel pourrait bien être le résultat puisque lui-même ni aucun de ses pilotes n'avaient la moindre expérience de ce genre d'attaque. Leur jeunesse, leur ardeur, leur impatience pallieraient leur incompétence. Souvent la base de Wideawake recevait des messages : passage de bateaux alliés, torpillage. Ces renseignements arrivaient du quartier général américain à Recife ou de la Marine anglaise à Freetown. L'officier de liaison britannique, W.T. Short, enseigne de vaisseau de la Royal Navy, les transmettait. Les Anglais possédaient dans l'île un poste radio, le Z.B.I. relié à Freetown, et le poste américain W.Y.U.C. contrôlait leurs informations. D'Ascension partait un câble sous-marin vers l'Amérique du Sud et les Etats-Unis. Les Américains s'en servaient pour leurs communications.

Ainsi, Wideawake Field bien équipé, bien défendu, pouvait remplir son rôle de porte-avions terrestre.

Le 12 septembre s'était écoulé dans la routine : départs, arrivées d'avions dans le vacarme assourdissant des moteurs. Pas le moindre S.O.S. Au mess, ce soir-là, comme d'habitude, on but quelques whiskies et on joua d'interminables parties de poker sans que rien ne vînt troubler personne. Short, l'Anglais, de petite taille, aux cheveux carotte, parla seulement, entre deux donnes, d'une attaque possible de l'escadre française de Vichy venue de Dakar ; il disait ses officiers germanophiles.

Les journées du 13 et du 14 s'écoulèrent. Pas d'appel. Pas de message, sauf ceux des avions qui cherchaient l'île.

Le mardi 15 septembre fut une journée très occupée à Wideawake : à 7 heures, quatre A. 20 et un Stratoliner, le dernier transportant un amiral anglais et son petit état-major, s'envolèrent vers l'Afrique, Accra...

En route, à un point situé au 4° 40' Sud, 11° Ouest, un des A. 20 aperçut deux sous-marins cap au Sud. L'avion américain se rapprocha, fit des cercles au-dessus des U boote. Ceci lui valut le feu de leurs mitrailleuses. L'A. 20 ne fut pas touché. Il signala l'attaque au Stratoliner, volant très haut au-dessus des nuages... L'information fut transmise par radio au W.Y.U.C. Moins de dix minutes plus tard, deux B. 25 du 1st Composite Squadron s'envolaient à la recherche des U boote. Sans les trouver.

Deux heures plus tard, à 12 h 10, l'officier de liaison britannique à Wideawake donnait aux Américains une information reçue de Freetown.

Pour la première fois, le nom du *Laconia* était cité : « *Laconia* torpillé à 11 h 45 par 5° 05' Sud, 11° 30' Ouest — 700 passagers à bord. Envoyons sur le lieu du naufrage navire marchand *Empire Haven* — de Tokoradi *H.M.S. Corinthian* pour opérations de sauvetage. Envoyez un avion pour protéger navires et couvrir l'opération. »

Le message ne faisait pas mention de l'appel de Hartenstein, de la présence des U boote engagés dans l'opération de sauvetage.

Parlait-il des navires de guerre français en route vers le lieu du naufrage ?

A la lecture du message, le colonel Ronin convoqua à son bureau le capitaine Richardson et le major Bone. Il les mit au courant de l'incident, lut le message. La décision fut prise. Il fallait envoyer immédiatement sur les lieux — assez vagues, il faut le dire — un avion de Wideawake. Non seulement le quadrimoteur devait survoler les bâtiments anglais, sauvant les naufragés du *Laconia*, mais empêcher la flotte française d'approcher de l'île Ascension. Ce point semblait avoir retenu l'attention du capitaine Richardson avant tout !

Les B. 25 de la base n'avaient pas une « distance franchissable » suffisante. Ronin pensa à un B. 24 récemment venu de Natal. Un de ses moteurs en flammes, le quadrimoteur avait atterri de justesse. On le réparait... Son chef pilote, le lieutenant James D. Harden, n'avait qu'une hâte : repartir, rejoindre son groupe en Afrique. En attendant, il jouait au poker avec les pilotes de la base ; son équipage, le navigateur Jérôme Perlman, le bombardier Edgar Keller, les mitrailleurs Charley et Buck... s'ennuyaient.

Le colonel Ronin convoqua James H. Harden avec le capitaine Richardson et le major Bone.

Bone prit la parole le premier :

« Lieutenant Harden, un de nos paquebots, le *Laconia*, a été coulé par un sous-marin allemand dans ces parages — l'Anglais montrait la carte de l'Atlantique sud, au mur —, il y aurait de nombreux naufragés. Deux bâtiments sont partis à leur secours : l'*Empire Haven*, le *Corinthian*. Vous allez les repérer, les protéger éventuellement contre toute attaque de sous-marins ! »

Le colonel Ronin prit le relais :

« Il y a un autre aspect de la mission. La flotte française semble avoir quitté Dakar et faire route vers le sud. Vous allez la repérer, la suivre (*shadow*). Soyez prêts à la recevoir. Vous embarquerez des bombes de contact. Ce soir, votre B. 24 sera réparé.

Richardson ajouta incidemment :

— Vous volerez à 10 000 pieds au-dessus des Français.

Le lieutenant Harden avait écouté, s'était contenu.

— Colonel, je ne dépends pas de la base. Je dois gagner l'Afrique, mon groupe, le plus tôt possible. Il ne peut être question de me donner pareille mission. Voler à 10 000 pieds au-dessus de la D.C.A. d'un croiseur français, je serai descendu au premier obus !

— Votre B. 24, réparé, est prêt, lieutenant. Vous devez obéir. Je vous donne l'ordre. Je vous adjoins un copilote de la base, le lieutenant Raymond J. Ford.

L'équipage mis au courant se montra atterré. Ils ne voulaient pas de cette mission, tous, sauf le lieutenant Kellar. Il voyait une possibilité d'utiliser ses bombes bien qu'il n'eût aucune expérience des bombes à contact.

Le matin du 16 septembre, après un court vol d'essai, le B. 24 quitta Wideawake, cap vers le nord-est.

Une heure s'était écoulée et aucun bateau ne se montrait à l'horizon. Buck demanda au lieutenant Harden l'autorisation d'essayer ses mitrailleuses lourdes. Accordé — Rafales...

Harden envisagea un instant de fausser compagnie à Wideawake, au colonel Ronin, et de rallier la côte d'Afrique.

« Rentrons à la maison ! » plaisantait Buck. Et le mitrailleur porta ses jumelles à ses yeux.

« Quelque chose là ! Voyez, lieutenant. »

Harden pointa ses jumelles dans la direction. Il y avait bien « quelque chose ».

L'approche révéla un sous-marin. Il semblait stoppé. Derrière, en remorque, quatre embarcations. — Un allemand, d'après le cahier des silhouettes !

L'équipage du B. 24 reconnut aux têtes levées vers le ciel des naufragés dans les embarcations. Harden distinguait nettement l'avant du sous-marin évacué avec le canon recouvert d'une croix rouge. Il se rapprocha, survola le sous-marin. Des signaux à la lampe Aldis partirent du kiosque. Personne, à bord du Liberator, n'avait grande expérience du morse. L'émission leur parut rapide. Le radio du B. 24 essaya d'entrer en contact avec le sous-marin. En vain, on ne se comprenait pas.

Avec stupéfaction, on vit le bombardier, le lieutenant Keller, se lever, se diriger vers l'arrière et vérifier le dispositif de lancement des bombes.

— Dois-je bombarder ? demanda-t-il par l'intercom.

— No ! répondit Harden.

— Nous pourrions faire une passe de l'arrière du sous-marin à l'avant, à 80 mètres. Je suis sûr de l'atteindre.

Le chef pilote pensait aux naufragés.

— No ! répéta-t-il.

— On pourrait mitrailler le kiosque, faire des trous. Ainsi, il ne pourrait plus plonger, insistait Keller.

— No !

Le chef pilote décida de faire demi-tour, de se rapprocher de Wideawake afin d'être à portée de radio... Au colonel Ronin, au capitaine Richardson, il expliquerait ce qu'il avait vu.

A ce moment, les naufragés du *Laconia* pensèrent à un secours possible.

La discussion entre le colonel Ronin et le capitaine Richardson fut de courte durée.

— Il y a deux solutions, dit le colonel : ou nous laissons le sous-marin à son curieux sauvetage et le Liberator rentre à sa base. Alors l'U boot pourra continuer à couler du tonnage allié, en commençant par l'*Empire Haven* qui doit être dans les parages, ou le détruire et ce sera un ennemi de moins. Qu'en pensez-vous, Bob ?

Le colonel avait l'habitude de consulter ses subordonnés, ensuite il prenait sa décision seul.

Le jeune Richardson — il avait vingt-quatre ans — fonça.

— Je suis d'avis de le couler. Il ne peut pas y avoir de sous-marins alliés dans le secteur et nous avons une demande formelle des Britanniques de protéger leurs navires. L'Allemand, s'il les rencontre, les enverra par le fond. Il peut aussi signaler à Dönitz la présence d'avions basés sur l'île.

— Oui, mais si je comprends bien le message du pilote, le bombardement mettra en danger la vie de quelques naufragés.

— Je crois sincèrement que nous n'avons pas à hésiter.

Un silence suivit les dernières paroles de Richardson qui, aussitôt, ajouta :

— Nous ne pouvons attendre plus longtemps sinon le Liberator n'aura pas assez de carburant.

Le colonel Ronin se leva.

— Soit, coulons le sous-marin… Essayons.

Alors Richardson rédigea la réponse. Deux mots seulement : « *Sink sub*[1]. »

Les deux officiers américains n'avaient pas attaché une très grande importance à leur décision. Pour eux, c'était la routine. La journée, la nuit étaient faites de travail, de soucis avec les quadrimoteurs qui passaient de l'ouest vers l'est en s'arrêtant sur leur île volcanique.

« *Sink sub*. » Harden et Ford reçurent le laconique message.

Il fallait obéir, lancer des bombes sur cet U boot occupé à sauver des naufragés. Le lieutenant Harden fit virer le Liberator. Obscurément, il espérait ne pas retrouver l'U boot. Dix minutes ne s'étaient pas écoulées qu'il revit le sous-marin, poisson posé sur le miroir de la mer.

Un léger sillage à l'arrière du 4e canot indiquait qu'à très faible vitesse il remorquait les embarcations. A l'intérieur de celles-ci, des naufragés, têtes levées, agitaient des mouchoirs.

Harden fit descendre le bombardier à une hauteur d'environ 180 pieds… Un dernier scrupule — une idée bien peu militaire — lui traversa l'esprit.

Aussitôt, il saisit l'intercom et parla : « L'ordre de bombarder le sous-marin m'a été donné par Wideawake. Vous voyez ce qu'il en est au-dessous de nous. Si nous rentrons sans avoir bombardé l'U boot : refus d'obéissance. Nous sommes cinq officiers sur ce B. 24 — le lieutenant Harden se tourna vers le copilote, le lieutenant Raymond J. Ford :

— « Nous allons voter. Si un seul d'entre nous estime que nous devons bombarder, cela sera fait. Vous avez trois minutes pour vous décider. »

— « Je rejoins mon poste de bombardier ! » s'écrit Edgar Keller.

La cause était entendue.

En deux passes, Edgar Keller largua ses bombes quelques secondes avant que le B. 24 survolât le sous-marin. A la deuxième attaque, tous virent le sous-marin disparaître sous une gerbe d'eau. Keller croyait avoir coulé l'U boot. Plus tard, il devait prétendre que le B. 24 avait volé trop haut et trop vite qu'il n'avait vu aucun pavillon à croix rouge sur l'U boot[2].

Cependant, Ronin et Richardson ne s'étaient pas contentés de faire partir le Liberator pour protéger l'*Empire Haven*. Pendant que le B. 24 rentrait à Ascension, trois B. 25 du 1st Composite Squadron avaient décollé. L'un d'eux transportait des jerricans remplis d'eau aux trois quarts ; ainsi ils pourraient flotter. Les réservoirs contenaient quelques rations K. Les naufragés les récupéreraient en attendant mieux.

Le capitaine W.X. Wilson, commandant en second du 1st Composite

---

1. « Coulez le sous-marin. »
2. Lettre du 15 mai 1988 de Edgar W. Keller.

Squadron, avait trouvé un des bateaux anglais, le *Corinthian*, et avait essayé de le diriger vers les canots de sauvetage. En vain. Chaque fois que le B. 25 écoutait le *Corinthian*, celui-ci signalait « aucun naufragé en vue ».

Akins, pilote d'un B. 25 du 1st Composite Squadron, signalait qu'il avait survolé des canots de sauvetage, des radeaux, à quelques milles au sud-est de l'endroit où le B. 24 avait situé et coulé le sous-marin.

— Je vais voir, dit dans l'après-midi Richardson au colonel Ronin. Cela devient sérieux. Il peut y avoir d'autres sous-marins. Ces bâtiments ne naviguent jamais seuls.

Deux heures plus tard, Richardson passait au-dessus des canots dispersés sur une grande étendue de mer. D'après leur position, l'*Empire Haven*[1] devait se trouver à 20 milles au sud. Le cargo en fut avisé. Une heure plus tard, c'était le capitaine Virgil D. Holdsworth, pilote d'un autre B. 24, qui trouvait encore des canots et le renseignement fut encore transmis à l'*Empire Haven*.

Le soir du 16 septembre, tous les avions étaient rentrés à Wideawake.

Tout n'était pas fini. Le lendemain, le 17 septembre, dans l'après-midi, un B. 25 signala que vers 10 h 30 par 04° 51' Sud, 12° 22' Ouest, il avait bombardé un autre sous-marin. Les bombes ne s'étaient pas décrochées à la première passe et il semblait que l'U boot n'avait pas été touché[2]. Le même jour, le lieutenant Philippe Main, sur un B. 25, apercevait deux navires de guerre battant pavillon français. Il les survola à haute altitude. L'un d'eux, le plus grand, était un croiseur qu'il identifia facilement en consultant un ouvrage donnant les silhouettes des navires ; la *Gloire*. L'autre était un aviso[3]. Les deux navires allaient vers le nord. Dès qu'il en fut informé, Richardson demanda à Freetown le statut des navires de guerre français. Il était 15 h 17. Freetown répondit à 17 heures : « Shadow but not interfere with them. They are searching for Italians of the *Laconia*[4]. »

Le soir, réunis autour d'un whisky, Ronin et Richardson discutèrent de la présence de ces navires français au nord de l'île.

— S'ils approchent trop près, nous sommes prêts pour les repousser, disait Ronin.

— Ils sont armés d'une puissante D.C.A., rétorquait Richardson.

---

1. L'*Empire Haven* et le *Corinthian* se trouvaient sur les lieux. Il est cependant curieux qu'aucun de tous les nombreux naufragés que nous avons interrogés et des navires français ne les aient aperçus. Ajoutons que la mer n'était pas franchement mauvaise. En tout cas, aucun de ces deux bateaux ne sauva un naufragé.

2. L'*U 506*.

3. L'*Annamite*.

4. « Prenez-les en filature, mais n'intervenez pas. Ils recherchent les prisonniers italiens du *Laconia*. »

— Qu'importe, pour la première fois nous allons faire quelque chose d'intéressant et de risqué, répondit Ronin.

— Remarquez un mot dans le message des Anglais : *Shadow*. Ils nous prennent pour des policiers.

Le colonel Ronin se mit à rire.

— Dites-moi ! Bob, si on y allait avec des fausses barbes très longues et très noires, les Français ne nous reconnaîtraient pas. Encore un whisky, Bob ?

Le 18 septembre, dans la matinée, le capitaine Wilson et le lieutenant Philippe Main, envoyés en reconnaissance, apercevaient les navires français. Ils avaient le cap au nord-ouest[1]. De son côté, le lieutenant McClellan survolait un petit bâtiment français qui faisait des zigzags, remontant vers le nord, à environ 22 nœuds[2].

Manifestement, ces bâtiments français n'étaient pas venus pour attaquer Ascension ou même pour se renseigner sur la base aérienne de Wide-awake. C'était tout ce que Ronin et Richardson pouvaient souhaiter. Comme les officiers, l'équipage du Liberator, ils étaient persuadés d'avoir envoyé par le fond un sous-marin allemand...

---

1. A ce moment, la *Gloire*, avec les naufragés à bord, regagnait Dakar.
2. Sans doute le *Dumont-d'Urville*.

XVI

BUCKINGHAM PRISONNIER DE GUERRE

16 septembre, 6 heures.

Dès l'aube, Buckingham s'intéresse à la vie du sous-marin. Il n'en a jamais vu que de loin ou dans les ports de guerre britanniques et maintenant il se trouve à bord de l'un de ces U boote que naguère il eût tenté de couler s'il l'eût tenu à portée de canon du *Laconia*.

Voici qu'une manœuvre se fait : les cinq canots en remorque sont tirés l'un après l'autre le long du bâtiment de guerre stoppé et les marins remplissent leurs réservoirs d'eau potable, de l'eau de mer distillée, cette eau dont ils ont été si privés. La manœuvre prend du temps, les naufragés sont épuisés et les marins allemands commencent à ressentir la fatigue.

8 heures.

« Opération *Wasser* terminée. » Schacht met en avant lentement, remorquant la procession des chaloupes.

— A midi, nous serons sur les lieux du naufrage du *Laconia*, dit-il à Buckingham qui a repris ses Zeiss afin de fouiller les vagues… Aucun naufragé, aucun radeau n'est aperçu et dans ce secteur, la mer est déserte.

11 h 25.

Un radeau en vue ! On approche. Y est étendue une seule femme ! Evanouie, morte, la face contre les planches ? Quand le sous-marin arrive à vingt mètres, deux matelots allemands plongent et nagent. Tous ceux qui sont sur le pont regardent ces deux marins qui, d'une brasse vigoureuse, vont vers ces quelques planches ruisselantes d'eau, supportant un corps. Au bout d'un moment, ils ramènent une femme à demi consciente qui, sans comprendre, ouvre des yeux hagards sur ces hommes. Pauvre femme ! A travers sa robe transpercée, on voit son ventre proéminent. Elle est enceinte et sa faiblesse est telle que les hommes doivent la porter, la descendre dans le sous-marin avec mille précautions tandis qu'elle geint doucement. Le capitaine Schacht pense certainement à sa femme, à ses deux petites filles blondes en prodiguant ses soins à cette inconnue. Il la fait allonger sur sa propre couchette et demeure un bon quart d'heure auprès d'elle avant de remonter dans la baignoire. Quand il passe devant le poste de radio, le matelot T.S.F. l'arrête d'un geste. Il paraît si attentif à ce qu'il enregistre que Schacht se penche sur le message au fur et à mesure que le matelot le transcrit. Il est en code mais Schacht a vite fait de le décrypter. Il lit avec stupéfaction, avec colère :

> « *Avion du même type revient, survole à hauteur de 80 mètres, lance deux bombes à intervalle de trois secondes. Pendant qu'on coupe l'aussière des canots remorqués, avion lance une bombe parmi les canots. Un canot renversé. Avion croise sur les lieux et après un instant, lance une quatrième bombe. Aperçois soute à bombes vide. Nouvelle attaque : 2 bombes — une explose après quelques secondes de retard sous le central. Tour est engloutie sous cloche d'eau. Central et poste avant signalent entrées d'eau. Prêt avec ceintures de sauvetage. Ordre : tous les Anglais débarqués, après aussi les Italiens. N'ai pas de ceintures de sauvetage pour eux.* »

— Montre-moi le premier message ? demande Schacht.
— Transmis au lieutenant Scherraus. Vous étiez occupé avec l'Anglaise, répond le matelot.

Le commandant de l'*U 507* prend aussitôt connaissance du premier F.T. reçu à 11 h 30.

> « *Peu avant d'arriver aux autres canots, dans l'azimut 70°, un avion à quatre moteurs avec signes américains en vue. Pour montrer nos bonnes intentions, j'ai posé sur le sous-marin un pavillon à croix rouge 2 × 2, survole une fois et tourne quelque temps sur le lieu — Morse avec "Woher" et si vapeur aperçu dans parages ; n'a pas répondu. Part Sud-Ouest et revient une demi-heure après pour peu de temps.* »

Ainsi, Hartenstein avec tous ses naufragés à bord, ses canots en remorque a été attaqué à la bombe par un quadrimoteur le survolant tranquillement à 80 mètres ! Et il l'a manqué ! Schacht qui est la correction faite homme, ne peut s'empêcher de jurer ! Il traverse en coup de vent le central où s'affaire le lieutenant-ingénieur Ahlfeldt ; sans un mot, il grimpe à l'échelle et apparaît sur la passerelle. Il y trouve Scherraus et Buckingham qui bavardent en anglais.

— Lisez, dit Schacht à son lieutenant.

Le jeune officier lit. Cela lui paraît incroyable... et pourtant ! Buckingham devine que quelque chose d'anormal vient de se passer. Les deux Allemands sont pâles, leur visage exprime la stupeur, la colère.

— C'est un sous-marin allemand attaqué à la bombe par un Américain, explique enfin Scherraus à Buckingham et il ajoute : Attaqué alors qu'il sauvait vos compatriotes, naufragés du *Laconia*, et qu'il avait couvert son canon avant d'une croix-rouge.

Le Britannique, non sans une secrète satisfaction mêlée à un peu de honte, pense à cet avion qu'il avait entendu la veille et qui était certainement un des leurs.

Cependant Schacht a convoqué ses officiers et sans se préoccuper de Buckingham — qui ne comprend pas l'allemand — ils discutent de la situation. Toujours le même problème se pose pour eux : peuvent-ils, après les avoir sauvés, mettre ces femmes et ces enfants à la mer ? Les bâtiments sauveteurs étant proches maintenant, autant terminer l'opération commencée. Ils concluent à la continuation du sauvetage en remorquant toujours les canots vers le lieu de rendez-vous avec les Français.

Schacht prend cependant ses précautions : il réduit la vitesse, fait placer un matelot avec une hache auprès de l'aussière de remorque et double les veilleurs. L'attaque doit venir du ciel.

Le commandant de l'*U 507* se montre aussi plus sévère vis-à-vis des passagers britanniques. Ainsi, il interroge longuement le troisième officier du *Laconia* qui tente bien de lui donner des renseignements évasifs mais finit par lâcher des précisions sur le nombre d'hommes à bord du *Laconia*, leur nationalité [1], l'armement du navire. Schacht enregistre le tout avec soin sur le livre de bord. Avec les explications que lui ont données les rescapés italiens, il peut continuer son rapport :

« *D'après les dires des Italiens, la lutte fut dure pour monter dans les canots de sauvetage. Un certain nombre des leurs furent tués à coups de fusil. Lieutenant aviateur Hoad a été frappé à coups de poing et à coups de tête jusqu'à évanouissement, l'ingénieur de l'armée Joung aussi. Les Italiens disent aussi qu'ils ont reçu des coups de baïonnette des Polonais. Les Italiens étaient très maigres et ils n'ont eu les derniers temps que du pain et de l'eau. Selon*

---

1. 463 membres d'équipage ; 268 Britanniques ; 80 femmes et enfants ; 1 800 prisonniers italiens ; 160 Polonais. (Rapport de Schacht, procès de Nuremberg.)

les Anglais, il y aurait eu punition car ils avaient cambriolé une cale avec des marchandises et auraient fumé malgré les défenses. L'habillement était très mauvais, la plupart des prisonniers étaient presque nus ou même nus. »

Schacht abandonne son livre de bord. Ce n'est pas le moment de faire de la littérature. Il remonte sur le pont, circule au milieu des Italiens allongés demi-nus, fumant des cigarettes, s'assure que les veilleurs, l'homme à la hache, sont à leurs postes, redescend dire un mot à l'ingénieur Ahlfeldt dans le central, pose la main, en passant, sur l'épaule du matelot T.S.F. à son poste, le casque d'écoute aux oreilles, comme pour dire : « Je suis là, moi, ton "vieux", ne perds rien de ce qui se dit... » Puis, c'est au cuisinier qu'il rend visite, l'homme qui, à bord, a le plus à faire. Le « coq » transpire à grosses gouttes dans son réduit surchauffé, entouré de gamelles, de plats dans un va-et-vient qui rappelle celui d'une brasserie. Voici une femme, Mrs. Walker, qui se plaint de son œil. Alors Schacht s'arrête, regarde la paupière, la cornée rouge, irritée. Il lui fait donner une œillère, un collyre. Puis, c'est une autre Anglaise qui le supplie de lui permettre d'aller voir dans les embarcations en remorque si sa fille, Molly, n'est pas là. Il l'y autorise mais il sait que toutes les femmes sont maintenant à l'intérieur du submersible. Non... Il n'a pas vu Molly.

— Donne-leur à boire et à manger, dit-il à celui que Mrs. Davidson appelle son *housewife* [1].

On leur apporte du pain noir fabriqué en Allemagne, du beurre, de la confiture, du thé.

— Mangez, mangez beaucoup, leur conseille Schacht.

Avant de quitter le « carré des femmes », il s'aperçoit qu'elles ne disposent d'aucune serviette de toilette, ni de mouchoirs. Il leur en fait apporter.

Mrs. Nagle reçoit un flacon d'eau de lavande...

Il y a maintenant à bord du sous-marin pour les enfants, pour Mrs. Davidson, Mrs. Walker, Mrs. Nagle l'Indienne et l'inconnue du radeau, un élan, un concours pour leur être agréable et leur donner tout ce dont elles peuvent avoir besoin. La situation paraît à tous ces marins si étrange, si hors de la guerre ! Ils ont l'impression d'avoir tiré de l'eau les naufragés d'un grand paquebot et de les recevoir à leur bord. La veille au soir, ces hommes barbus n'avaient-ils pas chanté sur le pont devant leurs naufragés, en allemand et même en anglais ? Leurs voix graves n'avaient-elles pas séduit ces dames britanniques à en oublier qu'elles étaient à bord d'un sous-marin ennemi ?

---

1. Maîtresse de maison.

14 heures.

Schacht se tourne vers Buckingham, lui tend un crayon, une feuille de papier blanc.

— Descendez dans le sous-marin, lui ordonne-t-il, et prenez les noms de tous les naufragés britanniques.

Et comme Buckingham hésite, il ajoute :

— J'en ai besoin pour mon état-major qui le transmettra à la Croix-Rouge internationale.

Pour la première fois, Buckingham descend dans le submersible ; il se laisse glisser le long de l'échelle verticale et, sur les corps, pose le pied. Il y a tant de naufragés à l'intérieur qu'il ne peut avancer sans les faire écarter. Ils sont tous prostrés, à moitié endormis. Cela sent mauvais.

Un matelot interpelle Buckingham en anglais :

— Les Britanniques se trouvent ici, après le central, au milieu du bâtiment.

Il faut plusieurs heures à l'officier du *Laconia* pour s'acquitter de sa mission. Il a dû, après le recensement à l'intérieur du sous-marin, faire de même dans les chaloupes, passant d'une embarcation à une autre. Des femmes et des enfants sont désespérés : beaucoup ont perdu toute leur famille dans le désastre. Une petite fille ne sait rien de ses parents, de ses deux frères. Quand Buckingham remonte sur le pont, l'*U 507* se range le long de deux nouveaux canots et il stoppe pour donner du ravitaillement. Puis on amarre les chaloupes aux autres à l'arrière et le sous-marin repart vers son rendez-vous. Dans l'une des chaloupes, il y a un sergent britannique et Mrs. Gibson que son amie Davidson retrouve avec joie.

D'après Buckingham, il y a quinze femmes et enfants à l'intérieur du sous-marin et 163 Italiens. Les sept canots contiennent 320 Britanniques et Polonais.

Schacht de son côté fait compter les rescapés. Il n'y a aucune correspondance avec la liste donnée par Buckingham. Qu'importe ! Ce n'est pas le moment de faire appels et contre-appels.

L'*U 507* continue sa route direction Nord-Est... Ainsi la nuit du 16 au 17 septembre s'écoule...

16 septembre, 16 h 53. 4° 47 S - 12° 05 O.

Le *Cappellini* arrive dans la zone où il peut espérer rencontrer les chaloupes remplies d'Italiens et ses veilleurs fouillent chaque vague. En fin d'après-midi, quatre embarcations sont en vue dont deux à demi submergées, entourées de centaines de points noirs, des naufragés, semble-t-il, se maintenant difficilement sur l'eau. Certains ne font aucun mouvement et flottent comme des ballons de baudruche. Le *Cappellini* approche à grande vitesse. La mer est parsemée de débris, de cadavres dont certains ont les mains coupées. D'autres sont déjà à moitié dévorés par les requins. Mais une centaine de naufragés survivent et dès qu'ils aperçoivent le sous-marin avec des efforts désespérés ils font encore quelques brasses et crient au secours, en italien ! Les deux premiers rescapés recueillis, à peine sur le pont, se précipitent vers le commandant Revedin et ils parlent, ils parlent. Ils racontent leur martyre. Ainsi, l'officier apprend que, sur les 1 800 prisonniers enfermés dans les cales du *Laconia*, environ 1 400 ont coulé avec le navire sans pouvoir franchir les grilles. Les occupants d'une seule cale, soit 400 environ, auraient réussi à forcer les barrages. Une partie de ces 400 ont lutté dans l'eau pour prendre aux Anglais leurs ceintures de sauvetage, 90 ont pris d'assaut à la nage une embarcation et ont jeté les occupants à la mer. Sur les autres chaloupes, Anglais, Néo-Zélandais et Polonais se sont défendus en hachant les mains des Italiens qui tentaient de s'y agripper. Ce fut une tragédie...

Le commandant Revedin, atterré, écoute. Il douterait s'il n'avait vu les cadavres aux mains coupées. C'est effroyable ! Tout à l'heure, il notera ce récit sur son livre de bord. Pour le moment, il s'agit de sauver ces malheureux. Alors, il ordonne de laisser le *Cappellini* dériver vers les points où les naufragés sont les plus nombreux. Il estime qu'il doit se tenir toujours prêt à plonger et cette obligation limite le nombre des naufragés à embarquer à 30, peut-être 40. Le Vénitien ne sait pas que lorsqu'on a commencé à mettre le doigt dans un tel engrenage, il faut continuer. Et les premiers Italiens repêchés sont recueillis à l'intérieur du sous-marin pour être soignés, restaurés. Parmi eux, il y avait quelques Britanniques et Revedin les a laissés sur le pont. On s'occupera d'eux ensuite et si un avion allié survient, on plongera ! Tant pis.

Le sous-marin aborde une embarcation. Elle est pleine d'eau et va couler. Alors Revedin ordonne à dix de ses occupants de monter sur son bâtiment. Ainsi, ceux qui resteront auront plus de place pour pomper l'eau, écoper et remettre la chaloupe à flot.

Un peu plus loin, un autre canot très enfoncé sur l'eau semble abandonné. Non, à l'avant, un homme qui a vu le sous-marin approcher, se dresse et crie désespérément. C'est un Napolitain. A l'arrière, un autre Italien rit, plonge ses mains dans l'eau avec laquelle il semble jouer. Du sous-marin, il n'en a cure. Mais la mer est mauvaise et l'on ne peut approcher trop près. A une distance de 15 mètres, on lance des petits sacs de caoutchouc qui permettront aux naufragés de s'y cramponner, de se maintenir sur l'eau en attendant d'être repêchés. Le Napolitain comprend, saute à l'eau et s'accroche à une bouée. L'autre saisit l'objet, le regarde un instant et le rejette à la mer en riant aux éclats. Il est fou.

Revedin se demande s'il n'a pas lui-même perdu la raison ! Il s'est laissé dériver vers les embarcations et ceci a eu pour sinistre résultat une accumulation de cadavres contre la coque du sous-marin...

Revedin a fait le point : lat. 04° 47 S. Long. 12° 05 O. La nuit est venue. Il y a, à l'intérieur du *Cappellini*, 49 Italiens et sur le pont beaucoup d'Anglais, des Polonais, des Néo-Zélandais. Tous ceux qui peuvent s'abriter derrière le kiosque, s'entassent, se cramponnent, s'accrochent aux rambardes, à toutes les aspérités, car il y a de la houle et on roule bord sur bord.

Le 17 au matin, Revedin compte ceux qui sont demeurés la nuit sur le pont : il en reste 19 dont deux officiers trempés jusqu'aux os, engourdis. Les autres ont lâché prise ou ont été enlevés par les courtes lames. Aux survivants, il fait distribuer bouillon chaud, biscuits et cigarettes.

A l'intérieur du sous-marin, aucune place disponible. C'est un hôpital. On soigne un Milanais qui a les mollets sectionnés par les requins. Deux malades parmi les plus gravement atteints meurent et il faut jeter leurs corps à la mer après les avoir glissés dans un sac. On leur donne les honneurs militaires. Ces malheureux ne devaient pas être les seuls !

Les officiers britanniques après avoir été réconfortés sont interrogés. L'un s'appelle Frank Penman, il est lieutenant-pilote de la *Royal New Zeeland Air Force;* l'autre est un réserviste, le lieutenant de la marine Arthur Edgar Boyett...

Revedin apprend alors de certains naufragés italiens qu'ils ont déjà été recueillis par un sous-marin allemand, que ce dernier avec quatre ou cinq embarcations en remorque a été bombardé par un Liberator. Une chaloupe a été détruite, l'U boot a disparu.

Cette nouvelle, Revedin ne tarde pas à en avoir confirmation par le télégramme 113017 qu'il enregistre comme suit :

> « *Au* Cappellini *de Bordeaux : relation danger attaque déjà subie par d'autres Sm. Soyez prêt immersion pour pouvoir agir contre ennemi - Stop - Débarquez sur radeaux naufragés, à l'exception des femmes et enfants, italiens et dirigez-vous sous-petit-carré 56 du petit-carré 0971 où vous débarquerez reste naufragés sur navires français - Stop - Retenez prisonniers anglais - Stop - Faites la plus grande attention avions et sous-marins ennemis - Stop - Fin de la transmission.* »

Le même soir, Revedin stoppe son sous-marin. Il demeurera arrêté au milieu des canots jusqu'au lendemain. Beaucoup ont hissé des voiles de fortune. D'autres dérivent...

17 septembre, 6 heures.

A bord de l'*U 507*, le commandant Schacht n'a pu sommeiller que quelques instants dans le kiosque, sa couchette étant occupée par une femme anglaise. Ses officiers, ses hommes sont maintenant exténués car ils n'ont pu dormir eux aussi, soit qu'ils fussent de service aux Diesel, au central ou de veille sur le pont. L'air est vicié à l'intérieur du sous-marin, toute cette humanité sent mauvais.

Schacht se tourne vers Buckingham qui a repris son poste de veilleur dans la baignoire, car l'Allemand veut que cet Anglais lui serve au moins à rechercher les embarcations des naufragés.

— Attention, lui dit-il, si un avion survient. Défense absolue pour vous de faire le moindre signal. Nous serons sans pitié. Nous devons arriver ce soir à notre rendez-vous avec un grand bâtiment de guerre qui vous prendra à bord.

— Qui ? Quel bâtiment ? De quelle nationalité ?

Schacht ne répond pas.

— Me permettez-vous d'en aviser les femmes et les enfants ?

— Oui.

Quand Buckingham descend dans le submersible, il trouve des matelots qui portent des récipients qui avaient servi de pots de chambre aux enfants ! Ils rient de leur étrange situation ! P. Ahlfeldt qui est pratiquement le médecin du bord soigne une petite fille.

Maintenant, tous à bord savent qu'un bombardier américain a attaqué un sous-marin allemand et que deux canots ont été renversés. Des naufragés ont été tués. Mrs. Davidson pense à sa fille... Molly était-elle à bord du sous-marin attaqué ?

Le commandant et les officiers de l'*U 507* ne sont pas moins soucieux. L'appareil de distillation d'eau de mer ne fonctionne pas bien et, après avoir rempli les réservoirs des canots, à bord on manque d'eau douce. Le L.I. [1] s'emploie à le réparer. D'autre part, avec tous ces canots en remorque, on n'avance guère. A bord d'une embarcation, une discussion éclate entre un Polonais et un ancien prisonnier italien et Scherraus doit intervenir. Il n'y a pas que ces incidents de bord qui inquiètent le commandant Schacht. Plusieurs fois par jour, la T.S.F. capte des messages du B.d.U.

A 1 h 25 du matin, d'abord celui adressé à Hartenstein :

---

1. Lieutenant ingénieur.

« *Arrêtez sauvetage. Contrôlez carburant, torpilles, approvision-nements et équipage puis rendez compte.* »

A 1 h 40, pour tous les sous-marins secteur *Laconia* :

« *Le Tommy est un porc, la sûreté du sous-marin ne doit en aucune circonstance être risquée. Aucun risque à prendre, sans égard, même celui d'arrêter le sauvetage. Penser qu'une protec-tion des sous-marins par l'ennemi est complètement hors de cause. Schacht et Würdemann donnez votre position* [1]. »

Ainsi Dönitz faisait une distinction entre l'*U 156* qui, attaqué et tou-ché, devait arrêter le sauvetage et les autres qui, sans prendre le moin-dre risque — comme si c'était possible —, devaient continuer !

A 3 h 06 Schacht répond :

« *Qu Fe Q3 9697 129 Italiens, 1 officier anglais, 16 enfants, 15 femmes à bord, 7 canots avec 330 rescapés parmi 35 Italiens. Som-mes parés les débarquer ou les transborder. Schacht.* »

Würdemann de son côté a entendu le message. Il répond :

« *3 h 30 FT. 0151/A — Me trouve avec canots Qu 9690, à bord 142 Italiens, 9 femmes et enfants. Pas d'avion en vue. Wür-demann.* »

A 5 h 50, encore un message du B.d.U., encore une recommandation, un ordre pratiquement impossibles à exécuter :

« *Pour Schacht et Würdemann : les sous-marins doivent toujours être prêts à plonger et entièrement libres pour combattre sous l'eau. Naufragés qui sont à bord sont à donner dans les canots. Gardez les Italiens à bord, allez sur les lieux de rendez-vous. Qu. Fe 9695 et là-bas les donner aux Français. Attention devant attaque enne-mie avions et sous-marins !* »

Ce dernier F.T. donne à penser au commandant Schacht.

S'il fait évacuer son bâtiment, lui, Schacht, pourra marcher plus vite et se rendre au rendez-vous, prévenir les Français du point où il a laissé

---

1. La première partie du F.T. que tous les opérateurs entendirent : « *Der Tommy ist ein Schwein* » et transcrite sur les livres de bord, a été omise dans les télégrammes offi-ciels, destinés à l'Histoire. F.T. 00/19/A (procès de Nuremberg).

les sept canots. Ainsi il obéira à l'amiral dont il devine la nervosité, l'angoisse et même le mécontentement. Un F.T. ne disait-il pas à Schacht et à Würdemann : « *Ne m'envoyez pas de romans sur les détails !* » Le commandant de l'U boot relit le message : il faut garder à bord les Italiens. Soit, il obéira.

Schacht fait prévenir les naufragés qu'ils vont être transbordés dans les canots dès que le jour paraîtra.

C'est Buckingham qui est chargé de l'opération. Malgré sa fatigue, il s'en acquitte rapidement. Tous sautent dans les embarcations maintenant pourvues en vivres et en eau potable, en médicaments. Non sans une secrète satisfaction, Buckingham, le dernier, quitte le sous-marin. Il a serré la main du commandant Schacht et l'a remercié des soins qu'il a donnés à tous et à toutes. La remorque est larguée tandis que Schacht lui crie une dernière recommandation :

— Ne bougez pas surtout. Si la nuit vient, allumez les lampes-tempête que vous hisserez en tête de mât.

Quelques paquets de cigarettes, des boîtes d'allumettes sont encore lancés dans les embarcations par les marins.

Il ne restait aux sept canots qu'à attendre ce mystérieux bateau dont on leur avait parlé. Demeurés seuls sur un océan désert, ils commencèrent à douter de sa réalité.

— Nous pouvons attendre, maintenant, dit Buckingham à ses voisins. Le canot est rempli d'approvisionnements et les réservoirs d'eau sont pleins.

— Ces Allemands ont vraiment été très gentils, dit une femme.

— Oui, concède Buckingham. D'autant plus que rien ne les obligeait à nous sauver.

— Qu'allons-nous faire ?

— Rester ici toute la journée, toute la nuit si nécessaire, ensuite l'aube suivante, si aucun navire n'est venu, faire voile vers la côte.

Les canots n'étaient pas pleins. Il y avait maintenant de la place pour se coucher en se recroquevillant. Les naufragés pouvaient espérer dormir. Beaucoup n'avaient pas fermé l'œil depuis quatre jours — quatre jours depuis que le *Laconia* avait disparu...

De canot à canot, ils discutaient, chacun donnant son opinion, formulant des espoirs, exprimant ses craintes.

Deux heures ne s'étaient pas écoulées quand un homme cria : « Un sous-marin ! »

Tous pouvaient distinguer sans se tromper la silhouette d'un U boot. C'était bien un sous-marin allemand, le « leur », l'*U 507* !

— Schacht a oublié quelque chose ! plaisanta un matelot britannique.

L'*U 507* marchait vite, le cap sur eux et les rescapés n'étaient pas sans inquiétude sur ce retour inattendu. A l'avant se trouvaient Scherraus et quelques matelots.

— Buckingham ! Buckingham ! cria l'enseigne de vaisseau en mettant ses mains en porte-voix.

Buckingham aussitôt se leva et agita les bras comme pour dire : « Me voici, que désirez-vous ? »

Le sous-marin approchait.

— Buckingham, le commandant a des nouvelles pour vous. Montez à bord.

Le troisième officier du *Laconia* ne se le fit pas dire deux fois. Le commandant de l'*U 507* avait quelque chose d'important à lui dire, à lui le chef des embarcations. A peine son canot est-il rangé le long du sous-marin qu'il saute sur le pont.

— Venez, le commandant veut vous parler, il est dans la tour.

Buckingham aperçoit la casquette blanche de Schacht émerger de la baignoire. Il y grimpe suivi de Scherraus. Mais que se passe-t-il donc ? Les moteurs du sous-marin sont soudain remis en marche et le bâtiment s'éloigne à grande vitesse du canot des naufragés.

Un peu inquiet, Buckingham regarde le commandant. Celui-ci ne lui laisse pas le temps d'ouvrir la bouche.

— Je regrette d'être obligé d'agir ainsi, dit-il. Mais depuis que je vous ai quitté, j'ai reçu des ordres : prendre deux prisonniers et je crains fort que vous ne soyez l'un d'eux.

Il n'y a rien à dire, qu'à s'incliner. Buckingham regarde vers l'arrière. A l'horizon, les canots contenant ses compatriotes ne forment plus que des points.

— Pourrions-nous retourner pour les avertir de ma nouvelle situation ?

— Impossible.

Il ne reste plus à Buckingham qu'à descendre dans le sous-marin. Ce qu'il fait, toujours suivi du jeune Scherraus. Dans le carré des officiers, il trouve attablé un homme en uniforme qu'il connaît bien : Smith, l'officier de la R.A.F., Smithy pour les dames !

— Vous ici ?

— Oui, moi ici, prisonnier comme vous !

— Pourquoi ? Le savez-vous ?

— Non... Nous sommes des officiers anglais, cette explication suffit.

— Alors pourquoi m'ont-ils laissé partir, puis sont-ils revenus ? Il y a deux heures, ils n'ignoraient pas que j'étais officier de marine, ils me l'ont assez dit, alors ?

Scherraus, derrière eux, sourit.

— Allons, pas d'histoire, dit-il. Ici, vous serez bien traités, vous mangerez à notre table avec nous... Vous pourrez même faire la partie d'échecs avec moi.

— Je vous remercie, dit Buckingham, mais j'ai d'abord besoin de me laver. Donnez-moi du savon spécial pour eau de mer.

— Venez avec moi.

Ils n'ont que trois pas à faire pour se trouver devant la couchette de Scherraus encore chaude du corps d'une femme anglaise. Buckingham aperçoit sous le polochon la crosse d'un gros revolver.

— Oh ! Oh !

— C'est un officier de réserve anglais qui me l'a donné, explique l'Allemand. Oui, en remerciement des bons soins et en souvenir ! D'ailleurs, il n'en avait plus besoin pour maintenir l'ordre... Quant au savon, en voici. Mais soyez économe. Regardez-moi !

A la lueur blafarde d'une lampe électrique, l'Anglais peut voir le jeune officier barbu, chevelu comme un pope et sans doute aussi sale [1] !

L'*U 507*, aves ses deux officiers prisonniers et les ex-prisonniers italiens, avait le cap sur le lieu de rendez-vous avec les Français.

---

1. Buckingham ne devait apprendre la raison de ce retour du sous-marin que bien longtemps après, dix-huit ans, par l'auteur de ces lignes, auquel M. Scherraus remit un jour une photographie de l'*U 507*.

— Regardez la tour du sous-marin, expliqua-t-il. Ces points blancs sont des appareils qui étaient destinés à brouiller les radars et à nous avertir en même temps que nous étions repérés. Notre sous-marin était alors un des rares à posséder cette nouvelle installation... Nous avions laissé Buckingham partir puis, le commandant Schacht a pensé qu'il avait vu le dispositif, qu'il en savait trop, que, récupéré par les Anglais, il parlerait. Alors, réflexion faite, nous l'avons fait prisonnier. Si vous êtes en rapport avec Mr. Buckingham, donnez-lui les raisons de sa captivité !

Buckingham et Smith furent bien traités à bord de l'*U 507* pendant les quarante-sept jours qu'ils y demeurèrent. L'officier de marine britannique se plaît à le reconnaître. Ils mangeaient au carré des officiers allemands avec eux et, la nuit, disposaient de leurs couchettes alors qu'ils étaient de service. L'officier de la R.A.F. Smith, tout en gardant sa dignité, semblait mieux s'entendre avec les Allemands. Il fit d'interminables parties d'échecs avec Scherraus. A son débarquement, emmené dans un camp de Stuttgart, Smith devait y mourir, peut-être de la dysenterie qui rendit malade la moitié de l'équipage, lors du retour de l'U boot à Lorient. Beaucoup d'Italiens souffrirent de cette maladie contagieuse qui emporta aussi deux Allemands : le troisième W. Officier et un timonier.

Buckingham a laissé le souvenir d'un grand consommateur de savon spécial pour eau de mer ! Il demeura en captivité en Allemagne jusqu'à la fin des hostilités. Aujourd'hui, cet officier de marine continue à naviguer. Buckingham, rencontré au Havre, lors d'une escale de son paquebot, reconnut n'avoir pas prêté attention à l'installation « Metox ». L'officier anglais avait rédigé le récit du torpillage, de ce qu'il avait fait. Contre finances, il en remit une copie à l'auteur de cet ouvrage.

A son arrivée à Lorient, l'*U 507* avait cent deux jours consécutifs de mer. Il devait disparaître sous les bombes de l'aviation américaine trois mois plus tard, le 13 janvier 1943, au large des côtes du Brésil.

Le lieutenant Scherraus, débarqué pour être opéré d'un très grave panari, fut un des rares rescapés de l'*U 507*.

XVII

L'ORDRE TRITON NULL

Paris, 17 septembre, 3 h 40.

Dönitz n'est pas content du capitaine Schacht. Il vient de recevoir un message du commandant de l'*U 507* l'informant que dans le carré 9697 il continue à remorquer sept canots contenant environ 330 Britanniques et Polonais tandis qu'il a toujours à bord 129 Italiens, un officier anglais, 16 enfants et 15 femmes !

Godt et Hessler, eux, sont furieux de la tournure qu'ont pris les événements, et qu'ils avaient prévue. Quelle idée d'aller secourir des ennemis qui barbotent dans l'eau alors que leurs propres compatriotes ne font preuve d'aucune pitié et qu'ils vont jusqu'à profiter de la suspension des opérations pour bombarder sous-marin et naufragés !

Si l'amiral fait preuve de sang-froid — jamais il ne dira un mot contre Schacht —, son état-major exténué, les nerfs tendus et sur le point de lâcher après ces trois jours de fatigue, d'émotions, crie à l'insubordination, au suicide !

— Cela fait trois F.T. qu'on lui envoie : « Ne risquez pas votre bâtiment », grogne Hessler — et il a toujours les rescapés à bord et des canots en remorque, en procession !

— Et il sait qu'à quelques milles de là, Hartenstein a été bombardé par un Américain...

— De la pure folie, ajoute Godt.

Les lèvres minces de l'amiral se sont serrées un peu plus et il est demeuré silencieux. Avec une tranquillité voulue, il fait quelques pas dans la salle, puis il s'assoit et rédige un nouveau F.T.

— Je donne des ordres à Schacht, à Würdemann aussi, dit-il en tendant son papier : ils vont faire évacuer du sous-marin les rescapés britanniques et les mettre dans les canots. Ils ne garderont que les Italiens qu'ils remettront aux Français.

— Ceux-là, ils devraient déjà être sur les lieux, murmure Hessler.

— Non. Ils ont reçu des ordres de n'arriver que le matin, riposte l'amiral. Il ne s'agit pas maintenant d'en envoyer un par le fond avec une torpille dans le ventre par suite d'une méprise. Soyons patients, calmes, messieurs...

Le temps passe lentement au B.d.U., boulevard Suchet... Berlin va-t-il encore téléphoner ? Le Führer lui-même exprimera-t-il sa colère ? A chaque sonnerie, à chaque message, l'amiral craint un éclat d'Hitler... Sans doute, à Berlin, l'amiral Fricke s'emploie-t-il à lui expliquer qu'il est difficile d'interrompre une opération de sauvetage commencée...

17 h 50.

Toujours rien...

— Il faut leur dire que la Croix-Rouge n'est pas réglementaire sur un sous-marin et qu'elle ne leur apporte pas la moindre protection. Rédigez un F.T. dans ce sens, dit l'amiral à Hessler, et qu'ils donnent leur position, l'état de leurs réserves.

Dönitz hoche la tête et chacun, autour de lui, devine qu'il n'exprime pas toute son anxiété. Il va, vient dans la salle des cartes, s'arrête longuement pour regarder la distance qui sépare Dakar de ce carré où sont ses sous-marins.

Dans combien de temps va-t-il recevoir le message si attendu : « Tous les rescapés passés aux Français » ? On dirait qu'Hessler suit ses pensées.

— Le sauvetage terminé, dit-il, faut-il les envoyer vers Le Cap pour continuer l'opération *Eisbär* ?

— Non. Qu'ils rentrent, répond l'amiral. Les équipages sont trop fatigués pour combattre.

— Une situation semblable peut se présenter : torpillage... Sauvetage... Et cette affaire du *Laconia* n'est pas un exemple à suivre. Chef des opérations, je me dois de conserver les sous-marins toujours en état de combattre et de couler du tonnage ennemi.

— Je suis d'accord avec vous, Hessler.

Et l'amiral ajoute :

— Laissez-moi. Allez manger quelque chose... Quelle heure est-il ? Oui, allez... J'ai besoin d'être seul, de réfléchir pour un ordre important que je vais donner à tous les commandants de U boot, à tous, pour dégager leurs responsabilités en pareil cas...

Demeuré seul, l'amiral qui a l'allure d'un renard avec son nez chafouin, ses longues oreilles à l'hélix pointu, à la conque largement ouverte vers l'avant comme des manches à air, revient à sa table de travail. Il écrit, écrit, déchire des papiers pour recommencer à écrire.

Cet homme qui est la volonté même — une volonté obstinée — est si absorbé par la rédaction de son texte qu'il oublie les matelots, les messages, la position des bâtiments qui, à chaque instant, se modifie sur les grandes cartes.

Enfin, il a terminé et il se relit à mi-voix :

1° Toute tentative de sauvetage des équipages des bateaux coulés en mer ou des canots surnageant ou remettre d'aplomb des canots renversés ou la fourniture des vivres et de l'eau potable est proscrite. Les sauvetages sont contraires aux conditions de base de la guerre qui est de détruire les bâtiments et les équipages ennemis. 2° Il faut être dur, penser que l'ennemi ne prend aucune précaution pour bombarder nos villes allemandes avec femmes et enfants.

Dönitz relit encore une fois son ordre qu'il intitule : Triton Null... Tout y est, lui semble-t-il... Tout, notamment l'ordre de ne plus s'occuper des naufragés des navires torpillés.

Pendant ces jours et ces nuits de veille, lui qui a commandé autrefois un sous-marin, lui qui en a fait construire des centaines, se penchant sur les moindres détails, les plus subtils perfectionnements, lui qui a estimé, calculé à une seconde près le temps nécessaire à un submersible pour plonger alors que ses veilleurs aperçoivent, surgissant à 6 000 mètres, à ras de l'eau un avion ennemi, il sait que ce temps n'est que d'une minute, pas une seconde de plus. Et encore la vitesse des avions croissant chaque jour, le nombre de ces secondes pendant lesquelles les hommes sur le pont ou dans les embarcations sauvant des naufragés devaient bondir jusqu'au kiosque, sauter un à un par l'unique panneau ouvert dans le sous-marin, le dernier fermant le capot au-dessus de lui, alors que le bâtiment commence à plonger, ces secondes, ce temps devaient encore s'amenuiser.

D'autre part, le sauvetage ne peut avoir lieu qu'une fois le combat terminé. Or, avec l'aviation moderne pourvue d'appareils de détection de plus en plus perfectionnés, pour le sous-marin, le combat ne cesse jamais. De là à conclure qu'il faut proscrire les sauvetages en mer par les sous-marins, il n'y avait qu'un pas. Ce jour-là, fort de l'expérience du *Laconia*, l'amiral le franchit, abandonnant la belle tradition des marins pour la dure loi de la guerre. A cette époque, la guerre était à un tournant et pour le grand amiral Karl Dönitz, il fallait que l'Allemagne vainquît. Peut-être même, l'amiral avait-il compris que la courbe des victoires du Reich avait atteint son apogée, que bientôt, elle allait s'infléchir, que la défaite était possible et même probable. Ce que l'amiral Dönitz ne savait pas, c'est qu'en signant cet ordre général il engageait son propre destin : « Il faut détruire les bateaux et les équipages ennemis », écrivait-il. Équipages ! S'agissait-il des équipages combattants ou des naufragés [1] ?

L'ordre Triton Null, tous ses termes ayant été mûrement pesés, rédigés, il restait à le diffuser. Quand l'amiral se retrouva en présence des capitaines de frégate Godt et Hessler, il leur tendit le message.

— Nous l'envoyons, dit aussitôt Hessler.

— Non, pas encore, pas avant que l'opération sauvetage *Laconia* ne soit terminée par le transbordement de tous les naufragés sur les bâtiments français. Après, d'accord, vous transmettrez l'ordre Triton Null à tous les commandants de sous-marins [2].

L'amiral avait parlé avec une telle autorité qu'il ne restait plus aux deux officiers qu'à s'incliner, qu'à attendre que l'opération *Laconia* fût terminée pour émettre l'ordre *Triton Null* et le faire commenter dans les bases de sous-marins [3].

---

1. A Nuremberg, l'accusateur devait dire : « Naufragés », l'ordre ayant été donné avec un contexte traitant des sauvetages. Cette interprétation ne fut pas retenue par le tribunal international.

2. Nous donnons, à la fin de cet ouvrage, les extraits du Procès de Nuremberg concernant uniquement l'affaire du *Laconia* ainsi que celle du *Peleus* qui s'y rattache.

Le 13 mars 1944, le capitaine Heinz Eck, commandant de l'*U 852*, se trouvait dans l'Atlantique Sud. Il torpilla le *Peleus* 8.833 BRT, bâtiment naviguant pour le compte des Anglais. Ne voulant à aucun prix manifester sa présence, Eck fit mitrailler les embarcations contenant les naufragés, alors que le *Peleus* n'avait émis aucun S.O.S., puis il détruisit toutes les épaves. Une bouée marquée *Peleus* échappa à ses recherches et elle fut ramassée par un destroyer. Au bout de 37 jours, 3 survivants sur l'équipage de 35 hommes furent découverts et sauvés par le navire portugais *Alexandro Silva*. L'*U 852* devait être coulé le 2 mai 1944 à la hauteur du cap Guardafui (cap à l'extrémité du golfe d'Aden) par la 621e escadrille de la R.A.F. Faits prisonniers, le capitaine Eck et le canonnier furent jugés par une cour martiale, condamnés à mort et exécutés.

L'ingénieur-mécanicien de l'*U 852* tenta de sauver la tête de son commandant en prétendant que celui-ci, pour agir ainsi, s'appuyait sur un ordre de l'amiral. Or, lors du procès de Nuremberg, le témoin dut avouer qu'il avait menti pour essayer de sauver son supérieur.

Sur une question que nous avons posée à ce sujet à l'amiral Dönitz, celui-ci nous répondit : « Cet officier aurait pu sauver sa vie en s'appuyant sur mon ordre général, il ne l'a pas fait. »

3. Voir le procès de Nuremberg en appendice. (Document 7.)

XVIII

LES FRANÇAIS ARRIVENT

17 septembre, 6 h 36.

La journée du 16, puis la nuit se sont déroulées sans le moindre incident. Le commandant Graziani s'est contenté d'écrire sur son livre de bord : « Rien à signaler. Mer belle. » En réalité, elle est semée de moutons blancs cette mer sur laquelle la *Gloire* avance à 20 nœuds.

Le capitaine de vaisseau, depuis le départ, ne s'est pas couché car il veut être sur la passerelle si un avion surgit du ciel ou si un bâtiment se montre à l'horizon. Britannique ou allemand, pour lui le danger est le même, ou presque le même... Pour les U boote, un croiseur dans l'Atlantique ne peut être allemand, de là à le couler d'une torpille, il n'y a qu'un geste à faire...

La *Gloire* est à 60 milles dans le Nord-Nord-Ouest du point de rendez-vous fixé. Graziani se repose un instant dans la chambre de veille. Il ne dort pas.

Un cri :

— Par deux quarts bâbord... un sous-marin.

D'un bond, le commandant est sur la passerelle. Il y retrouve son second, Arden. Tous les officiers de quart ont les jumelles braquées sur un point qui semble immobile sur l'eau.

— Une fusée de reconnaissance.

Une fusée s'élève à l'avant de la *Gloire* et va faire son petit panache dans le ciel. Un navire qui envoie une fusée n'a pas d'intention belliqueuse. La *Gloire* a modifié légèrement sa route et se dirige vers le sous-marin signalé... Un point rouge ? Non, cela ne peut être un sous-marin. Au fur et à mesure que l'on approche les détails se précisent. C'est une voile rouge... La voile d'un canot de sauvetage.

6 h 52.

L'embarcation accoste le long de la muraille du croiseur. C'est un canot à moteur sans essence, en parfait état et bien équipé : appareil de radio, caissons insubmersibles et projecteur de signalisation. La mer est houleuse. Du pont de la *Gloire*, on lance des bouts, des échelles de corde. Un à un, les naufragés commencent à prendre pied sur le pont. Ils sont 52, tous britanniques, dont une jeune femme. Il y a là, semble-t-il, une grande partie de l'état-major du *Laconia*, depuis le premier officier J.H. Walker, jusqu'au commissaire, avec le lieutenant-colonel Baldwin et un gaillard qui les domine tous par sa taille. Son absence de nez attire les regards. C'est Ben Coutts... Un des officiers anglais est à bout de forces et il faut le soutenir. C'est le troisième officier radio H.C. Cooper qui est passé successivement de la mer à un radeau, au milieu d'Italiens affolés, puis sur un canot de sauvetage surchargé qui s'est retourné plusieurs fois, avec chaque fois quelques manquants. Enfin ce « canot-major » l'avait pris à son bord...

On abandonne à regret la belle embarcation.

— Il y a à bord un tonnelet de whisky, dit un officier anglais au lieutenant de vaisseau Samson, qui, sur la plage arrière, dirige l'évacuation — et il ajoute : « C'est pécher que de le laisser. »

Samson fait un geste d'impuissance. Déjà le canot à moteur et son tonnelet de whisky sont loin dans le sillage... Il est 7 h 28.

Aussitôt, Graziani fait monter quelques Anglais sur la passerelle.

— Où sont les autres embarcations ?

— Nous ne savons pas. Depuis 48 heures, nous avons perdu contact, répond le sergent de la R.A.F., Batchelor, qui est dans le canot.

— Ils doivent être vers le nord-ouest, dit un rescapé.

— Oui, vers le nord-ouest, confirme le troisième officier radio H.C. Cooper, exténué.

Un silence se fait autour des Britanniques. Les officiers de la *Gloire* ont l'impression que cette vedette où rien ne manque est partie la première.

Le commandant de la *Gloire* n'a pas à se dérouter vers l'ouest. Il a un point de rendez-vous avec les sous-marins allemands, avec l'*Annamite* et, à moins d'apercevoir d'autres canots du *Laconia*, il n'a pas à modifier sa route. D'ailleurs, ce lieu de rendez-vous approche et les jumelles maintenant fouillent l'horizon.

11 heures.

4° 52 de latitude Sud et au 11° 26 de longitude Ouest, l'*Annamite* devrait bientôt apparaître. Hélas ! l'aviso n'est pas là. On croise à petite vitesse jusqu'à 12 h 30.

Enfin, voici l'*Annamite* qui est arrivé dans la matinée dans les parages. Les deux navires stoppent. La conversation s'engage entre le capitaine de vaisseau Graziani et le capitaine de corvette Quémard.

— Je n'ai vu aucun canot, aucun sous-marin, dit Quémard.

— J'ai à mon bord les premiers rescapés du *Laconia*. D'autres canots sont signalés dans l'ouest. Aucune certitude.

— Pour moi, rien à signaler, répond Quémard.

En réalité, l'*Annamite*, dans la matinée du 15, a rencontré un cargo isolé et il a préféré s'en éloigner. Un peu plus tard, une corvette britannique escortant un autre cargo s'était approchée, avait demandé l'identité du bâtiment français. Quémard, selon sa méthode habituelle et qui lui avait souvent réussi, n'avait pas répondu. Il avait seulement modifié sa route, semblant se diriger vers la Côte-d'Ivoire. Lassé, l'Anglais avait abandonné et était allé rejoindre son cargo...

— Nous allons faire une recherche en râteau, direction Nord-Ouest, ordonne Graziani qui prend le commandement des opérations.

— Direction Nord-Ouest... recherche en râteau..., répond Quémard.

13 h 25.

On repart, on vire de bord. La *Gloire* remonte vers le nord-ouest ayant sur tribord l'*Annamite* bientôt à peine visible...

A bord des deux navires, les veilleurs recherchent sous-marins et naufragés dans des embarcations.

La Gloire, *14 heures.*

— Un sous-marin droit devant à 17 000 mètres !

C'est bien un sous-marin, cette fois ; à grande vitesse il fait route vers la *Gloire* qui a augmenté son allure. Sur la passerelle du croiseur, on est un peu inquiet. Que va-t-il se passer ? L'U boot va-t-il reconnaître les signaux ? Le pavillon tricolore flotte en tête du mât. Les premières fusées partent selon le code conventionnel établi. L'U boot avance, l'arrière enfoncé dans l'eau ; il est maintenant si près que l'on peut voir quatre hommes barbus dans la baignoire. Le plus grand porte une casquette blanche, le commandant, peut-être. A ses côtés, presque immobiles, l'officier de quart et deux veilleurs ; l'un a ses Zeiss braqués sur le croiseur français, l'autre vers l'arrière du sous-marin. Surprenante discipline : jamais cet homme, malgré l'attraction que devait être pour lui ce croiseur étranger, ne détournera son regard du secteur qui lui est désigné.

Le sous-marin répond régulièrement mais ne donne pas son identité. En fait, c'est l'*U 507*, commandant Schacht, qui a seulement des Italiens à son bord, puisqu'il a laissé les embarcations contenant les Anglais et Polonais. Schacht signale que des chaloupes sont à 40 ou 50 milles dans le 320.

Sans plus attendre, la *Gloire* part à grande vitesse dans le noroît tandis que l'U boot continue la conversation.

— J'ai aussi à mon bord des Italiens.

— Remettez-les à l'aviso, répond Graziani.

Mais voici qu'apparaît un deuxième sous-marin. C'est l'*U 506*, commandant Würdemann.

Pendant ce temps, l'*Annamite* s'est rapproché. Il embarquera les Italiens qui se trouvent sur les deux sous-marins. Graziani en a donné l'ordre à Quémard.

L'aviso met un canot à la mer pour commencer l'opération de transbordement. Sur la passerelle de la *Gloire*, le commandant Graziani, le capitaine de frégate Arden et tous les officiers de quart ont eu le temps de voir avec stupeur les rescapés sortir un à un de l'unique panneau ouvert du sous-marin, celui du kiosque, cinq, dix... Trente... mais comment ont-ils donc fait pour tenir dans un si petit espace avec les quelque soixante hommes d'équipage? Quarante... cinquante...

La *Gloire* s'éloigne alors que, pareil à une boîte dont le prestidigitateur ferait surgir plus d'objets que normalement elle ne pourrait en contenir, le sous-marin, stoppé, continue à rejeter des hommes... Le veilleur, à l'arrière, n'a pas fait un mouvement.

L'Annamite, 15 h 30.

Quémard constate sans surprise qu'un des U boote en plongée a le périscope dirigé vers son bâtiment. Pendant l'opération de transbordement, il en sera ainsi, les Allemands prennent leurs précautions. A la moindre alerte, à la moindre velléité de combat, ils torpilleront l'*Annamite*. On se méfie de part et d'autre et c'est de bonne guerre.

Il faut se hâter car la nuit tombe vite sous les tropiques et le commandant Quémard sait qu'il doit transborder environ 300 rescapés des sous-marins sur son petit bâtiment et cela à l'aide de quelques embarcations. C'est l'enseigne de vaisseau Bonzon qui est chargé de les conduire jusqu'aux sous-marins.

Du pont de l'*U 507*, Scherraus voit Bonzon accoster. Marins allemands et français s'observent. Les sous-mariniers trouvent que ces Français ont des visages reposés, qu'ils sont bien rasés et que leurs vêtements sont immaculés. Scherraus envie un peu l'officier français, impeccable dans sa tenue blanche, alors que lui est barbu, que ses cheveux lui descendent dans le cou, en boucles et qu'il a l'air plutôt d'un pirate que d'un officier de marine. Quelques mots d'anglais, de français sont échangés et les premiers rescapés embarquent dans les canots.

Entre 15 h 40 et 17 heures, 164 Italiens de l'*U 507* sont transbordés sur l'*Annamite*. A raison de dix à la fois, car il y a de grands blessés sur des brancards, cela fait une quinzaine de voyages. Il faut aider les Italiens exténués, malades, blessés, à sauter dans les embarcations, les soutenir encore quand ils prennent pied sur l'aviso. Pendant ce temps, Quémard sur la passerelle, Schacht dans la baignoire, s'observent. Le commandant de l'*Annamite* regarde le va-et-vient du canot, le périscope du deuxième sous-marin qui le menace de ses torpilles. Enfin le dernier transbordement se fait. Bonzon et Scherraus se sont salués d'un côté, Quémard et Schacht de l'autre...

Le submersible maintenant paraît vide. Tous, commandant, officiers et matelots, sont satisfaits de se retrouver entre eux, de pouvoir circuler librement, sans heurter une jambe, sans marcher sur un pied. Buckingham et Smith, consignés à l'intérieur, ont vu les Italiens partir un à un, monter l'échelle d'acier et disparaître.

L'*U 507* ne s'était pas éloigné. C'était à lui de surveiller en plongée l'aviso français alors que celui-ci embarquait les naufragés de l'*U 506*.

Ces naufragés étaient encore sous le coup de l'émotion. Beaucoup se demandaient si jamais ils se retrouveraient en sécurité. La veille, alors que tous mangeaient, les uns sur le pont, les autres à l'intérieur du sous-marin, assis par terre, sur les tôles gaufrées, ils avaient vu soudain l'*U 506* augmenter de vitesse, aller si vite que l'arrière avait plongé, faisant prendre un bain à ceux qui s'y trouvaient.

Ainsi, l'U boot avait fait le tour des embarcations alentour.

— Tout le monde sous le pont, avait ordonné Würdemann quand il s'était aperçu du danger que couraient ses passagers de l'arrière.

Les matelots avaient aidé les Italiens à atteindre la tour, à descendre par l'échelle de fer. Les enfants anglais se trouvaient déjà à l'intérieur.

— *A.K.* A toute vitesse !

Le sous-marin avait atteint 18 nœuds, l'arrière, maintenant, complètement immergé. Seuls, Würdemann, le lieutenant Schulz et deux veilleurs étaient demeurés dans la baignoire. Rüter était à son poste de T.S.F., casque aux oreilles, attentif, essayant de ne pas se laisser distraire par le brouhaha des naufragés entassés derrière lui. Dix minutes s'étaient ainsi passées.

Le klaxon d'alarme ! Que signifiait ?

— Le « Vieux » est un drôle d'oiseau, avait dit Rüter à Bätz, son chef, assis sur un tabouret à côté de lui. Avec tant d'hommes à bord, il pourrait se dispenser de faire des exercices.

Le sous-marin plongeait avec ses 198 personnes !

— C'est incroyable, avait murmuré Bätz.

Soudain, alors que l'U boot prenait une position de plongée anormale, deux détonations sourdes mais proches avaient ébranlé le bâtiment. Rüter avait entendu les cris des Italiens derrière lui. Les femmes, les enfants anglais n'avaient pas bougé ! Un avion bombardait le sous-marin !

Ils en avaient été quittes pour une violente émotion. Une demi-heure plus tard, l'*U 506* avait émergé sans avoir subi de dommages.

C'étaient ces naufragés qui allaient maintenant passer sur l'*Annamite*.

Celui qui les vit partir avec le plus de soulagement fut certainement le cuisinier du bord qui, un soir, était tombé de fatigue sur ses fourneaux.

Avant de quitter l'*U 506*, une vieille lady, très digne, s'était tournée vers Würdemann.

— Je suis une amie de Winston Churchill et ma première visite en Angleterre sera pour lui. Je lui dirai que les hommes de ce sous-marin ne sont pas des barbares et que j'ai été très bien traitée chez vous.

Et, se tournant vers l'ingénieur Glasow, elle ajouta :

— Vous êtes marié, vous, voici un collier, en souvenir, pour votre femme.

Enlevant un collier d'ivoire qu'elle portait autour du cou, l'Anglaise l'avait tendu à Glasow, tandis qu'autour d'eux, les enfants criaient : « *Thank you... thank you*[1]. »

C'était le premier canot à quitter l'*U 506*. De 17 heures à 18 h 40, l'*Annamite* avait embarqué les 142 Italiens, les 9 femmes et enfants anglais de l'*U 506*. Avec des creux de 2 mètres, il avait fallu vingt-cinq voyages à l'unique canot qui, à la fin des opérations, devait être remis à poste très abîmé. La nuit était tombée, et, tant bien que mal, on casait 315 rescapés à bord du petit aviso. On les regardait avec pitié, on les soutenait, on les habillait. L'infirmerie était pleine de blessés, des Italiens aux flancs percés de coups de baïonnette, quelques-uns avaient eu les poignets coupés à la hache alors qu'ils essayaient de s'agripper aux embarcations. Plusieurs avaient le mollet sectionné comme avec un rasoir, l'os du tibia mis à nu. D'autres avaient le talon enlevé par des requins. On faisait de son mieux à bord pour secourir ces malheureux. Les femmes et enfants anglais faisaient pitié à voir. Elles dirent au commandant de l'*Annamite* avoir tout perdu, les femmes, leur mari et leurs enfants ; les enfants — rien que des filles — leurs parents.

---

1. Nous n'avons pas pu savoir le nom de cette *lady*. Rüter, qui entendait de son poste de T.S.F. les mercis, devait dire plus tard : « Ces *thank you*, c'était plus beau pour nous que la plus belle des décorations. »

Pendant ce temps, les projecteurs de l'aviso exploraient la mer, inondant de lumière blanche un cercle d'eau, pour bientôt le replonger dans les ténèbres de la nuit tropicale.

Toute la nuit, l'*Annamite* patrouilla autour du point 4° S - 12° O, ses veilleurs cherchant des canots naufragés. La mer était vide d'êtres humains. Seule, une embarcation retournée fut aperçue. Quémard tenta plusieurs fois, mais en vain, de reprendre contact avec la *Gloire* qui, certainement, devait donner de nouvelles instructions, un autre rendez-vous.

A bord, un tiers de l'équipage était à son poste pour la marche du navire, un tiers demeurait armé pour la défense du bateau et la police, un tiers pour aider le médecin et les infirmiers. Personne ne dormait et la fatigue gagnait chacun.

La *Gloire*, partie à la recherche des canots signalés par l'*U 507*, ne perdait pas son temps. A 16 heures, le commandant Graziani avait aperçu dans l'Ouest, à 18 000 mètres, un groupe de quatre canots à voiles.

A 17 h 25, la *Gloire* stoppait et l'opération d'embarquement des naufragés commençait aussitôt dans des conditions difficiles car la houle était assez forte. Cette houle, le nombre des embarcations ne permettaient pas d'établir les coupées et c'est à l'aide de « bouts », munis d'un œil à leur extrémité, que les marins de la *Gloire* « pêchaient » les rescapés. Le groupe était commandé par Geo Rose qui espérait trouver à bord du bateau français le colonel Liswell aperçu sur un canot, trois jours après le naufrage.

— Venez avec nous, lui avait crié le sympathique Liswell.

L'officier de marine avait la responsabilité des naufragés des quatre embarcations. Il avait répondu : « Non. » Il ne devait jamais revoir le colonel Liswell.

Dès qu'il eut mis le pied sur la *Gloire*, Rose fit connaître son identité à un officier, le lieutenant L'House. Il lui donna la position approximative du point du naufrage, des canots dispersés sur la mer... Pendant ce temps, les rescapés embarquaient sur le navire français. Ces malheureux étaient dans un état lamentable. L'enseigne de vaisseau Vivier vit passer à côté de lui, soutenu par un matelot français, un Italien dont une des fesses nues avait été creusée net, comme un morceau de glace par une cuiller. Une femme anglaise, maigre dans sa robe de soirée en loques, titubait sur ses chaussures à talons hauts. Seuls, les enfants paraissaient en meilleure condition. Beaucoup étaient en pyjama. Ils adressaient de pauvres sourires aux matelots français. Aussitôt, on les conduisit, on les porta jusqu'aux postes d'équipage ou à l'infirmerie.

A 18 h 06, l'opération était terminée.

Graziani remit en route aussitôt, pour apercevoir bientôt, à 18 h 20, au nord-ouest, un groupe de sept canots amarrés.

Comme les premiers rescapés, il fallut que les gabiers, affalés dans

les canots accostés, après avoir capelé les œils sur les naufragés, hissas-
sent les plus harassés un à un à bord du croiseur. Là, d'autres matelots
les aidaient à se tenir debout. Sur le pont, on pouvait voir des marins
donner des caleçons aux hommes demi-nus, d'autres se pencher sur les
enfants ou se mettre à croupetons devant eux pour leur arracher un regard,
un sourire. Beaucoup de petites filles avaient conservé, noué dans leurs
cheveux raides de sel, un nœud de ruban. Coquetterie féminine, une jeune
femme derrière un cabestan, s'était assise à même le pont, et, à l'aide
d'un bâton de rouge et d'une petite glace, se refaisait les lèvres.

A 18 h 54, le premier des sept canots avait commencé à se vider. A
20 h 35 — il faisait nuit —, le dernier était abandonné, vide, avec un
oripeau toujours attaché à son mât, comme s'il demandait encore secours.

Pendant ce temps, le commandant Graziani, qui n'avait pas quitté la
passerelle, avait aperçu dans le sud-est une embarcation isolée. Maintenant, il s'agissait de la retrouver. On remit en route dans sa direction
et les projecteurs balayèrent de leurs faisceaux de larges rayons de mer.

— Embarcation aperçu, 30° bâbord.

Le canot était bien là. Isolés, chargé à couler bas. On s'approcha. Les
naufragés étaient si nombreux qu'ils ne pouvaient bouger. Leur embarquement se fit de 21 h 15 à 22 heures.

Toujours cap au sud-ouest, la *Gloire* continua de rechercher d'autres
canots. Ses veilleurs avaient cru apercevoir des lueurs dans cette direction. Il était impossible de continuer les recherches dans ce secteur si
le commandant Graziani voulait se trouver à 1 heure du matin au rendez-
vous qu'il avait fixé par T.S.F. à l'*Annamite* : 3° 34 S - 12° 54 O. La
Gloire vira de bord et prit la direction Nord. Il était 1 heure du matin
quand un veilleur crut apercevoir sur tribord 15 une lueur, l'espace d'une
seconde. La mer était aussitôt redevenue d'encre. Le veilleur signala ce
fait et Graziani fit allumer un projecteur dont le faisceau lumineux fut
dirigé dans la direction indiquée. Un canot était là ! Il avait une chance
sur un million d'être aperçu et cette chance, il l'avait eue ! Une dernière
allumette avait été frottée sur sa boîte par un marin alors que les naufragés voyaient au loin, sans grand espoir, passer les feux du croiseur.

A 1 h 40, les 84 hommes de ce canot, en majorité des Italiens, étaient
embarqués sur la *Gloire*. Parmi eux, il y avait le sergent de la R.A.F.
Middleton, un des joueurs de bridge du *Laconia* et une seule femme,
Mrs. Gladys Forster. On leur fit boire de l'eau glucosée avant de les faire
descendre au poste qui leur était désigné. Hasard miraculeux ! le canot
était exactement au point fixé par Graziani pour son rendez-vous avec
l'*Annamite* ; l'aviso, par contre, ne s'y trouvait pas. Et pour cause ! Il
n'avait pas pu capter le message radio car, cette nuit-là, il y avait eu
des défectuosités dans la propagation des ondes...

18 septembre.

La *Gloire* continua ses recherches jusqu'au matin, direction Nord-Ouest jusqu'au 2° 40 S et 13° 50 O. A bord, personne n'avait dormi, occupé à habiller les uns, à réconforter les autres, à panser et soigner les blessés.

Il était alors 6 h 05 et le commandant Graziani n'ignorait pas qu'avec les passagers que lui avaient donnés les deux sous-marins, le petit aviso était encombré. Il fallait à tout prix le rejoindre pour les transborder.

Alors, il fixa par T.S.F. un nouveau rendez-vous, à 9 h 30, par 3° 22 Sud et 13° 06 Ouest.

Ce message, l'*Annamite* le capta et il prit la direction Nord-Ouest pour être au rendez-vous... Hélas ! l'aviso fut survolé par les deux avions américains dans la matinée. Un Liberator, d'abord, qui tourna une vingtaine de minutes au-dessus du bâtiment, pas trop près, mais assez pour mettre dans l'embarras le commandant Quémard qui avait fait aussitôt descendre ses passagers du pont à l'intérieur du bâtiment pour les dissimuler... L'avion, soudain, se présenta comme s'il allait faire une passe de bombardement sur l'*Annamite*. Quémard avait décidé de n'envoyer personne à la D.C.A. bien modeste de son navire ! L'avion, menaçant par sa manœuvre, ne lâcha cependant pas de bombe et s'éloigna. Ouf !...

Cinq minutes plus tard, un autre surgit de l'horizon, descendit assez bas — on voyait les étoiles américaines — puis attaqua l'*Annamite* au projecteur. O... O... O..., répétait-il. C'était le signal d'urgence signifiant : « Un homme à la mer. » C'était bien possible en de pareilles circonstances !

— *Where... Where* [1]..., répondit l'*Annamite* sans succès, alors que l'américain insistait pour avoir une autre réponse, probablement un signal de reconnaissance, réponse dont Quémard n'avait pas la moindre idée. Alors, changeant de tactique, le commandant de l'*Annamite* fit émettre inlassablement : « *Red cross... Red cross...* » en clair, jusqu'à ce que, fatigué, l'américain s'en allât. Quémard avait agi habilement : répondre par une ou deux lettres du code international aurait pu donner lieu à de fâcheuses méprises. Pendant que ses passagers réapparaissaient sur le pont, l'officier français se demandait ce qui se serait passé si les avions l'avaient surpris, la veille, à côté des deux sous-marins allemands, pendant les opérations de sauvetage, l'incompréhension suivie de tragédie, sans aucun doute...

_____
1. « Où... Où... »

9 h 25.

L'*Annamite* trouva la *Gloire* au rendez-vous fixé et s'approcha le plus près possible du croiseur. A 10 h 15, les navires stoppés, les canots à moteur du croiseur commencèrent le transbordement des naufragés. La mer était mauvaise, le creux atteignait deux à trois mètres et pour ces malheureux, fatigués physiquement et moralement, qui étaient passés successivement de la mer à un radeau ou à un canot, de là sur un sous-marin, puis sur un aviso, ce dernier transbordement était au-dessus de leurs forces. Beaucoup souhaitaient trouver un lit, un hamac, un coin et enfin s'endormir des heures et des heures, oublier... Parmi eux, il y avait des malades, des blessés à peine transportables... Et pourtant, ce grand croiseur immobile sur la mer leur inspirait confiance. A cause du creux, les coupées étaient impraticables. Dès que les embarcations étaient rangées le long du bord, les gabiers du croiseur s'y laissaient affaler. Là, ils élinguaient les naufragés, mettaient les bébés dans des paniers et tout ce monde était hissé à bord... Ceux qui étaient déjà sur le navire regardaient les nouveaux arrivants, s'interrogeaient sur le sort de leurs proches. Et on entendait des cris de surprise, des exclamations, des explosions de joie.

Ainsi le sergent Batchelor retrouvait deux de ses partenaires au bridge, Middleton et Allen.

— Elliot n'est pas à bord ? demandait Batchelor qui déjà pensait à la table reconstituée !

— Non, nous ne l'avons pas vu.

— Ah !

Cet « Ah ! » était lourd de pressentiments. Le sergent revoyait encore le mess du *Laconia*, les cendriers remplis de mégots, les verres à moitié vides ou renversés, la table de bridge avec le trois-sans-atout et la montre-bracelet en or d'Elliot, cette montre maintenant au fond de l'eau, petit, tout petit objet perdu dans l'immense navire... Et Elliot ? Elliot ne devait jamais revenir...

Il y avait aussi des joies muettes. Mrs. Davidson était entourée de Mrs. Walker, Mrs. Gibson, Desly Millar, Mrs. Forster, toujours désespérée d'avoir perdu sa fille, quand elle s'entendit appeler :

— Madame Davidson !

Elle se retourna. Un officier de marine français lui dit aussitôt :

— Vous êtes madame Davidson, eh bien, votre fille Molly est à bord !

Cinq minutes plus tard, les deux femmes se retrouvaient, heureuses certes, mais, comme elles n'avaient jamais douté que ce moment arriverait, leur joie fut sans exubérance. Chaque fois qu'une embarcation était en vue, les rescapés du *Laconia*, appuyés aux rambardes de la *Gloire*, regardaient les nouveaux arrivants pour tenter de retrouver un des leurs ou un ami. Mrs. Gladys Forster aperçut sa fille Elisabeth qui elle-même, le cœur étreint, cherchait sa mère dans cette foule qui se pressait sur le pont du bâtiment français. Et chaque fois c'étaient des cris, des exclamations. Certains, à peine habillés par les marins français, réconfortés par une boisson chaude, racontaient aussitôt leur drame personnel. On vit un Italien entourer de ses bras un de ses amis retrouvé et tous deux de pleurer et de rire de joie. Le caporal Setti expliquait au sergent Pochettino comment il avait été sauvé par l'U boot, placé dans une embarcation en remorque avant de voir au-dessus de lui le *Liberator* américain. Après le bombardement, il s'était retrouvé dans l'eau, nageant...

L'opération du transbordement était terminée à 12 h 30 et aussitôt le commandant Graziani fit procéder au recensement de ses passagers. 373 Italiens, 597 Anglais dont 48 femmes et enfants, 70 Polonais et un Grec, en tout 1 041 ! Or, la *Gloire* avait 750 hommes d'équipage.

Tandis que l'*Annamite* faisait route sur Konakry, les rescapés du *Laconia* étaient répartis sur le croiseur. Les Anglais furent logés à l'avant, leurs officiers dans la salle de lecture de l'équipage, les Italiens à l'arrière et dans le hangar d'aviation, les Polonais dans la buanderie par tribord avant, les femmes et les enfants pont milieu et coursives. Il fallut se serrer et chacun fit de son mieux. Comme sur les sous-marins allemands, les plus occupés à bord de la *Gloire* furent les cuisiniers qui avaient à nourrir plus de 1 000 personnes en plus de l'équipage et les infirmiers qui avaient à soigner, à panser malades et blessés.

Le même soir, un Anglais, un officier mécanicien de la marine marchande mourut ; le lendemain, un autre Anglais, un marin de commerce. Tous deux devaient être immergés le soir même de leur décès. La cérémonie se passait à l'arrière. Le corps était enfermé dans un sac cousu, lesté de gueuses de fonte. Pendant qu'un timonier saluait au sifflet, le corps glissait à la mer sur une planche. C'était, selon l'expression du bosco de la *Gloire*, le toboggan. Le lieutenant-colonel Baldwin, le *senior officer* du *Laconia*, avait repris ses fonctions à bord de la *Gloire* avec autant de flegme, d'aimable autorité que si rien d'anormal ne se fût passé. Ses connaissances en français, son entregent firent que tout se passa bien pendant les huit longs jours que dura le séjour des rescapés du *Laconia* sur le croiseur français.

A bord, la vie reprenait doucement ses droits, ses exigences parfois mesquines. Les dames anglaises reconnaissaient l'amabilité, le bon vouloir des officiers français mais au bout de peu de temps, certaines oublièrent qu'elles étaient sur un bâtiment de guerre et trouvèrent leur installation trop rudimentaire, la nourriture composée de soupe, de haricots et de pois chiches peu à leur goût, les sanitaires pas entretenus comme elles l'eussent souhaité.

Chacun des naufragés trouva son coin, un confort relatif. Mrs. Davidson couchait sur une table dans le poste des aspirants avec, au-dessus d'elle, dans un hamac, le jeune Geoffroy Baker. C'était dur mais la table était pour elle seule. Les autres dormaient dans des couchettes ou à même le linoléum. Mrs. Davidson, en fille de marins qu'elle était, admirait l'entretien parfait des canons, la ligne du croiseur et sa vitesse. Les enfants reprirent leurs jeux sur le pont, à travers les coursives et l'on revit Freddy Moore au commandement de la petite bande de gamins tourner toutes les manettes qui étaient à sa portée sans trop se préoccuper des résultats de la manœuvre! On le trouva un jour, déguisé en marin français avec un uniforme prêté par les marins de la *Gloire*, auprès d'un tube lance-torpilles faisant une démonstration à ses petits copains! Cet incident fut la cause de l'indignation des dames anglaises qui trouvaient les *kids* vraiment trop bruyants et indisciplinés. Après ce séjour d'immobilité dans les canots, sur le sous-marin, ces enfants s'en donnèrent à cœur joie les premiers jours, puis ils se calmèrent.

Le premier-maître Mignon avait la charge délicate de s'occuper des femmes et des enfants. Il le fit avec un tel dévouement, une telle gentillesse que bientôt, ces dames n'eurent que ce nom à la bouche : « Mignon [1]! »

On ne disposait pas d'assez de couverts. Les hommes utilisèrent des boîtes de conserve comme assiettes; les plus ingénieux se fabriquaient des fourchettes, des cuillers avec des morceaux de tôle découpés, travaillés, mais pour le « petit monde » de Mignon, il n'en était pas de même. Le personnel « maître d'hôtel d'occasion » n'était pas suffisant, le service était long. On améliora bientôt la situation en mettant à la disposition des femmes et enfants la salle à manger des maîtres. Se voyant ainsi confortablement installés à table, face à des couverts qui n'étaient pas en fer, toutes les femmes furent agréablement surprises et apprécièrent ce geste. Les remerciements furent nombreux.

Les conversations s'engageaient et on faisait mille suppositions sur le sort des disparus. On vit Craker, Ben Coutts, le lieutenant-colonel Baldwin bavardant avec des officiers français, le major Morton qui avait repris son solennel surnom *the old man of the sea*. Les prisonniers italiens retrouvaient leur insouciance, leur gaieté. Ils dormaient dans le hangar d'aviation enroulés dans des toiles de tente. A leurs sous-officiers, on avait distribué des « canotiers » qui leur servaient ainsi d'insigne de grade.

Il y eut aussi, bien sûr, des jalousies ridicules, des mots aigres-doux échangés, des préférences imaginaires, des potins, des cancans et des ébauches de flirts à bord du croiseur *Gloire*, pendant sept jours de naviga-

---

1. « *A petty officer Mignon and a boy, Jean, could not have been kinder* » (Gladys Forster). « Le sous-officier Mignon et le petit matelot Jean n'auraient pas pu être plus dévoués. »

tion. Très rapidement la tranquillité à laquelle aspiraient les femmes fut troublée par de nombreuses visites masculines venues de l'avant et de l'arrière. Mignon y mit bon ordre dès le deuxième jour : les visites ne furent autorisées que de 17 à 18 heures et avec l'accord du premier-maître ! Les hommes protestèrent, les femmes ne dirent rien, sauf l'une d'elles qui dit en français à Mignon avec une nuance de regret : « Que l'on est tranquille aujourd'hui ! »

Ces passagers de la *Gloire* ignoraient les préoccupations de ce beau commandant un peu hautain qu'ils apercevaient souvent dans les coursives ou sur la passerelle du croiseur. Le commandant Graziani craignait toujours de voir arriver quelques bâtiments anglais qui auraient exigé la remise des passagers britanniques et même des prisonniers italiens.

En fait, à part quelques avions qui passèrent dans le ciel, dont un grand hydravion Achernar, la *Gloire* rentra tranquillement à Dakar, à 17 nœuds. Le 21 septembre au matin, elle était à peine à son poste, amarrée à son coffre en rade extérieure, que les amiraux Collinet et Longaud montèrent à bord. Ils interrogèrent le commandant Graziani sur les circonstances du sauvetage, les conditions de vie des passagers. Ils félicitèrent aussi le commandant de la *Gloire* de ce sauvetage réalisé par forte houle, sans blessés et sans perte de vie humaine.

A 15 heures, après s'être ravitallé, le croiseur repartait avec ses passagers, direction Casablanca.

Traversée sans incident ; une bonne volonté, une gaieté même, celle de survivre, avaient envahi le bord. On fraternisait presque entre Britanniques, Polonais et Italiens, comme si la guerre était terminée. Le soir, les gardes polonais, qui n'avaient plus rien à garder, se réunissaient sur le pont et faisaient entendre des chœurs de leurs voix graves et nostalgiques.

Le 25 septembre, les naufragés du *Laconia* pouvaient apercevoir les maisons blanches de Casablanca, estompées par la brume de chaleur. Aussitôt, une grande animation régna à bord du croiseur. Chacun réunit ses petites affaires depuis un simple morceau de savon, un peigne, jusqu'à un sac à main, un havresac. Les femmes mirent un peu de rouge à lèvres, se coiffèrent. Leurs vêtements étaient disparates, déchirés, malgré les raccommodages faits à bord. L'anxiété marqua de nouveau les visages. Les Italiens se voyaient déjà remis aux autorités allemandes, renvoyés sur le front de Libye, ce désert brûlant où ils avaient été faits prisonniers. Faire le tour de l'Afrique, être torpillés, sauvés, pour en arriver à leur point de départ ! Quant aux Britanniques, ils savaient que le camp d'internement les attendait, mais ils demeuraient calmes. Certains, en voyant la grande cité dont ils devinaient le grouillement de population, pensaient déjà à s'évader.

La *Gloire* entra dans le port et vint se ranger le long d'un quai gardé par des soldats. Les passagers se pressaient sur le pont, prêts à débarquer depuis longtemps déjà. C'est alors que le lieutenant-colonel Baldwin se fit annoncer au commandant Graziani qui terminait sa manœuvre d'accostage.

— Commandant, dit Baldwin, je tiens à vous remercier, vous, vos officier et l'équipage de la *Gloire* de tout ce que vous avez fait pour nous, Britanniques, pour nos Polonais et nos anciens prisonniers italiens. Permettez-moi de vous remettre cette adresse contresignée par tous mes officiers. C'est peu de chose en vérité...

Le commandant Graziani prit le papier que lui tendait assez solennellement l'officier britannique. Il lut :

> « *En mer, septembre 1942.*
>
> « *Nous, soussignés, officiers de la Marine royale, de la Marine marchande, de l'Armée et de l'Aviation de Sa Majesté britannique et aussi au nom du détachement polonais, des prisonniers de guerre, des femmes et des enfants, désirons vous exprimer notre sentiment le plus profond et le plus sincère pour tout ce que vous avez fait au prix des plus considérables difficultés pour votre navire et son équipage en nous accueillant, nous, les survivants du transport de Sa Majesté, le* Laconia. »

Les Polonais, de leur côté, faisaient remettre au commandant Graziani un dessin représentant l'aigle polonais et un petit voilier naïf voguant sur une mer agitée. Chacun d'eux avait signé ce remerciement aux marins français.

Il ne leur restait plus qu'à quitter ce navire où ils avaient vécu huit jours. Ils se pressaient aux coupées, Britanniques et Polonais d'un côté, Italiens de l'autre. Puis, se bousculant un peu, ils descendirent. Les officiers anglais les firent tous mettre en rang. L'ordre avec lequel ces malheureux s'alignèrent, les regards qu'ils portaient sur le grand croiseur, aux matelots à pompon rouge appuyés aux rambardes laissaient pressentir un de ces moments émouvants comme il en arrive quand des hommes ont vécu ensemble dans des moments difficiles, ont appris à se connaître, à s'apprécier et vont pour toujours se quitter.

Le lieutenant-colonel Baldwin descendit le dernier à la coupée et vint se mettre devant ce millier d'hommes, de femmes et d'enfants.

Trois fois, il cria : « Hourra pour la *Gloire* ! »

Trois fois, ce cri, dans des accents divers, fut répété par tous.

Puis la petite troupe s'ébranla vers de nouveaux destins...

....

Les Britanniques devaient, hélas, déchanter. A peine débarqués, on les interna dans deux camps à Sidi-el-Ayachi, les hommes d'un côté, les femmes et les enfants de l'autre ; on ne peut pas dire qu'ils y furent bien traités. Ils ne devaient pas y demeurer longtemps. Quarante-quatre jours plus tard, le 8 novembre, l'attaque de l'Afrique du Nord par les Alliés devait les délivrer. Les trois sergents bridgeurs n'avaient pas attendu cette date. Ils s'étaient évadés, ils avaient trouvé refuge chez un Français de Casablanca et le premier bâtiment américain qui se présenta les emmena aux États-Unis. Ben Coutts, à cause de son nez, le troisième jour de son internement, avait été envoyé à l'hôpital militaire. On ne trouva pour ce géant aucun vêtement et encore moins de chaussures à sa pointure et il dut se contenter de chausssons bleus en toile. Le major devait être envoyé en France pour une opération d'esthétique, mais le bateau sur lequel il devait s'embarquer le 20 octobre était complet. Le 5 novembre, il put partir enfin pour Marseille. Son navire fit une escale à Oran. Or, ce même jour, un destroyer britannique arraisonnait le cargo et prenait Ben Coutts à son bord. Puis, ce fut Alger.

« Le premier navire que je vis en rade fut le *Stratheden*, devait écrire plus tard Ben Coutts. Il s'en était tiré après avoir fait un voyage en Angleterre ! » On se rappelle que ce bienheureux navire avait transporté un groupe d'aviateurs — et Ben Coutts — jusqu'à Durban. Huit jours plus tard, l'officier sans nez était chez lui, en Angleterre.

Quant aux Italiens, comme ils en avaient le pressentiment, leur sort devait être plus malheureux. De nouveau prisonniers dans un camp d'internement, ils durent attendre la fin des hostilités pour être libérés.

XIX

QUELQUES AUTRES RESCAPÉS

20 septembre.

Alors que la *Gloire* avec ses passagers ralliait Dakar, que l'*Annamite* faisait route vers Konakry, le *Cappellini* recherchait toujours les bâtiments français. Son commandant commençait à perdre espoir de les trouver jamais. Avant l'aube du 18 septembre, il avait bien aperçu un navire de guerre illuminé qui s'en allait. Il avait tenté de le rejoindre et avait forcé sa vitesse mais son sous-marin était trop lent. Attaqué au projecteur, le bateau français n'avait pas répondu. Durant cette course, la mer avait arraché plusieurs planches et un projecteur de pont.

A l'aube, Revedin, découragé, avait plongé pour procéder à la stabilisation et voir comment son *Cappellini* se comporterait avec 110 personnes à son bord.

Les naufragés avaient été interrogés. L'un d'eux, un sergent-major, interprète d'un commandant anglais en Egypte, devait donner des renseignements utiles sur les fortifications d'Alexandrie, sur le moral des Anglais. Le commandant italien fut très intéressé par le récit du naufrage du *Laconia* que lui firent d'une façon identique un sergent-major, le caporal-chef Dino Monti, et le soldat Adolfo Sangiorgi, tous deux faits prisonniers en Afrique du Nord. Ils étaient dans les embarcations remorquées par l'*U 156* quand celui-ci avait été attaqué à la bombe par le Liberator et, d'après eux, coulé corps et biens. Ils avaient réussi à gagner à la nage une embarcation.

Pour les naufragés italiens, ce séjour sur le *Cappellini* fut un paradis après l'enfer du *Laconia* et leur naufrage.

— J'eus l'honneur de manger des spaghetti au beurre à 55 mètres de profondeur, devait dire plus tard Dino Monti !

Le commandant Revedin cherchait toujours les bâtiments français. Fallait-il aller jusqu'à l'archipel du Cap-Vert et y débarquer les naufragés ? C'est bien loin. Revedin eut le temps de rédiger une lettre en français pour le cas où il rencontrerait un de leurs bâtiments.

> « *Pour M. le commandant :*
> « *Les chaloupes que nous avons rencontrées sont les suivantes :*
> « *1° 07 heures G.M.T. du 16-9-1942 Lat. 04° 08 S. Long. 11° 57 O. Grande chaloupe à voile qui marchait vers le nord avec 50 naufragés.*
> « *2° 09 heures G.M.T. du 16-9-1942. Lat. 04° 23 S. Long. 11° 55 O. Grande chaloupe à voile qui marchait vers le nord avec 24 enfants, 18 femmes et 40 hommes.*
> « *3° 14 heures G.M.T. du 17-9-1942. Lat. 04° 45 S. Long. 12° 55 O. Trois chaloupes à la dérive 120 milles par jour, direction Nord-Ouest avec à peu près 200 naufragés. Dans ces chaloupes, il n'y a plus d'Italiens.* »

Après réflexion, Revedin avait préféré ne pas signer ce mot, pas plus qu'il n'y mentionnait le nom du sous-marin. Ainsi, le bâtiment français saurait où trouver les embarcations des naufragés après le transbordement de ceux embarqués sur le *Cappellini*.

A bord du Dumont-d'Urville.

Au moment où le transbordement des naufragés commençait sur la *Gloire*, le *Dumont-d'Urville* se trouvait encore à plus de 300 milles dans le nord-est... La veille, à 8 h 30, une vigie avait signalé une voile droit devant, par 16 000 mètres. A 9 heures, ce matin du 17 septembre, on avait accosté le canot. Il contenait 14 naufragés mais ce n'étaient pas ceux du *Laconia* ! Ils appartenaient à un cargo anglais de 5 000 tonnes, le *Trevely* qui, trois jours auparavant, avec un convoi de 46 navires alors qu'il regagnait l'Angleterre, avait été torpillé. Le sous-marin allemand avait achevé à coups de canon le cargo qui s'obstinait à ne pas couler. Deux autres embarcations chargées de rescapés devaient dériver plus à l'ouest. Les Britanniques possédaient encore des vivres et étaient en assez bonne condition physique. Ils tentaient d'atteindre un port britannique, Lagos ; après une courte hésitation, Thomas Hastings, commandant du *Trevely*, préféra l'hébergement sur le bâtiment français à une navigation incertaine et pleine de périls. On logea les rescapés dans le poste d'équipage.

Après quelques recherches infructueuses, le *Dumont-d'Urville*, ne trouvant pas les deux chaloupes du *Trevely*, avait repris sa route vers le lieu de rendez-vous.

A 3 heures du matin, le 18 septembre, le navire avait intercepté un message de la *Gloire* rendant compte à Dakar du résultat des premières opérations de sauvetage. Le commandant Madelin commença à douter que son bâtiment, trop lent, pût jamais arriver utilement sur les lieux. Malgré tout, le *Dumont-d'Urville* avait poursuivi sa route et ses recherches toute la journée du 18.

A 17 heures, ce même jour, le commandant Madelin, sachant que beaucoup de naufragés étaient en sécurité sur la *Gloire*, décida de retourner à Port-Bouet. Mais le 19 au matin, le *Dumont-d'Urville* et l'*Annamite* recevaient un message de Dakar les informant que le *Cappellini*, à 1 heure du matin, la nuit précédente, se trouvait par 4° 44 S et 11° 03 O, route sur le 320 à 7 nœuds. L'un des deux bâtiments devait rallier le sous-marin italien et prendre à son bord 47 naufragés.

L'*Annamite* fit aussitôt demi-tour. Le *Dumont-d'Urville* qui se trouvait plus près du submersible par 1° 18 S et 10° 43 O à 12 h 36 répondit qu'il pouvait entrer en contact avec l'italien le 20 au matin. L'accord avait été donné à 16 h 30.

Le *Dumont-d'Urville* vira de bord jusqu'au 250.

Le lendemain 20 septembre, à 8 heures du matin, le commandant Revedin se trouve dans la baignoire de son *Cappellini*, à côté de l'officier de quart et des matelots de veille.

— Une fumée à 30°. Regardez, commandant.

A la jumelle, Revedin observe un instant la surface de la mer.

— C'est exact. On dirait un petit bâtiment.

— Peut-être les Français ?

— Nous ne tarderons pas à le savoir...

Le bâtiment approche à vue d'œil. Lui-même a mis le cap sur le sous-marin...

Moment critique pour le lieutenant de vaisseau Marco Revedin ; lorsqu'il fait le premier signal de reconnaissance, le bâtiment qu'il a en face de lui ne répond pas. Serait-ce un destroyer anglais ? Il se dirige à toute la vitesse de ses machines vers le sous-marin.

— Paré à plonger !

Au moment où Revedin va donner l'ordre de plonger, le bâtiment inconnu répond enfin à son signal et hisse en tête de mât un grand pavillon français.

— Quel est votre nom ? interroge Revedin.

— *Dumont-d'Urville*.

L'aviso français stoppe et met à la mer une vedette et une baleinière. La mer est houleuse. Avec difficulté, on embarque d'abord quelques blessés.

— Priez votre commandant de manœuvrer afin que je me trouve à l'abri du vent, demande Revedin à l'officier français à bord de la vedette. Il lui remet aussi la note qu'il a rédigée.

Le *Dumont-d'Urville* se déplace et le transbordement continue. A 11 h 30 tout est terminé. Le *Cappellini* a gardé à son bord les deux officiers anglais et six Italiens, ceux qui détiennent le plus de renseignements sur les Britanniques, un Italien père de famille nombreuse et un carabinier qui gardera les prisonniers. Après avoir évolué un instant autour du *Dumont-d'Urville*, pour garder le secret de sa route, le sous-marin s'éloigne vers l'ouest.

Aussitôt, à bord de l'aviso, on s'occupe des naufragés italiens. Ils sont hagards, fatigués ; leur maigreur apparaît sous leurs chemises en lambeaux, leurs shorts en loques. Le commandant Madelin les interroge et, par bribes, il apprend qu'ils furent faits prisonniers dans le désert de Libye, embarqués sur le *Laconia*, torpillés. Impossible d'en savoir plus. Le docteur Duval examine les blessés, fait panser des plaies aux membres supérieurs et inférieurs et il note : « Plaies propres, découpées à l'emporte-pièce, ovalaires de 8 à 10 cm de diamètre. » Elles sont dues à des morsures de requins de petite taille. Pendant que l'on réconforte les uns, qu'on les habille, qu'on soigne les autres, le sous-marin italien a disparu en plongée. Hors de la vue du *Dumont-d'Urville*, il a refait surface.

A 12 h 30, le commandant Revedin devait apercevoir la silhouette d'un destroyer à l'horizon. L'*Annamite* ? Peut-être. Le *Cappellini* plonge, par mesure de précaution. Ses hydrophones lui font entendre un bruit de turbines et il croit savoir que les machines de l'*Annamite* sont à moteurs thermiques. Le bruit a disparu. Le *Cappellini* émerge, le kiosque seul hors de l'eau. Malédiction ! Le bâtiment est toujours là, comme s'il l'attendait ! Nouvelle plongée, à 90 mètres. Revedin attend la nuit pour émerger. Quand il fait surface, la mer est déserte. Revedin fait alors venir les deux officiers anglais.

— Vous êtes prisonniers de guerre. A mon bord, vous serez bien traités. Chacun aura sa couchette dans la chambre des torpilles avant. Vous mangerez au carré des officiers. Quatre fois par jour, serez autorisé à aller fumer une cigarette dans le central. Un homme — un ancien prisonnier du *Laconia* — vous surveillera. J'espère ne pas avoir à me plaindre de vous...

Les deux officiers firent contre mauvaise fortune bon visage. Pour eux, la guerre était finie.

— En cas de combat, vous nous mettrez sur le pont ? demande le lieutenant Penman.

— Quelle idée stupide !

Le commandant du *Cappellini* hausse les épaules.

Le lendemain, à 1 h 33, Revedin devait envoyer un message à Bordeaux :

« *Effectué transbordement. J'ai laissé 300 Anglais à la mer. Il me reste 83 tonnes de gas-oil.* »

Le 25, le *Cappellini* passait à l'est des îles du Cap-Vert. Deux jours plus tard, il rentrait à sa base de Bordeaux.

Le *Dumont-d'Urville* avec ses 42 Italiens avait à peine remis en marche qu'un bâtiment s'était présenté. C'était l'*Annamite* qui, le 19, à 12 h 53, alors qu'il se trouvait au 1° 18 S et 10° 43 O, avait reçu l'ordre de Dakar de faire demi-tour pour prendre les naufragés du sous-marin italien. Toute la nuit, l'*Annamite* avait navigué, espérant rencontrer le submersible dès les premières lueurs du jour. Maintenant, il se trouvait en présence du *Dumont-d'Urville* arrivé sur les lieux avant lui. Aussitôt le commandant Quémard fit mettre un canot à la mer et il se rendit lui-même à bord du *Dumont-d'Urville*.

— J'ai 42 rescapés italiens et je dois rallier Konakry, lui dit Madelin.
— Passez-les-moi. Je les mène à Dakar, répondit Quémard.

Une heure plus tard, le transbordement était terminé et les deux bâtiments se séparaient. Les Italiens, à bord, tout en regrettant de n'être pas rentrés en Italie avec le *Cappellini*, étaient heureux d'apercevoir enfin le bout de leurs souffrances quand l'*Annamite* toucha Dakar le 24 septembre, trois jours après la *Gloire*.

« Nous fûmes reçus de façon exquise, devait écrire le caporal Dino Monti dans son journal. Tous les soins et attentions nous furent prodigués dans les quelques heures où nous restâmes à bord du *Dumont-d'Urville* puisque nous fûmes presque aussitôt transbordés sur le second navire français, l'*Annamite*. Là aussi, l'hospitalité française se révéla à la hauteur de sa réputation. »

Le commandant Madelin n'estimait pas sa mission terminée. Il rechercha les trois embarcations signalées par la note du commandant italien. Dans l'après-midi du 21, entre 16 heures et 20 heures, il trouva les trois chaloupes par 9° 43 S et 14° 05 O. Elles étaient vides.

Descendus dans les embarcations, les marins français firent rapidement l'inventaire de ce qu'elles contenaient : des brassières de sauvetage, des avirons, des voiles, des filins, des conserves de pemmican, du lait en tablettes, du chocolat et même de petits appareils à distiller l'eau de mer par énergie solaire.

Les canots étaient eux-mêmes en bon état.

— Tiens, une boîte de beurre comme on n'en a pas vu depuis longtemps, dit un marin, en découvrant une énorme boîte de conserve.

— Regarde ça, une godasse de femme, grande taille !

— Moi j'aime mieux ça : un soutien-gorge.

Tous se mirent à rire devant le geste du matelot qui faisait mine de s'en parer. Mais soudain, leur rire se figea. Ils venaient d'apercevoir, se déplaçant rapidement, à peu de profondeur, l'ombre des requins qui rôdaient autour des embarcations. D'où venaient ces canots ? Appartenaient-ils au *Laconia* ou à un autre bâtiment torpillé ? On n'avait pas le temps de faire de telles recherches et le *Dumont-d'Urville*, après avoir réembarqué ses matelots, abandonna les canots inutiles et prit la direction de Port-Bouet [1].

Ainsi se termina la mission de sauvetage confiée à la *Gloire*, l'*Annamite*, le *Dumont-d'Urville*. Ils l'avaient remplie très normalement comme l'eût fait n'importe quel bâtiment français. Les Gouvernements allemand et italien en surent gré à leurs équipages. Les marins de la *Gloire*, l'*Annamite* et du *Dumont-d'Urville* furent priés de faire connaître les noms de leurs parents ou de leurs amis prisonniers en Allemagne. On promettait leur libération. A bord de chaque navire, on se hâta d'en dresser la liste qui parvint aux Allemands dans les premiers jours de novembre 1942. Or, le 27 du même mois, 73 bâtiments français se sabordaient à Toulon tandis que la *Gloire*, l'*Annamite* et le *Dumont-d'Urville* ralliaient les Forces Françaises Libres. La libération des prisonniers était compromise, mais avec une inlassable ténacité, faisant valoir toutes sortes d'arguments, notamment celui pour le moins spécieux que les Allemands avaient attendu trop longtemps pour libérer les prisonniers français, la Commission d'armistice française à Wiesbaden, inlassablement, revint sur la question. Enfin, le 10 juillet 1944, alors qu'on se battait en Normandie, 385 prisonniers français libérés débarquaient à Compiègne. La liste en comprenait 414 ! On pouvait se déclarer satisfait, étant donné les circonstances. Le 24 septembre 1942, son navire ayant rallié Dakar, le commandant Quémard écrivait sur son livre de navigation : « Tous à bord de l'*Annamite* se sont dépensés sans compter et sont extrêmement heureux d'avoir contribué à une mission humanitaire dont le résultat ne leur échappe pas, en ce qui concerne les atouts que nous nous sommes donnés et l'accroissement de prestige de la marine française. » Ce que l'officier breton écrivait pouvait s'appliquer aux marins de la *Gloire* et du *Dumont-d'Urville* [2].

1. Le commandant du *Dumont-d'Urville*, jugeant que ces embarcations étaient désormais dangereuses pour la navigation, les aurait fait couler ensuite en tirant aux mitrailleuses et au 37. L'information n'est pas certaine. Le *Dumont-d'Urville* devait rencontrer en pleine nuit, quelques jours plus tard, une embarcation de l'*Oronsay* qui avait été torpillé. Elle contenait une quarantaine d'hommes et trois femmes. C'est dire que les drames dus aux torpillages étaient alors fréquents.

2. Les listes de prisonniers à libérer données par l'*Annamite* et le *Dumont-d'Urville* n'eurent aucune suite.

Sur des milles et des milles, la mer, dans les journées qui suivirent, ressembla à un champ de bataille alors que les armées se sont éloignées. Mais là, il n'y avait pas de brancardiers pour ramasser les derniers blessés, pas de corvées pour enterrer les morts... Il ne restait que des cadavres flottant entre deux eaux, à moitié déchiquetés par les requins, des embarcations crevées, des avirons épars, des gilets de sauvetage inutiles, des planches, des riens... La mer était vide de vie humaine... Et pourtant, deux canots surchargés de naufragés, loin, bien loin de ces lieux du naufrage faisaient doucement voile vers l'est, vers l'Afrique. Quarante jours de voile pour y parvenir ! Pour ces malheureux, ce fut une tragédie qui fait penser à celle du radeau de la *Méduse* !...

Après le bombardement de l'*U 156*, Miss Doris Hawkins et lady Grizel Wolfe-Murray, cette jeune femme enceinte de quatre mois, soutenues par le chef d'escadron Wells, avaient pu se hisser sur un canot surchargé. Tandis que Wells jugeant que l'embarcation contenait assez de monde, s'en éloignait pour trouver un autre canot, les deux femmes s'étaient retrouvées avec soixante-quatre Britanniques et deux Cadets polonais. L'un d'eux, nommé Zdzislaw Uher, était bien connu à bord du *Laconia* pour son optimisme.

Il y avait dans l'embarcation le jeune chirurgien du *Laconia* le docteur Geoffrey Purslow, le quatrième mécanicien du navire, William Henderson, le lieutenant-colonel O. C. Ship, un lieutenant d'aviation navale, un électricien, un pilote de la R.A.F., un aide-comptable.

Le docteur Purslow et quelques officiers firent d'abord l'inventaire de ce que contenait le bateau : cinq avirons, une sonde, quelques outils, un câble, un compas, une batterie d'accus, deux couvertures, quelques médicaments. Aucune fusée, aucune voile.

On se servit d'un aviron comme mât et d'une couverture comme foc. Le docteur, qui avait fait beaucoup de voile étant jeune, fut nommé *Navigator doctor !* Les seules réserves qu'ils avaient en vivres et en eau potable, environ 68 litres, avaient été fournies par l'*U 156* et son commandant avait vivement conseillé au docteur Purslow d'attendre les navires français, ajoutant : « La côte la plus proche est à 600 milles d'ici, direction N.N.E... Vous ne l'atteindrez jamais. »

Que n'avaient-ils suivi ce sage conseil ! Les officiers avaient décidé de ne pas attendre plus longtemps et de faire voile vers la côte.

Le premier jour de leur navigation solitaire, ils l'avaient tous vécu pleins d'espoir. Un avion américain les ayant survolés à basse altitude, leur avait envoyé en morse un message qu'ils avaient été incapables de comprendre... On allait venir à leur secours, bien sûr ! Dans la soirée, ils avaient aperçu le *Cappellini* qui prenait à son bord les Italiens de deux embarcations proches. Eux n'en avaient aucun.

Les hommes se mirent aux avirons nuit et jour, par roulement. Après deux jours, ils durent abandonner car ils étaient trop faibles.

Le colonel et le docteur avaient ainsi partagé les rations : le matin : 4 à 5 tablettes *Horlick*, 3 petits morceaux de chocolat. Pas d'eau. L'après-midi : 2 biscuits de mer de la dimension d'un petit-beurre. Une cuillerée à café de pemmican. Deux onces d'eau.

Lors des nuits interminables qui duraient de 6 heures du soir à 6 heures du matin, les deux femmes se tenaient chaud en dormant côte à côte. La mer, sans être mauvaise, dangereuse pour le canot, secouait durement et souvent l'eau embarquait.

A partir de 10 heures du matin, le soleil équatorial devenait insupportable et les deux femmes tentaient de s'en protéger sous le peu d'ombre que donnait la couverture-voile.

Les naufragés ne faisaient rien si ce n'est parler de leur *home*, de leur famille, de leurs amis ou encore supputaient les chances qu'ils avaient d'être sauvés. Le pire était de parler nourriture, de ce qu'il leur restait pour survivre encore quelques jours... et des bonnes choses qu'ils mangeaient autrefois. Tous jurèrent d'avoir à l'avenir le plus grand respect pour la moindre goutte d'eau ! Miss Doris et lady Wolfe-Murray se faisaient des confidences de femmes dans le coin qui, à l'avant, leur avait été aménagé.

Avec humour, ces Britanniques tentaient d'apprécier leur solitude, si près de la nature, alors que d'autres peinaient à conduire leur voiture dans les encombrements de Londres ou, chez eux, étaient esclaves du téléphone.

Ils admiraient l'éclair bleuté des poissons volants, la transparence gélatineuse des méduses.

Un seul moment agréable : le matin, au moment du lever du soleil, alors qu'un rose tendre comme la porcelaine s'affirmait à l'horizon, quelques gouttes d'eau tombaient du ciel et ils offraient leur visage et leur tête à l'ondée matinale.

L'ingénieur-mécanicien William Henderson fabriqua un gouvernail de fortune avec les moyens du bord et le mit en place. Toujours à la tâche, Henderson veillait la nuit plus longtemps que les autres. Sur une planche, il fit peindre en caractères d'affiche, en blanc : « *S.O.S. Water* » — ceci pour être vu par un avion éventuel ! Toutes les fissures du canot furent découvertes et colmatées. Ainsi, Henderson s'épuisait au travail alors qu'il n'absorbait que très peu de nourriture et le matin on était obligé pour redonner quelque vie à ses membres bleus par le froid, de les frictionner, de les masser.

Un matin, on le retrouva sans vie. Son corps fut jeté par-dessus bord.

Les naufragés attendaient « Five o'clock », l'heure traditionnelle du thé mais c'était pour recevoir chacun une goutte d'eau et cette goutte d'eau, avant d'être avalée, humectait leurs gencives, rafraîchissait leurs dents, baignait chaque papille de leur langue tuméfiée. La soif était la pire des tortures.

Bientôt, ils parlèrent avec difficulté et une torpeur mortelle s'appesantit sur le canot. Ils sommeillaient jour et nuit sans pouvoir réellement dormir, oubliant quelques heures, quelques instants, leur condition de naufragés sans espoir. Cependant une nuit, Miss Doris rêva : elle était au Caire, à l'hôtel Groppi, on lui servait un jus d'orange glacé, une mangue à point et même une tasse de thé ! Un peu plus loin, des femmes de ménage lavaient un couloir à grande eau, oui, à grande eau !

L'aspect des naufragés chaque jour s'avilissait. La barbe des hommes poussait mais ceci n'était rien à côté de leur maigreur, des cloques, des pustules purulentes qui se formaient sur les membres alors que les ongles tombaient.

Ils n'avaient, pour s'allonger, que les dures planches du canot. Le docteur Purslow, sans médicaments, avec l'aide de la *sister*, incisait au canif les plaies infectées et les lavait à l'eau de mer.

On ne peut pas dire que lady Wolfe-Murray souffrait réellement. Non, elle allait vers la mort avec une obscure inconscience. Parfois, elle parlait à Miss Hawkins de son mari qui combattait dans le désert, de ses fils qui l'attendaient en Angleterre. Dans ses moments de lucidité, elle conservait son optimisme et même son sens de l'humour ! Une fois, leurs regards se rencontrèrent, elles se sourirent avec une telle expression de moqueuse confiance que les hommes, surprenant leurs regards, sourirent à leur tour.

Le 25 septembre, lady Wolfe-Murray comprit qu'elle ne pourrait pas survivre. Elle sourit, et dit à Miss Hawkins : « *We've had lots of fun*[1] », puis, plusieurs fois, distinctement, elle donna son adresse. Un de ses derniers gestes fut d'ôter l'alliance de son doigt amaigri et de la tendre à la *sister* : « *For my husband*[2]. » Dans la nuit du 25 au 26 septembre, alors que Miss Doris l'entourait de ses bras, elle demeura immobile, glacée. A 6 heures, comme si elle achevait de dormir, elle cessa de respirer.

· Le docteur Purslow dit quelques prières, puis ils tentèrent de chanter une strophe de : « *Abide with Me*[3] » mais leurs voix s'arrêtèrent dans leur gorge.

Lady Grizel Wolfe-Murray eut la sépulture des marins péris en mer...

Comme si la jeune femme avait donné le signal, d'autres la suivirent dans la mort. Mais ces morts furent parfois déchirantes, certains perdaient la raison, d'autres, longtemps, déliraient avec des cris.

---

1. « Nous avons eu notre part d'amusements. »
2. « Pour mon mari. »
3. « Demeurez avec moi... »

Était-il possible de conserver son sang-froid, sa raison sur ce canot qui peu à peu se vidait ? Sans eau, depuis plusieurs jours, ils ne pouvaient même plus avaler les biscuits qui tombaient de leurs lèvres couvertes de croûtes.

Miss Hawkins, à force de volonté, avalait un peu de pemmican. Il lui fallait souvent une heure pour manger la valeur d'une cuillerée à café. Zdzislaw Uher [1] absorbait sa ration de biscuit en la trempant dans un peu d'eau de mer. Ce fut le seul survivant qui n'eut pas à souffrir de plaies septiques. Ce Polonais fut pour les naufragés un sauveteur, par son endurance, son courage et sa bonne humeur, ceci, quoiqu'il ne sût pas un mot d'anglais ! Son compagnon polonais devait mourir à ses côtés dans le canot.

Le 27 au matin, un paquebot à trois cheminées, à 4 milles, apparut. Tous, faisant des efforts surhumains, se levèrent, crièrent, agitèrent des lambeaux de vêtements. Pourquoi n'avaient-ils pas à bord une fusée ? Ils réussirent à allumer un gilet de sauvetage sur lequel ils avaient versé le contenu d'une lampe à pétrole. L'un d'eux tenta même de se faire entendre avec un sifflet de manœuvre.

— Il se rapproche !

— Il va nous sauver ! Il nous a vus !

Le paquebot, comme insensible à leurs appels, s'en allait vers l'horizon. Dans le canot, ce fut le silence. Ils étaient désespérés.

Enfin, le colonel, dans la soirée, en distribuant les rations parla :

— Écoutez-moi tous, nous avons eu aujourd'hui une terrible déception, mais il y a des lendemains. Le fait d'avoir vu un bateau signifie que nous sommes sur le trajet des convois. La chance va peut-être tourner pour nous, maintenant. Ne perdons pas espoir à cause de ce qui est arrivé ce matin.

Une autre journée passa.

La *sister*, très croyante, priait, regrettant qu'il n'y eût aucune bible à bord. Un sergent de la R.A.F. avait cependant un évangile selon saint Jean et un livre de prières et leurs yeux fatigués les lurent. Il y eut quelques disputes pour des raisons futiles car ils étaient de pauvres êtres humains.

Le docteur Purslow qui avait été un des premiers à souffrir de plaies infectieuses au bras et à la main gauche, au pied et à la jambe droite, allait de plus en plus mal. Miss Doris ouvrit les plaies avec une lame de rasoir. Tous les jours le docteur s'affaiblissait. Sa voix avait changé et il ne parlait que très rarement.

Le dix-neuvième jour après le torpillage, au matin, le brave docteur

---

1. Ce Polonais, après s'être marié avec une survivante du *Laconia*, vivrait aujourd'hui en Grande-Bretagne.

s'adressa à Miss Hawkins : « Comme je ne puis maintenant être d'aucune utilité et que je suis même une source de danger pour vous tous, il est préférable que je m'en aille. » Ayant dit ces mots, avec effort, le docteur se leva, alla jusqu'au bord du canot.

— *Good bye.*

Après un long regard à ses compagnons, le docteur franchit le bordée de l'embarcation et se laissa tomber à l'eau.

La *sister* qui sommeillait, s'entendit dire : « *Greater love with no man than this, that a man lay down his life for his friends* [1]. »

La chance tourna. Ils bénéficièrent de bons vents et de courants maritimes les portant vers la terre. Un seul homme se tenait à la barre, les autres, sans mouvement, étant au bord de l'évanouissement. C'était la fin de leur troisième semaine en mer. La veille, ils avaient tous prié pour avoir un peu d'eau. Enfin le ciel leur envoya une pluie torrentielle pendant six heures — de quoi remplir tout ce qui pouvait être récipient. La voile leur servait de conduit. Enfin, ils purent boire à leur soif ! Leurs corps trempés semblaient revivre comme un poisson pêché et rejeté à la mer. Ils purent avaler chacun deux biscuits et deux tablettes *Horlick*. Six gallons d'eau douce furent mis dans les réservoirs. Étrange, cette eau venue des nues était jaunâtre, mais qu'importait ! Ils ne purent s'empêcher de penser à ceux qui auraient été sauvés si cette pluie était tombée quelques jours plus tôt.

Ils se séchèrent avant que la nuit vînt, tous allongés dans le fond de l'embarcation ; ils le pouvaient, hélas ! maintenant.

Un matin, des nuages noirs, bas sur l'eau, quelques oiseaux, annoncèrent la terre proche. Ils virent même une feuille qui surnageait.

Le jeudi 8 octobre, à l'aube, Miss Hawkins remarqua l'agitation d'un marin assis à côté d'un aviateur. Il lui montrait un point, droit devant. Puis, se tournant vers la *sister*, il lui demanda : « *Sister*, ne voyez-vous pas quelque chose ? » Puis, il ajouta : « Ne troublez pas les autres si ce n'est rien mais il me semble bien voir un navire. »

Il y avait bien quelque chose à la surface de la mer. Mais quoi ? Un destroyer ? Oui... et d'autres bâtiments... Un convoi ? Une bonne demi-heure, ils regardèrent ces navires qui ne bougeaient pas... C'était la terre...

A la fin de la journée, leurs yeux brûlés de soleil, de sel de la mer, leurs yeux sans cils aux paupières bouffies pouvaient distinguer des arbres, des collines... Comme le soir venait, ils mouillèrent une ancre pour attendre le jour.

---

1. « Il n'y a pas de plus grand amour que celui-ci, celui d'un homme qui donne sa vie pour ses amis. »

9 octobre.

De la terre venait une chaleur moite, odorante, celle d'une végétation tropicale tandis qu'une petite pluie tombait. La terre qu'ils avaient devant eux semblait inhabitée. Hélas ! le vent les éloigna du rivage et les rescapés n'avaient ni les moyens ni la force de ramer... Il était 4 heures de l'après-midi et le canot se trouvait à 5 milles de la terre quand un avion les survola. A ses cocardes, ils reconnurent un avion britannique. Il tourna au-dessus d'eux, descendant de plus en plus bas. C'était le moment de montrer le panneau avec le *S.O.S. Water.* Le pilote put-il lire le S.O.S. ? Il ne le sembla pas, car l'avion s'éloigna vers la terre, mais il revint bientôt volant encore plus bas. Quand il fut au-dessus du canot, une sorte de gilet de sauvetage s'en détacha et vint frapper l'eau sur l'arrière. Malheureusement, les naufragés virent le sac qui y était attaché éclater au contact de l'eau... et son contenu se répandre.

Alors un aviateur naufragé, retrouvant un peu de forces, se jeta à la mer, nageant péniblement. Il revint avec le gilet de sauvetage, une pomme, une poire et une banane. Sur le gilet était écrit : « O.K., des secours arrivent. Vous êtes à 60 milles au sud de Monrovia. » Monrovia ! Personne n'avait la moindre idée de ce pays ! L'avion, piloté par le capitaine Store, s'éloigna, probablement pour aller chercher des secours. Quelques heures plus tard, le canot, avec un matelot anglais à la barre, non sans difficulté, accostait sur une petite plage entre des rochers.

Dans un dernier effort, un à un, ils sortirent du canot sur lequel ils avaient souffert vingt-huit jours. Ils firent leurs premiers pas dans l'eau puis, exténués, tombèrent sur le rivage. Pour s'éloigner de la mer, ils se traînèrent sur les genoux, les hommes portant avec eux ce qu'il leur restait de biscuits, de pemmican et quelques souvenirs du bateau. Quand ils furent tous réunis, allongés sur le sable chaud, ils se regardèrent, tous avec la même pensée : ils étaient sauvés ! Ils étaient encore en vie ! 16 seulement sur les 68 que contenait le canot au départ, et pour les survivants c'était un miracle. Ils n'étaient plus que des squelettes couverts d'une peau crevassée et purulente, si faibles que l'un d'eux devait mourir quelques jours plus tard.

Ils n'étaient pas sur le rivage depuis vingt minutes — la nuit était venue et ils ne voyaient pas à un *yard*, une nuit sonore du bruissement des criquets, des craquements de la forêt mystérieuse — qu'une lumière s'approcha le long du rivage. Des cannibales ! Non, c'étaient de braves Noirs qui, pendant deux jours, avaient observé l'embarcation et qui, maintenant, portaient secours aux naufragés. Avant de les emmener à leur village en les soutenant, en les portant, les Noirs explorèrent le canot, emportant tout ce qui était possible...

Leur village, quelques cases, était dans la forêt. Avec pitié, avec sympathie, ils accueillirent les Européens, s'étonnant que l'un d'eux, vêtu d'une chemise de la R.A.F. et d'un short, ne portât pas de barbe, mais c'était Miss Doris Hawkins !

Ce soir-là, la *sister*, avant de s'endormir, eut une deuxième émotion : tâtant ses doigts amaigris, elle s'aperçut que l'alliance que Mrs. Wolfe-Murray lui avait confiée pour son mari avait glissé de son annulaire et était tombée dans le canot. Elle ne devait pas la retrouver et ce fut pour elle une grande peine.

Le lendemain, les naufragés apprirent qu'ils avaient atterri dans la République du Libéria et que la grande ville Grand Bassa se trouvait à quelques milles et qu'ils allaient y être transportés.

Coïncidence curieuse ! Le 24 octobre, après avoir reçu les soins qu'exigeait leur état, ils furent embarqués sur un destroyer britannique et celui-ci, engageant le combat avec un sous-marin, lança des grenades sous-marines avant d'atteindre Freetown et là, après un séjour de six semaines, le bâtiment qui devait les ramener en Angleterre fut le *Sister-Ship*[1] du *Laconia* ! Cette fois, le voyage fut heureux.

Un canot du *Laconia* était encore en mer le 21 octobre. Il contenait quatre hommes épuisés : *l'able seaman* Large[2], le *leading seaman* Harry Vines qui se trouvait dans le canot de tête lors du bombardement de l'*U 156*, Edward Anthony Riley et Dobson.

Ces quatre hommes étaient les seuls survivants, au bout de trente jours de mer, d'un canot de sauvetage qui contenait au départ 51 hommes, rien que des hommes dont le chef d'escadron Wells. Le drame sur cette embarcation qui n'avait aucun équipement sérieux et seulement deux gallons d'eau potable, avait été le même que celui du canot de Miss Hawkins. Les quatre survivants devaient être recueillis par le *H.M.S. Sant Wistan*.

Ainsi s'acheva cette tragique odyssée des naufragés du *Laconia*. Sur les 2 732 membres de l'équipage et passagers[3] à bord le 12 septembre 1942, restaient vivants les 1 039 embarqués sur la *Gloire*, les 42 ramenés à Dakar par l'*Annamite*, les quatre officiers anglais prisonniers, deux à bord de l'*U 507*, deux sur le *Cappellini*, enfin les 6 naufragés italiens conservés sur ce dernier sous-marin et les 20 rescapés de ces deux canots — en tout 1 111, et encore plusieurs devaient mourir dans les quelques jours qui suivirent.

---

1. Mot à mot : navire-sœur, c'est-à-dire bâtiment semblable, du même type.
2. Aujourd'hui le Dr Large, à Durban.
3. Environ 450 Italiens sur les 1 800, 73 Polonais sur les 103 furent sauvés.

DOCUMENTS

DOCUMENT 1

OPINIONS DE NAUFRAGÉS BRITANNIQUES
SUR LE COMMANDANT HARTENSTEIN

R. M. MILLER. — Le U boot tournait autour pendant que nous transbordions. Le commandant s'est montré un type très humain, s'efforçant de garder les canots groupés et prenant les femmes et les enfants à bord pendant la nuit, les nourrissant de soupe chaude et de chocolat.

DORIS HAWKINS (préface à « *Atlantic Torpedo* »). — La lecture du récit qui va suivre rendra évident que certains des officiers et marins allemands n'avaient pas été corrompus par la politique nazie de brutalité qu'ils étaient contraints d'appliquer dans leurs torpillages.

Au sein de la guerre même, nous sommes obligés de rendre hommage avec gratitude à l'humanité avec laquelle les survivants furent traités par l'équipage du sous-marin allemand qui nous recueillit. Je leur en garderai une éternelle reconnaissance, bien que je sache que ce capitaine allemand, si courtois et si humain, était en même temps responsable de notre épreuve. (Novembre 1943.)

Wing Commander BLACKBURN. — ... à notre grande surprise, ils nous ont bien traités. Ils ont pris une cinquantaine de femmes et d'enfants à bord de leur sous-marin et les ont traités avec les plus grands égards.

IAN B. PEEL. — Quoi qu'on puisse dire ou penser des Allemands — et je dirai dès l'abord qu'il y a du meilleur et du pire dans chaque race — en ce qui concerne l'U boot (*U 156*) en question et son équipage, je ne puis parler que de sa gentillesse envers nous.

AV. LARGE. — Le sentiment qui domine, après ces années, est l'admiration pour Hartenstein et ma gratitude envers cet homme.

DOCUMENT 2

DEPARTMENT OF THE NAVY
OFFICE OF THE CHIEF OF NAVAL OPERATIONS
WASHINGTON 25, D. C.

IN REPLY REFER TO
Op-09B91R/Le
Ser: 3518P09B9
9 October 1959

Mr. Leonce Peillard, H.E.C.
Counsellor of French Foreign
    Commerce
22, rue Henri Rochefort
Paris (XVIIe), France

Dear Mr. Peillard:

Unfortunately a search in Navy Department files and an inquiry to
the Department of the Air Force have failed to identify the
Liberator aircraft which attacked the U-156 off Freetown on 16
September 1942. The Germans do make reference to the attack, but,
of course, the British were also flying Liberators, and Freetown
was primarily a British base.

Construction battalion personnel of the U.S. Navy did assist in
the base development at Freetown. Freetown was used as a staging
area by the Air Transport Command of the U.S. Army Air Force until
15 September 1942.

U.S. Naval land-based aircraft are credited with sinking U-156 on
8 March 1943.

The best of luck with your book.

Sincerely yours,

E.M. Eller

E. M. ELLER
Rear Admiral, USN (Ret)
Director of Naval History

9 octobre 1959.

Cher Monsieur,

Malheureusement notre recherche dans les dossiers du ministère de la Marine et notre enquête auprès du ministère de l'Air n'ont pas permis d'identifier le *Liberator* qui a attaqué l'*U 156* au large de Freetown le 16 septembre 1942. Les Allemands ont bien fait allusion à cette attaque, mais évidemment les Britanniques utilisaient, eux aussi, des *Liberators*, et Freetown était d'abord une base britannique.

Le personnel d'un bataillon de pionniers de l'U.S. Navy a bien aidé aux agrandissements de la base de Freetown. Freetown a été utilisé comme centre d'entraînement par l'Air Transport Command de l'Armée de l'Air américaine jusqu'au 15 septembre 1942.

Les avions de l'U.S. Navy stationnés sur le continent ont été crédités de la destruction de l'*U 156*, le 8 mars 1943.

Meilleurs vœux pour votre livre,

Sincèrement vôtre,

DOCUMENT 3

DEPARTMENT OF THE NAVY
OFFICE OF THE CHIEF OF NAVAL OPERATIONS
WASHINGTON 25, D. C.

IN REPLY REFER TO
Op-09B91R/he
Ser: 4216P09B9
12 November 1959

Mr. Leonce Peillard,
H.E.C.,
Conseiller du Commerce Exterieur
    de la France,
22, rue Henri Rochefort
Paris (XVIIe), France

Dear Mr. Peillard:

This is in reply to your letter of 21 October.

Further research on the incident involving an attack on
U-156 on 16 September 1942 has established that if the
attacking aircraft was American, it definitely was not
a U.S. Navy plane. In view of this fact, may I suggest
that you address your inquiry directly to the Historical
Section, Department of the Air Force, Washington 25, D.C.
Perhaps this organization will be able to supply the information you seek.

Again, best wishes for success with your book.

Sincerely yours,

E. M. ELLER
Rear Admiral, U.S. (Re
Director of Naval History

---

12 novembre 1959.

Cher Monsieur,

Je réponds à votre lettre du 21 octobre.

De nouvelles recherches sur l'incident du 16 septembre 1942, comprenant une attaque contre l'*U 156*, ont établi que, si l'avion était bien américain, il ne dépendait pas de l'U.S. Navy. En conséquence, je me permets de vous conseiller de vous adresser directement à la Section historique ministère de l'Air, Washington 25, D.C. Peut-être cette administration sera-t-elle à même de vous fournir les renseignements que vous désirez.

Encore une fois, tous mes vœux pour votre livre,

Sincèrement vôtre,

DOCUMENT 4

*Copie d'un rapport de l'*USAF Historical Division
RESEARCH REPORT

— Attaque par un Liberator de l'*U 156*, 16 septembre 1942, transmis le 11 décembre 1959 à Mr. Léonce Peillard par l'Attaché de l'Air près l'Ambassade de France aux États-Unis (*Bordereau d'envoi n° P/5999 — Service de Documentation et d'Information Technique — Ministère des Armées — Air*).

Problème posé :

Fournir tous renseignements disponibles concernant l'attaque d'un U boot *U 156* allemand, le 16 septembre 1942, par un Liberator de la base de Freetown, Afrique. A la requête du Service d'Histoire navale, transmis par Auhlo.

Résultats :

1. — Aucune référence à cette attaque n'a été trouvée dans les documents disponibles aux Archives de la Section. Bien que cette attaque ait pu être faite par un B-24 américain, il est plus probable qu'elle ait été l'œuvre d'un avion de la R.A.F.

2. — Nous n'avons trouvé aucun indice que l'A.A.F. ait eu des unités de combat à l'échelon du groupe ou échelons supérieurs stationnés sur les terrains voisins de Freetown, Sierra Leone, Afrique. Si des opérations de combat régulières avaient été menées par l'A.A.F. à partir de Freetown, elles auraient vraisemblablement été menées par une section d'une unité quelconque. L'examen méthodique des documents des unités connues pour avoir été engagées dans des opérations contre sous-marins en 1942 n'a fourni aucun renseignement sur un détachement qui aurait été ainsi utilisé.

3. — Les opérations contre sous-marins menées par l'A.A.F. en septembre 1942 au plus près de Freetown partaient de l'île de l'Ascension. Le 16 septembre 1942, un B-24 décollant d'Ascension a attaqué un U boot à environ 130 milles nord-nord-est de l'île. Le lendemain, le même pilote, sur B-24 venant d'Ascension a attaqué un U boot à 04/50 sud, 12/44 ouest. Nous n'avons pas de rapport sur les appareils de l'unité pour septembre 1942. Les rapports existants montrent que l'unité disposait de P-39 et de B-25 à la fin de novembre 1942 et pendant les semaines qui suivirent.

4. — Deux terrains au moins au voisinage de Freetown auraient pu servir de base à des opérations par B-24. L'un était Waterloo, qu'un manuel de route daté du 5 octobre 1943 désigne comme le meilleur de la région. A cette époque, Waterloo était utilisé par la R.A.F. L'autre terrain était celui de Hastings. Un manuel de route daté du 18 février 1943 signale que ce dernier était utilisé par la R.A.F. et qu'il n'était « pas recommandé » pour les B-24. Ce manuel du 18 février ne mentionne pas Waterloo, mais ce terrain figure sur un répertoire des aérodromes daté du 13 janvier 1943.

5. — Du 14 décembre 1941 au 15 septembre 1942, l'Air Transport Command de l'A.A.F. utilisait les installations dont disposait la Pan American Airways à Freetown. Nous n'avons trouvé aucune preuve que l'A.T.C. ait été directement engagé dans des opérations contre sous-marins à partir de l'Afrique de l'Ouest.

6. — Des B-24 ont souvent traversé l'Atlantique sud et il peut s'en trouver qui aient atterri à Freetown. Il est possible qu'à Freetown, ces avions de l'A.A.F. aient été mis en service pour accomplir des missions déterminées contre des sous-marins ennemis signalés dans le voisinage.

7. — L'Historique de la Division aérienne d'Afrique-Moyen Orient de l'A.T.C. précise que les avions voyageant par la Route Atlantique sud « ne portaient pas d'explosifs en profondeur en raison de leur lourde charge en combustible ». Toutefois, les équipages de l'A.A.F. qui survolaient l'Atlantique sud avaient mission de signaler tous les sous-marins aperçus. Des officiers de renseignement étaient stationnés à plein temps, à Accra, Roberta (Field, Liberia) et à Dakar. Le major H. R. Turkell, Wing A-2, décrit ainsi « l'organisation du repérage des sous-marins » en octobre 1942 : « Les repérages dans un rayon de 300 milles autour d'ici (Accra) sont indiqués à la R.A.F. de Takoradi, à celle de Freetown et au contre-amiral, Afrique de l'Ouest. En outre, j'envoie des rapports sur tous les repérages de sous-marins à W.Z.Q. Borinquen P. R. pour servir à l'O.N.I. » L'Historique dit aussi que « la R.A.F. et la Royal Navy prenaient des mesures quand des sous-marins étaient signalés ».

8. — Le document de l'Amirauté C. B. 04050/42 (9), du 15 octobre 1942, donne le nombre d'heures de vol des appareils engagés dans des opérations contre sous-marins au large de l'Afrique de l'Ouest. Une carte marine, dans le même document, montre trois attaques aériennes contre sous-marins en septembre 1942 au large du Liberia et de la Sierra Leone. Aucune information complémentaire sur ces attaques n'a pu être trouvée.

9. — Le document de l'Amirauté C. B. 04050/43 (7), du 15 août 1943, contient une carte qui montre le nombre de patrouilles contre sous-marins faites dans le secteur de la R.A.F. de Freetown en mai 1943. Le fascicule suivant du même

document, C. B. 04050/43 (8) contient une carte similaire. Cette dernière comprend en outre des renseignements sur le nombre d'heures de vol françaises dans le secteur Dakar-Bathurst.

10. — L'Historique de la Division aérienne Afrique-Moyen Orient contient le récit suivant : « En août 1943, un B-24 R.A.F. a été descendu par un sous-marin allemand juste au large de Dakar ; en septembre, un B-24 U.S. attaqua un U boot et le pilote crut l'avoir coulé, mais plus tard on constata que c'était faux. » Aucune autre information concernant cette dernière attaque, qui apparemment se produisit en septembre 1943, n'a pu être trouvée.

11. — Le document du ministère de l'Air A.M.C.O. 12/1946, du 1er juin 1945, répertoire définitif des pertes ennemies en sous-marins, déclare que l'*U 156* allemand a été coulé le 8 mars 1943 par « U.S.N. A/C Pat Ron 53 » à 12/38 nord, 54/39 ouest. Un document de l'Amirauté, A.F.O. 4305/46, du 26 juin 1946, porte l'*U 156* comme ayant été coulé par « U.S.N. A/C Pat Ron, N° 53 Sq. (D) » à une position « est des Barbades », le 8 mars 1943.

CONCLUSION

Après les réponses embarrassées des documents 3 et 4, il ressort finalement que c'est bien un Liberator américain qui participa au drame du Laconia. *Document 5 : « De nouvelles recherches sur l'incident du 16 septembre 1942, attaque contre l'*U 156*, ont établi que, si* l'avion était bien américain, *il ne dépendait pas de l'U.S. Navy. »*

*L'*U.S.A.F. Historical Division *interrogé reconnaît dans le paragraphe 3 du Document 6 que « le 16 septembre 1942, un B-24 décollant d'Ascension a attaqué un U boot à environ 130 milles nord-nord-est de l'île. Le lendemain, le même pilote, sur B-24, venant d'Ascension, a attaqué un U boot à 05/50 sud, 12/44 ouest. Nous n'avons pas de rapport sur les appareils de l'unité pour septembre 1942 ».*

*Il s'agit donc bien de l'attaque de l'*U 156 *le 16 septembre et de l'*U 506 *le 17 septembre.*

C'est la première fois que les Américains reconnaissent le bombardement des U boote par un Liberator et c'est bien qu'il en soit ainsi de la part de cette grande nation qui a tant de gloire et d'humanité à son actif. Dans le cas particulier, si ses pilotes ont commis une erreur de jugement, ils avaient de bonnes raisons pour agir comme ils l'ont fait.

Léonce PEILLARD.

DOCUMENT 5

TONNAGE COULÉ PAR L'*U 156*

DATE	NOMS DES BÂTIMENTS	TONNAGE	LIEUX
1re opération (Du 23-12-41 au 12-1-42) :		Pas de tonnage coulé. Opération avec appareils Wetterbojen.	Canal Saint-George
2e opération (Du 19-1-42 au 19-3-42) :			
16-2-42	*Tie Inana*		
	San Nidas		
	Oranjestad	2396	San Nicholas
	Pedernales	4317	San Nicholas
20-2-42	*Delplata*	5127	14° 55 N — 62° 10 O
24-2-42	*La Carrière**	5685	16° 53 N — 67° 05 O
27-2-42	*Maggregor**	2498	19° 50 N — 69° 40 O
28-2-42	*Oregon**	7017	20° 44 N — 67° 52 O
3e opération (De fin avril 42 au 7-7-42) :			
12-5-42	*Koenjit*	4551	15° 30 N — 52° 40 O
13-5-42	*City of Melbourne*	6630	15° 00 N — 54° 40 O
15-5-42	*Siljestad*	4301	15° 20 N — 52° 40 O
	Kupa	4382	14° 50 N — 52° 50 O
17-5-42	*Barrdale*	5072	15° 15 N — 52° 27 O
18-5-42	*Quaker City*	4961	14° 55 N — 51° 40 O
	San Eliseo	8042	14° 42 N — 55° 02 O
21-5-42	*President Trujillo*	1668	14° 38 N — 61° 11 O
25-5-42	*Blakele*	1190	14° 36 N — 61° 11 O
28-5-42	*Norman Prince*	1913	14° 40 N — 62° 15 O
1-6-42	*Alegrete*	5970	13° 40 N — 61° 30 O
3-6-42	*Lilian*	80	12° 25 N — 59° 30 O
24-6-42	*Willimantic*	4558	25° 55 N — 51° 58 O
4e opération (Du 17-8-42 au 16-11-42) :			
26-8-42	*Clan Macwirther*	5941	35° 45 N — 18° 45 O
12-9-42	*Laconia*	19695	05° 05 S — 11° 38 O
19-9-42	*Quebec City*	4745	02° 12 S — 17° 36 O
5e opération (Du 16-1-43) :		tonnage inconnu	
8-3-43 — l'*U 156* est coulé avec son équipage à l'est des Barbades par l'U.S.N. A/C. Pat Ron.			

* Ces bâtiments ont été coulés au canon de 105.

DOCUMENT 6

TRIBUNAL MILITAIRE INTERNATIONAL

PROCÈS DES GRANDS CRIMINELS DE GUERRE [1]

Séance du lundi 4 janvier 1946.

Le colonel H. J. PHILLIMORE, O.B.E., avocat substitut du procureur général (B. G.) — Monsieur le Président, je passe au document suivant, le D. 642 du livre de documents, que je dépose sous le numéro GB-196. C'est le premier d'une série d'ordres à la suite desquels il fut enjoint aux commandants de sous-marins, non seulement de s'abstenir de sauver les équipages, ce qui est le but de l'ordre qui nous concerne, non seulement de ne leur prêter aucune assistance, mais de les anéantir délibérément. Au cours de mon exposé, je citerai deux témoins. Le premier fera au Tribunal la relation d'un discours prononcé par l'accusé au moment où il émit cet ordre et expliquant la politique à suivre, sa politique, dans la question du sauvetage des équipages alliés : ces sauvetages devaient cesser à tout prix.

Le deuxième témoin est l'officier qui, dans la pratique, exposa l'ordre aux équipages. Ce document est constitué par un extrait de l'ordre permanent signé par l'accusé Dönitz (ordre permanent 154).

e) « Ne sauver personne, ne prendre personne à bord. Ne pas se soucier des embarcations de sauvetage des navires marchands. Les conditions atmosphériques et l'éloignement de la terre ferme ne doivent pas être prises en considération : ne penser qu'à votre bâtiment, qu'à remporter le plus rapidement possible un nouveau succès. Nous devons être durs dans cette guerre. L'ennemi a entrepris cette guerre pour nous anéantir. Il n'est pas question d'autre chose. »

---

1. Extrait du texte officiel en langue française, publié par le Secrétariat du Tribunal sous la juridiction des Autorités Alliées du Contrôle pour l'Allemagne, Nuremberg, 1948.

Le Président. — Quelle est la date de cet ordre?

Colonel Phillimore. — Monsieur le Président, cet ordre, dans la copie que nous en avons, ne porte pas de date... C'était un ordre secret, monsieur le Président.

Le Président. — Antérieur à mai 1940?

Colonel Phillimore. — Oui, monsieur le Président, antérieur à mai 1940; cependant, en 1942, lorsque les Etats-Unis entrèrent en guerre avec leurs énormes possibilités en matière de constructions navales, ce changement nécessita la mise au point par l'accusé de nouvelles méthodes de combat pour les sous-marins. L'accusé est responsable d'un ordre dans lequel il ordonnait, à l'époque, non seulement de couler les navires marchands, non seulement de s'abstenir de sauver les équipages, mais encore d'exterminer délibérément ces derniers.

Le document suivant du Livre de documents montre le tour que prirent les événements. C'est le document D-423, compte rendu d'une conversation entre Hitler et l'ambassadeur du Japon, Oshima, en présence de l'accusé Ribbentrop, le 3 janvier 1942.

«... Après avoir donné de plus amples explications sur la carte, le Führer «insista : quel que soit le nombre de navires construits par les Etats-Unis, la «difficulté majeure résiderait pour eux dans le manque de personnel. C'est pour-«quoi même les navires de commerce devaient être coulés sans avertissement. «Le but consistait à faire périr la plus grande partie des équipages. Lorsqu'il «se saura que la plupart des marins périssent au cours des torpillages, les Amé-«ricains ne tarderont pas à éprouver certaines difficultés à enrôler de nouveaux «équipages. L'entraînement du personnel navigant réclame beaucoup de temps. «Nous luttons pour notre existence et nous ne pouvons nous laisser inspirer par «aucune considération humanitaire. De ce fait, il se voit dans l'obligation de «donner l'ordre, pour le cas où les marins ennemis ne pourraient être faits pri-«sonniers, ce qui est presque toujours impossible en pleine mer, que les sous-«marins fassent surface après le torpillage et tirent sur les canots de sauvetage.

«L'ambassadeur Oshima est entièrement d'accord avec ces vues du Führer et «déclare que les Japonais se voient eux aussi dans l'obligation d'employer les «mêmes méthodes.»

Le document suivant, D-446 (GB-198) que je n'ai pas l'intention de lire est un extrait du Journal de guerre du BDU en date du 16 septembre 1942. Il intéresse cette affaire car il consigne un événement advenu le lendemain du jour où l'ordre que je viens de mentionner a été donné. La Défense, sans aucun doute, compte l'utiliser. Il rapporte l'attaque par un avion allié d'un sous-marin qui était en train de sauver des naufragés, pour la plupart des Italiens, rescapés du transatlantique allié *Laconia*.

Le document D-630 (GB-199) contient quatre pièces. La première est un ordre confidentiel envoyé à tous les commandants de sous-marins par le Quartier Général de l'accusé, en date du 17 septembre 1942.

«I. Aucune tentative d'aucune sorte ne doit être faite pour sauver les passa-«gers des navires coulés. On ne doit ni repêcher les personnes tombées à l'eau «ni les hisser à bord de canots de sauvetage, ni redresser les embarcations cha-«virées, ni distribuer vivres et eau. Le sauvetage va à l'encontre des exigences «élémentaires de la guerre qui sont de détruire navires et équipages ennemis.

« II. Les ordres selon lesquels on doit prendre à bord les capitaines et les
« officiers-mécaniciens ne sont cependant pas rapportés.

« III. Sauvetage des naufragés, uniquement dans le cas où leurs déclarations
« peuvent présenter quelque utilité pour votre bâtiment.

« IV. Soyez durs, en vous souvenant que l'ennemi ne tient aucun compte des
« femmes et des enfants dans ses bombardements des villes allemandes. »

C'est un ordre dont les mots sont soigneusement pesés. Ses intentions deviennent manifestes si l'on examine le document qui lui succède à la même page.
C'est un extrait du Journal de guerre de l'accusé et je dois le lire ici. Il porte,
remarquons-le, comme on peut le voir sur l'exemplaire communiqué au Tribunal, la propre signature de l'accusé Dönitz. C'est le passage de son Journal de
guerre relatif au 17 septembre 1942.

« On attire *une fois de plus* l'attention de tous les commandants sur le fait que
« sauver les membres des équipages des navires coulés va à l'encontre d'une des
« exigences primordiales de la guerre qui est l'anéantissement des navires enne-
« mis et de leurs équipages... »

Les deux derniers documents de cette page sont d'abord un télégramme adressé
par le commandant du sous-marin *Schacht* au Quartier Général de l'accusé et
la réponse qu'il reçut ensuite. Le *Schacht* avait pris part au sauvetage des survivants du *Laconia*. Le télégramme du *Schacht* est daté du 17 septembre 1942.
Il est rédigé comme suit : « 163 Italiens transférés sur l'*Annamite*. Officier navigateur du *Laconia* et un autre officier anglais également à bord. » Il expose
ensuite la situation des survivants anglais et polonais montés dans d'autres embarcations.

Dönitz télégraphie le 20 septembre. Voici sa réponse :

« Façon de procéder, rapportée par radio du 17, erronée. Le bâtiment était
« bien destiné au sauvetage des alliés italiens mais pas à celui d'Anglais ou de
« Polonais. »

Ce n'est qu'un détail, mais naturellement l'expression « était destiné » fait allusion à la façon dont aurait dû se dérouler le sauvetage sans le bombardement
perturbateur.

.. ..

Pour résumer ces documents, je dirai qu'il semble bien, compte tenu de ce
qui est consigné le 17 septembre au Journal de guerre, que les ordres dont le
contenu fit l'objet des conversations entre Hitler et Oshima furent en fait publiés,
bien que nous n'ayons pas réussi à nous en emparer. Il se peut, d'ailleurs, qu'ils
n'aient été donnés qu'oralement et que l'accusé ait attendu une occasion oppor-
tune pour en faire part officiellement. L'incident du bombardement des sous-
marins chargés de secourir les survivants italiens du *Laconia* fut pour lui l'occasion de donner officiellement cet ordre à tous les commandants.

A la lumière de ce qui est consigné au Journal de guerre, les véritables buts
de cet ordre deviennent clairs. Les termes en sont certes particulièrement prudents mais, pour tout officier ayant quelque expérience, sa raison d'être était
évidente : l'ordre approuvait l'extermination délibérée des survivants. On vous
dira que cet ordre, bien que peut-être rédigé de façon malheureuse, n'avait d'autre

but que d'empêcher les commandants d'exposer leurs navires en essayant de sauver les naufragés, ce qui, vu l'ampleur prise par les vols de surveillance alliés au-dessus des océans, était devenu particulièrement périlleux.

On vous dira aussi que le comportement tant décrié du commandant de sous-marin Eck coulant le vapeur grec *Peleus* et mitraillant ensuite l'équipage réfugié sur des radeaux fut une exception ; que, bien qu'à vrai dire un exemplaire de l'ordre en question se trouvât à bord, l'intéressé n'agit ainsi, comme il l'a lui-même juré, que sur sa propre initiative.

Je voulais cependant déclarer au Tribunal que, si cet ordre d'arrêter les sauvetages avait pour but la sécurité des sous-marins, il aurait suffi, en premier lieu, d'attirer l'attention sur l'ordre permanent n° 154. En second lieu, ce fait particulier aurait été expressément indiqué dans l'ordre.

Des ordres aussi graves sont en effet rédigés par des officiers d'Etat-Major expérimentés, avec une très grande prudence, en prévision de leur saisie possible par l'ennemi [1]...

Je voudrais maintenant, monsieur le Président, que comparaisse mon premier témoin, Peter Heisig.

DÉPOSITION DE PETER HEISIG

LE PRÉSIDENT. — Quel est votre nom ?

LE TÉMOIN. — Je m'appelle Peter Josef Heisig.

LE PRÉSIDENT. — Prêtez serment : « Je jure devant Dieu tout-puissant et omniscient que je dirai la pure vérité et que je ne célerai ni n'ajouterai rien. »

Le témoin répète le serment.

Colonel PHILLIMORE. — Peter Heisig, vous êtes enseigne de vaisseau de la Marine allemande ?

LE TÉMOIN. — Je suis enseigne de vaisseau de la Marine allemande.

Colonel PHILLIMORE. — Vous avez été fait prisonnier le 27 décembre 1944 et vous l'êtes encore maintenant ?

LE TÉMOIN. — Oui.

Colonel PHILLIMORE. — A l'automne 1942, quel grade aviez-vous ?

LE TÉMOIN. — J'étais enseigne de première classe à la deuxième flottille d'entraînement des sous-marins.

Colonel PHILLIMORE. — Y suiviez-vous un cours ? Vous souvenez-vous du dernier jour de cours ?

LE TÉMOIN. — Oui, le dernier jour de ces cours, le Grand-Amiral Dönitz, alors commandant en chef des sous-marins, inspecta la deuxième flottille.

Colonel PHILLIMORE. — Que se passa-t-il à la fin de cette inspection ?

LE TÉMOIN. — A la fin... non, pas à la fin, mais durant sa visite, le Grand-Amiral Dönitz adressa un discours aux officiers de la deuxième flottille.

---

1. L'amiral Dönitz devait, devant nous, contester ce détail : « S'il fallait rédiger les textes en pensant à une saisie possible par l'ennemi... Non, d'ailleurs, à cette époque, nous étions certains de notre victoire. »

Colonel PHILLIMORE. — Pouvez-vous préciser la date de cette visite ?

LE TÉMOIN. — Ce devait être à la fin de septembre ou au début d'octobre 1942.

Colonel PHILLIMORE. — Pouvez-vous donner au Tribunal, en parlant lentement, un compte rendu de ce que l'amiral dit dans son discours ?

LE TÉMOIN. — Le Grand-Amiral Dönitz dit que le nombre des succès remportés par les sous-marins allait en diminuant. La cause en était la puissante surveillance aérienne exercée par l'ennemi. De nouveaux canons antiaériens avaient été mis au point qui permettraient à l'avenir aux sous-marins de se défendre contre l'aviation ennemie. Hitler avait donné personnellement à Dönitz l'assurance que les sous-marins seraient pourvus de ces canons avant toutes les autres armes de la Wehrmacht. On pouvait s'attendre, en conséquence, à ce que dans quelques mois les succès fussent aussi fréquents que précédemment.

.. ..

Les Alliés éprouvent de grandes difficultés à constituer les équipages de leurs bateaux. Les marins trouvaient la traversée de l'Atlantique trop dangereuse. On a dû réquisitionner des hommes...

L'amiral Dönitz tira la conclusion que la question des effectifs était très sérieuse pour les Alliés, que les pertes en hommes étaient particulièrement graves pour eux puisqu'ils manquaient de réserves et aussi parce que...

Colonel PHILLIMORE. — Je ne voudrais pas vous interrompre, mais ne parlat-il pas des sauvetages ?... Venez-en maintenant au point important de ce discours, à sa fin. Qu'y disait l'amiral Dönitz ?

.. ..

LE TÉMOIN. — Le Grand-Amiral dit ensuite que, dans les circonstances actuelles, il ne pouvait pas comprendre comment les commandants de sous-marins auraient encore pu venir, à leurs risques et périls, au secours des équipages des navires marchands qu'ils avaient coulés. Ce faisant, ils travailleraient pour l'ennemi car les rescapés reprendraient la mer sur de nouveaux bateaux. Au contraire, le moment était venu de déclencher la guerre totale sur mer. Les équipages des navires constituaient au même titre que les navires un objectif pour les sous-marins. Cela empêcherait, en effet, les Alliés de constituer les équipages des bâtiments récemment construits, et surtout on pouvait s'attendre à ce qu'en Amérique et dans les autres pays alliés des grèves prissent naissance. Dès lors, beaucoup de marins ne voudraient plus reprendre la mer. Ces résultats ne pourraient être obtenus que si nos mesures tactiques rendaient la guerre sur mer plus implacable. S'il en était parmi nous qui trouvaient ces mesures dures, nous ne devions pas oublier non plus que nos femmes, nos familles, nos foyers étaient aussi bombardés. Tels furent les points essentiels du discours de l'amiral Dönitz.

.. ..

L'avocat OTTO KRANZBÜHLER (avocat de l'amiral Karl Dönitz). — Je représente le Grand-Amiral Dönitz. Oberleutnant Heisig, avez-vous personnellement pris part à des actions contre l'ennemi?

LE TÉMOIN. — Oui.

KRANZBÜHLER. — Sur quel bâtiment étiez-vous et qui commandait?

LE TÉMOIN. — J'étais sur l'*U 877*, sous les ordres du lieutenant de vaisseau Finkeisen.

KRANZBÜHLER. — Votre lutte contre la navigation ennemie fut-elle couronnée de succès?

LE TÉMOIN. — Notre bâtiment fut coulé alors qu'il se dirigeait vers la zone de combat.

KRANZBÜHLER. — Avant d'avoir pu couler un seul bâtiment ennemi?

LE TÉMOIN. — Oui.

KRANZBÜHLER. — Comment fut coulé votre sous-marin?

LE TÉMOIN. — Par grenades sous-marines. Deux frégates canadiennes avaient repéré au son notre sous-marin et le détruisirent à coups de grenades sous-marines.

… …

L'avocat KRANZBÜHLER. — Vous qui êtes au courant de son discours soutiendriez-vous que le Grand-Amiral Dönitz y prétendait de quelque façon que l'on dût ouvrir le feu sur les marins naufragés?

LE TÉMOIN. — Non, nous avons simplement tiré cette conclusion de ses paroles, de l'allusion qu'il fit au bombardement et de ce qu'il avait déclaré que la guerre totale devait être maintenant menée contre les navires et leurs équipages. C'est ce que nous avions compris. Sur le chemin du retour à la Hansa, j'en ai parlé à mes camarades. Nous étions convaincus que c'était bien ce que l'amiral Dönitz avait voulu dire. Mais il ne l'a pas, à proprement parler, exprimé.

KRANZBÜHLER. — Vous êtes-vous entretenu de cette question avec l'un de vos supérieurs à l'Ecole?

LE TÉMOIN. — J'ai quitté l'Ecole le jour même. Mais je me souviens que l'un de mes supérieurs — je ne me rappelle malheureusement plus son nom ni les circonstances — nous parla de ce sujet et recommanda aux officiers d'assurer seuls, si possible, de leur pont, la suppression des marins naufragés, s'il y avait lieu de le faire ou si cela se révélait nécessaire.

KRANZBÜHLER. — C'est un de vos supérieurs qui vous a dit cela?

LE TÉMOIN. — Oui, mais je ne puis me rappeler à quelle occasion et à quel endroit. J'ai reçu de mes supérieurs un si grand nombre d'instructions et sur des sujets si divers!

… …

L'avocat KRANZBÜHLER. — Que disait l'instruction des ordres sur la conduite de la guerre? Ces ordres permanents mentionnaient-ils que l'on dût tirer sur les naufragés ou détruire leur matériel de sauvetage?

LE TÉMOIN. — Il n'était pas question dans ces instructions permanentes de telles mesures mais je pense que l'on pouvait tirer ces conclusions de ce que le capitaine Rollmann, chef de notre compagnie d'officiers, nous avait dit à mots couverts, à propos d'un message télégraphique arrivé peu de temps auparavant et interdisant toute mesure de sauvetage, demandant aussi que la guerre sur mer soit conduite avec des méthodes plus radicales et plus poussées.

KRANZBÜHLER. — Pensez-vous qu'il soit équivalent d'interdire les mesures de sauvetage et de tirer sur les navires naufragés ?

LE TÉMOIN. — Nous y arrivâmes...

KRANZBÜHLER. — Veuillez répondre à ma question. Pensez-vous que ce soit la même chose ?

LE TÉMOIN. — Non.

KRANZBÜHLER. — Je vous remercie.

Mardi 15 janvier 1946

LE PRÉSIDENT. — Quel est votre nom ?

LE TÉMOIN. — Karl-Heinz Möhle.

Le témoin prête serment.

Colonel PHILLIMORE. — Karl-Heinz Möhle, vous étiez capitaine de corvette dans la Marine allemande ?

LE TÉMOIN. — Oui, Monsieur...

Colonel PHILLIMORE. — A l'automne 1942, étiez-vous à la tête de la 5e flottille de sous-marins ?

LE TÉMOIN. — Oui, pendant quatre ans.

Colonel PHILLIMORE. — Quelles étaient vos fonctions en tant que commandant de cette flottille ?

LE TÉMOIN. — Mes principales fonctions étaient de mettre en état d'appareiller les sous-marins de nos bases destinés au combat et de transmettre les ordres du commandant de la flotte sous-marine. Je devais veiller à ce que les commandants des sous-marins appareillant fussent informés des ordres émanant du commandement de la flotte sous-marine : chaque commandant, avant de partir en croisière pour effectuer une opération, recevait ce que l'on appelait l'instruction du commandant... Avant de partir en mission, chaque commandant assistait dans mon bureau à une séance d'instruction...

Colonel PHILLIMORE. — Vous souvenez-vous d'un ordre, au cours de l'automne 1942, relatif aux bateaux de sauvetage ?

LE TÉMOIN. — Oui. En septembre 1942, je reçus un message par radio adressé à tous les commandants en mer, qui se rapportait à cette question...

Colonel PHILLIMORE. — Après avoir reçu cet ordre, vous êtes-vous rendu au Quartier Général de l'amiral Dönitz ?

LE TÉMOIN. — Lors de ma première visite au Quartier Général qui a suivi la réception de cet ordre, j'en ai discuté personnellement avec le capitaine de corvette Kuppisch, rapporteur à l'Etat-Major du commandement de la flotte sous-marine... Lors de cette conversation, je demandai au capitaine de corvette

Kuppisch comment il fallait comprendre ce qu'il y avait dans cet ordre d'ambigu ou plutôt ce qui manquait de clarté. Il m'expliqua l'ordre au moyen de deux exemples [1]. Le premier exemple était celui d'un sous-marin dans le golfe de Gascogne. Il partait en mission quand il rencontra un bateau pneumatique avec les survivants d'un avion anglais. Partant en expédition lointaine, donc complètement équipé, il lui était impossible de prendre à son bord l'équipage de cet avion, bien que justement, à ce moment-là, il semblât tout à fait désirable de faire prisonniers des spécialistes d'un équipage d'avion abattu afin d'en retirer des renseignements. Le commandant du sous-marin décrivit un large cercle autour du canot et poursuivit sa route. Quand il revint, sa mission accomplie, il raconta le cas à l'Etat-Major du commandant en chef de la flotte sous-marine. Les officiers d'Etat-Major lui reprochèrent sa conduite en disant que, s'il se trouvait dans l'incapacité de ramener à son bord ces spécialistes, il aurait été bon d'attaquer cet équipage parce que l'on pouvait compter que, dans un délai maximum de vingt-quatre heures, ce bateau pneumatique serait sauvé par des forces de reconnaissance anglaises et que...

Colonel PHILLIMORE. — Je n'ai pas très bien compris ce que vous avez dit sur ce qu'il aurait été bon de faire. Vous disiez qu'il aurait été bon...

LE TÉMOIN. — Il aurait été opportun d'attaquer cet équipage d'avion, ces spécialistes, puisqu'il ne pouvait être question de les prendre à bord et puisqu'il fallait compter qu'ils pouvaient rapidement être découverts et secourus par les forces anglaises de reconnaissance et par la suite auraient peut-être l'occasion, à nouveau, de détruire un ou deux sous-marins allemands...

Colonel PHILLIMORE. — D'après ce que vous savez sur la façon dont les ordres étaient rédigés, pouvez-vous dire au tribunal comment vous avez compris cet ordre ?

LE TÉMOIN. — L'ordre disait, selon mon opinion personnelle, que les mesures de sauvetage restaient interdites et que, d'autre part, on désirait, lors des torpillages des navires marchands, qu'il n'y eût aucun survivant [2].

.. ..

Colonel PHILLIMORE. — De quelle façon avez-vous donné aux commandants de sous-marins les instructions relatives à cet ordre ?

LE TÉMOIN. — Au cours de ces séances d'instructions je leur ai communiqué le texte de ce message radiophonique sans commentaires. Dans un petit nombre de cas, des commandants m'ont posé des questions au sujet de la signification de cet ordre. Je leur ai alors exposé les deux exemples qui m'avaient été donnés au Quartier Général. Néanmoins j'ajoutais que « le commandement des sous-marins ne peut pas vous donner officiellement un tel ordre ; chacun doit agir selon sa propre conscience ».

---

1. Le deuxième exemple expliquait que « dans les premiers mois de la guerre sous-marine contre les Etats-Unis, un tonnage très important avait été coulé dans le voisinage immédiat des côtes d'Amérique. Lors de ces torpillages, la plus grande partie des équipages avait été sauvée à cause de la proximité des côtes ; on signala que c'était extrêmement regrettable, car la Marine marchande avait non seulement besoin de tonnage, mais aussi de ces équipages qui pouvaient servir par la suite. »

2. Interrogé sur les paroles prononcées par le capitaine de corvette K. H. Möhle, l'amical Dönitz se contenta de me répondre : « Cet officier était un traître. » (L. P.).

Colonel PHILLIMORE. — Vous souvenez-vous d'un ordre concernant les bateaux de sauvetage et pouvez-vous nous dire la date de cet ordre ?

LE TÉMOIN. — Je me souviens de cet ordre mais pas de la date exacte, néanmoins, je pense que l'ordre devait être contemporain de celui de septembre 1942.

....

Colonel PHILLIMORE. — Vous souvenez-vous d'un ordre sur les mentions au Journal de bord ?

LE TÉMOIN. — Oui, Monsieur. A ce moment-là, il a été mentionné que les torpillages et actions contraires aux conventions internationales ne devaient pas être mentionnés sur le livre de bord mais que l'on devait en faire le rapport oral après le retour au port.

Colonel PHILLIMORE. — Voulez-vous nous dire ce qui vous a incité à témoigner ici sur ce point ?

LE TÉMOIN. — Oui, Monsieur. Lors de ma capture, on m'a fait le reproche d'avoir été l'auteur de ces ordres et je ne veux pas voir ce reproche attaché à mon nom.

....

L'avocat KRANZBÜHLER. — Capitaine de corvette Möhle, depuis quand étiez-vous dans l'arme sous-marine et avez-vous navigué vous-même comme commandant de sous-marin ?

LE TÉMOIN. — Depuis le début de la guerre jusqu'à avril 1941 et pour neuf missions.

KRANZBÜHLER. — Combien de navires avez-vous coulés ?

LE TÉMOIN. — Vingt navires.

KRANZBÜHLER. — Avez-vous, après avoir torpillé ces navires, détruit les moyens de sauvetage ou tiré sur les naufragés ?

LE TÉMOIN. — Non.

KRANZBÜHLER. — Aviez-vous ordre de le faire ?

LE TÉMOIN. — Non.

KRANZBÜHLER. — Le danger pour un sous-marin a-t-il disparu après l'attaque d'un navire de commerce ?

LE TÉMOIN. — Non...

KRANZBÜHLER. — Vous avez précédemment qualifié l'ordre de septembre d'ambigu. Est-ce exact ?

LE TÉMOIN. — Oui.

KRANZBÜHLER. — Vous l'avez expliqué aux commandants en ce sens qu'il impliquait la destruction des moyens de sauvetage et la mort des équipages, est-ce exact ?

LE TÉMOIN. — Non, pas tout à fait. J'ai simplement exposé aux commandants, lorsqu'ils demandaient des explications, les deux exemples donnés par le commandant en chef et ils pouvaient eux-mêmes en tirer cette conclusion.

KRANZBÜHLER. — Dans quelle phrase de l'ordre voyez-vous une intention cachée à tuer les survivants ou à détruire les moyens de sauvetage ?

LE TÉMOIN. — Dans la phrase...

KRANZBÜHLER. — Un instant, je vais vous lire cet ordre phrase par phrase : « 1° Aucune tentative de sauvetage des membres des équipages des navires coulés ne doit être faite. On doit s'abstenir du repêchage des gens à l'eau, de leur embarquement dans les canots de sauvetage, de redressement des canots chavirés, de la distribution de vivres et d'eau. » Le voyez-vous dans cette phrase ?

LE TÉMOIN. — Non.

KRANZBÜHLER. — « Le sauvetage est contraire aux nécessités les plus élémentaires de la guerre qui exigent la destruction des navires et des équipages. » Le voyez-vous dans cette phrase ?

LE TÉMOIN. — Oui.

KRANZBÜHLER. — Y a-t-il dans cette phrase quelque chose concernant l'anéantissement des naufragés ?

LE TÉMOIN. — Non, des équipages.

KRANZBÜHLER. — Dans cet ordre, on trouve à la fin ces mots : « Soyez durs. » Avez-vous alors entendu ces mots pour la première fois ?

LE TÉMOIN. — Non.

KRANZBÜHLER. — Ces mots ont-ils été employés par le commandant en chef pour obtenir que les commandants soient durs également pour eux-mêmes et leurs équipages ?

LE TÉMOIN. — Oui.

Séance du jeudi 9 mai 1946

.. ..

L'avocat KRANZBÜHLER. — Monsieur le Grand-Amiral, vous venez de montrer la supériorité aérienne ennemie en septembre 1942. En ces jours de septembre, vous avez reçu un compte rendu sur le torpillage du transport britannique *Laconia*. Je remets au Tribunal les notes du journal de guerre se rapportant à cet événement sous les numéros Dönitz-18, 20, 21 et 22. Ce sont les livres de guerre du commandement des sous-marins et les livres de bord des commandants d'unités : les capitaines Hartenstein, Schacht et Würdemann. Ils se trouvent dans le livre de documents, pages 34 et suivantes. Je lis le rapport que vous avez reçu. Il se trouve page 35 du livre de documents, à la date du 13 septembre, à 1 h 25 du matin :

« Radiogramme adressé sur le circuit américain :

« Hartenstein coule le navire britannique *Laconia*. »

Puis la position est indiquée et le message continue :

« Malheureusement, 1 500 prisonniers de guerre italiens à bord ; jusqu'à présent, 90 sauvés... » Suivent des détails et, à la fin :

« Demande ordres. »

Je vous ai fait remettre ces documents...

LE PRÉSIDENT. — Quelle page ?

KRANZBÜHLER. — Page 35, monsieur le Président, notes du 13 septembre, à 1 h 25 du matin. C'est au début de la ligne, en bas de la page. (*A l'accusé.*) Je vous ai fait remettre ces documents qui vous aideront à rassembler vos souvenirs. Voulez-vous nous dire d'abord ce que vous saviez à cette époque du navire *Laconia* dont on a annoncé la perte avec son équipage ?

Accusé DÖNITZ. — Je savais, d'après la nomenclature des navires anglais armés que nous détenions, que le *Laconia* était armé de quatorze canons. J'estimais donc qu'il comportait au moins un équipage de cinq cents marins anglais. Lorsque j'appris qu'en outre des prisonniers de guerre italiens se trouvaient à bord, il était clair que ce chiffre devait être augmenté du nombre des gardiens des prisonniers.

KRANZBÜHLER. — Voulez-vous nous dire, d'après ces documents, ce qui s'est passé à la suite de votre ordre du 17 septembre, et voulez-vous souligner d'un côté la question du sauvetage des Anglais ou des Italiens et de l'autre vos soucis pour la sécurité des sous-marins engagés.

Accusé DÖNITZ. — Lorsque je reçus ce message, j'essayai d'entrer en contact avec tous les sous-marins qui pouvaient se trouver dans ces eaux, et je transmis l'ordre suivant :

« Schacht, le groupe Eisbär, Würdemann et Wilamovitz rejoindront immédiatement Hartenstein. » Hartenstein était le commandant qui avait coulé le navire. J'ai dû, plus tard, détourner quelques navires qui étaient à une trop grande distance. Celui qui se trouvait le plus loin de cet endroit, et qui reçut l'ordre de participer au sauvetage, se trouvait à 710 milles, il ne pouvait donc y être que quarante-huit heures après. Avant tout, j'ai demandé à Hartenstein qui avait envoyé ce bateau par le fond si le *Laconia* avait envoyé des messages radio, car j'espérais que des navires anglo-américains allaient venir à la rescousse. Il me le confirma. En outre, Hartenstein lui-même envoya le message radio suivant en anglais...

KRANZBÜHLER. — Cela se trouve à la page 36, monsieur le Président, sous le chiffre 0600.

Accusé DÖNITZ. — « *If any ship will assist the ship-wrecked* Laconia *crew, I will not attack her, providend I am not being attacked by ship or air force.* »

(« Si un bateau veut aider l'équipage du *Laconia* en perdition, je ne l'attaquerai pas, à condition que je ne sois pas attaqué par des forces navales ou aériennes. »)

Pour résumer et pour être bref, j'ai eu l'impression, d'après les messages des sous-marins, qu'ils ont fait tout ce qu'ils pouvaient pour participer à ce sauvetage.

KRANZBÜHLER. — De combien de sous-marins s'agissait-il ?

Accusé DÖNITZ. — Il s'agissait de trois ou quatre sous-marins. J'ai reçu des messages indiquant le chiffre des personnes sauvées par chacun des sous-marins : cent ou deux cents. Je crois que Hartenstein en a recueilli cent cinquante-six, un autre cent trente et un. Je reçus des messages sur le ravitaillement et la prise en charge des bateaux de sauvetage. L'un, trente-cinq Italiens et vingt-cinq Anglais et quatre Polonais ; l'autre, trente Italiens et vingt-quatre Anglais ; un troisième, vingt-six Italiens, trente-neuf Anglais et trois Polonais. Je reçus des messages sur le remorquage des bateaux de sauvetage. Tous ces messages me remplirent du plus grand souci, car je savais pertinemment que cela finirait mal. Mon souci s'exprima dans quatre messages que j'envoyai à ces navires : « Ne prendre des rescapés que si la plongée ne doit pas en souffrir. » Il est facile de comprendre que, lorsque dans l'espace restreint de nos sous-marins deux fois plus petits que les vôtres, on impose la charge de cent à deux cents personnes, le sous-marin est déjà de ce fait en danger, sans parler de l'impossibilité de combattre. En outre, j'envoyai le message suivant : « Tous les bateaux... »

LE PRÉSIDENT. — Est-ce que ces messages figurent dans le livre de documents ?

KRANZBÜHLER. — Oui.

LE PRÉSIDENT. — Alors, où sont-ils ? Pourquoi n'en mentionnent-ils pas l'heure ?

KRANZBÜHLER. — Ce sont tous des radiogrammes rapportés dans les trois journaux de bord des sous-marins. Le premier radiogramme se trouve page 36, monsieur le Président, 07-20. Je le lis :

« Radiogramme reçu » — c'est un message de l'amiral Dönitz — « Hartenstein restera proximité lieu du naufrage ; s'assurer si prêt à plonger ; ne prendre à bord que le nombre voulu de rescapés ne risquant pas de gêner la plongée du sous-marin. »

Accusé DÖNITZ. — J'ai encore envoyé un autre radiogramme :

« La sécurité du sous-marin ne doit en aucun cas être compromise. »

KRANZBÜHLER. — Ce radiogramme se trouve à la page 40, monsieur le Président, à la date du 17 septembre, 1 h 40.

Accusé DÖNITZ. — « Prendre toutes mesures en ce sens, sans considération de l'interruption de l'activité de sauvetage. »

J'ai, en outre, envoyé un autre message : « Les bâtiments doivent être à tout moment en état de plonger et de manœuvrer immédiatement en plongée. »

KRANZBÜHLER. — Ceci se trouve à la page 37, référence 07-40, chiffre 3.

Accusé DÖNITZ. — « Prendre garde à l'action des sous-marins et des avions ennemis. »

KRANZBÜHLER. — « Tous les sous-marins, y compris Hartenstein, n'admettront que le nombre de personnes leur permettant, en plongée, d'être prêts à l'action. »

Accusé DÖNITZ. — La justification de mes soucis fut fournie par un message de Hartenstein m'informant qu'il avait été attaqué par un gros bombardier américain.

KRANZBÜHLER. — Ce message, monsieur le Président, est à la page 39 (13 h 11). C'est un message d'urgence et, à 23 h 04, figure le radiogramme exact que je voudrais lire.

Accusé DÖNITZ. — A cette occasion...

KRANZBÜHLER. — Un instant, monsieur le Grand-Amiral. Voici le texte du radiogramme envoyé par Hartenstein à l'amiral Dönitz : « Bombardés par Liberator américain, cinq fois de suite, par bonne visibilité, alors que nous remorquions quatre canots remplis et malgré grand drapeau à croix rouge de quatre mètres carrés sur le pont ; nous a attaqué en rase-mottes. Les deux périscopes provisoirement défectueux ; interrompons sauvetage cap ouest. Je répare. »

Accusé DÖNITZ. — Un autre message annonça qu'Hartenstein avait alors cinquante-cinq Anglais et cinquante-cinq Italiens à son bord. Lors de la première attaque, un des bateaux de sauvetage fut touché par une bombe et sombra. Comme il l'annonça à son retour, les pertes furent sensibles parmi les naufragés. Au cours de la deuxième attaque aérienne, une bombe explosa juste sous le milieu du sous-marin, et l'endommagea gravement. Il annonça que ce ne fut que grâce à un miracle de la technique navale allemande que le sous-marin ne fut pas détruit.

LE PRÉSIDENT. — A quelle page en est-il ?

KRANZBÜHLER. — Il parle des événements rapportés pages 38 et 39, monsieur le Président.

LE PRÉSIDENT. — Il serait beaucoup plus simple pour le Tribunal d'observer un certain ordre pour vos documents, au lieu de passer de la page 40 à la page 38.

KRANZBÜHLER. — Cela vient, monsieur le Président, de ce que l'on se sert de deux journaux de guerre.

Monsieur le Grand-Amiral, voulez-vous nous dire quelles mesures vous avez prises après le message d'Hartenstein disant qu'il avait été attaqué à plusieurs reprises lors des sauvetages ?

Accusé DÖNITZ. — Je me suis longtemps demandé si, après ces expériences, je ne devais pas cesser tout sauvetage, ce qui, du point de vue militaire, eût été plus normal, car l'attaque montrait clairement ce que risquaient les sous-marins.

Cette décision fut rendue particulièrement difficile du fait que je reçus un coup de téléphone de l'état-major d'opérations navales, disant que le Führer désirait que je ne risque aucun sous-marin lors des sauvetages et que je n'en appelle pas d'une zone d'opération éloignée. Une conférence très mouvementée eut lieu à mon état-major et, je m'en souviens très bien, je conclus cette conférence par ces mots : « Je ne puis jeter ces gens à l'eau ; nous continuons. »

Je savais naturellement que, lors des pertes suivantes, j'en porterais la pleine responsabilité. Que du point de vue militaire il fût vain de continuer ces sauvetages, c'est ce que me prouva le cas d'un autre bâtiment, le *U 506*, sous le commandement de Würdemann qui m'annonça, le lendemain je crois, qu'il avait été bombardé lui aussi.

KRANZBÜHLER. — Ce message, monsieur le Président, se trouve à la page 42 du journal de bord de Würdemann. C'est une note datée du 17 septembre, à 23 h 43. Il annonce : « Remise à l'*Annamite* effectuée. » (Il s'agit des naufragés.) Des détails suivent : « ... attaque par hydravion. Suis prêt à entrer en action. »

Accusé DÖNITZ. — Un troisième navire, celui de Schacht, le *U 507*, avait envoyé un radiogramme disant qu'il avait un certain nombre d'hommes à bord, et, en outre, qu'il remorquait quatre chaloupes contenant des Anglais et des Polonais.

KRANZBÜHLER. — Monsieur le Président, c'est le premier message, page 40.

Accusé DÖNITZ. — Là-dessus, je lui ordonnai naturellement de lâcher ces bateaux, car avec une telle queue il était impossible de plonger.

KRANZBÜHLER. — C'est le deuxième message de la page 40, monsieur le Président.

Accusé DÖNITZ. — Plus tard, il a envoyé un long radiogramme, concernant le ravitaillement des Italiens et des Anglais à bord.

KRANZBÜHLER. — C'est à la page 41, à 23 h 10. Je lis ce message :

« Remis cent soixante-trois Italiens à l'*Annamite*. » (L'*Annamite* était un croiseur français arrivé à la rescousse). Je continue : « Officier navigateur du *Laconia* et d'autres officiers à bord, sept bateaux de sauvetage, avec trois cent trente Anglais et Polonais, dont quinze femmes, seize enfants déposés au Qu. FE 9612. Femmes et enfants hébergés une nuit à bord. Repas chauds et boissons servis aux naufragés, ainsi que vêtements et soins dans la mesure du nécessaire. Quatre autre bateaux devant l'ancre flottante Qu. FE 9619. » Suivent d'autres détails sans intérêt.

Accusé DÖNITZ. — Comme je lui avais ordonné de détacher ces bateaux de sauvetage et comme il avait interprété ces prescriptions collectives comme des instructions venues après coup, il reçut alors l'avertissement dont le Ministère Public a conclu par erreur que j'avais interdit le sauvetage des Anglais. Ce qui prouve bien que je n'ai pas donné un tel ordre, c'est que je n'ai élevé aucune critique à la réception du message m'annonçant des sauvetages d'Anglais.

D'ailleurs, en fin de compte, j'eus l'impression que les Italiens furent les plus lésés dans le sauvetage ; cette impression était exacte, comme le démontre la proportion des hommes sauvés : sur 811 Anglais, 800 ont été sauvés, alors que sur 1 800 Italiens, 450 seulement ont été recueillis.

KRANZBÜHLER. — Monsieur le Grand-Amiral, je voudrais encore préciser les dates de tous ces événements. Le *Laconia* a été torpillé le 12 septembre. A quelle date ont eu lieu les attaques aériennes contre les bateaux de sauvetage ?

Accusé DÖNITZ. — Le 16.

KRANZBÜHLER. — Dans la nuit du 16 au 17 ?

Accusé DÖNITZ. — Le 16.

KRANZBÜHLER. — Le 16 septembre, c'est exact. Les opérations de sauvetage ont duré combien de jours ?

Accusé DÖNITZ. — Quatre jours.

KRANZBÜHLER. — Et furent poursuivies jusqu'à quand ?

Accusé DÖNITZ. — Jusqu'à la remise des naufragés aux navires de guerre français que nous avions prévenus.

KRANZBÜHLER. — Quel rapport y a-t-il entre le *Laconia* et l'ordre que le Ministère Public vous reproche comme un ordre de destruction ?

Accusé DÖNITZ. — Mon impression fut, à part le grand souci que j'avais quant aux sous-marins et la forte impression que me fit le peu d'aide rencontré chez les Anglo-Américains malgré la proximité de Freetown, que les sous-marins avaient dépassé depuis longtemps déjà le temps où ils pouvaient sans danger rester en surface ; le danger qu'ils couraient (les deux attaques aériennes l'ont démontré) était si grand que je devais, en tant que responsable, interdire le sauvetage, étant donné la présence constante et accablante — il n'y a pas d'autre expression — de l'aviation anglo-américaine. Ces deux attaques aériennes eurent lieu par beau temps, malgré l'importance visible des opérations de sauvetage, qui les rendaient bien plus faciles à déceler pour un avion que dans des conditions normales.

Je voudrais mentionner, à titre d'exemple, que tous les sous-marins qui avaient participé à cette action de sauvetage furent, lors de leurs sorties ultérieures, coulés par des attaques à la bombe. Il était en contradiction avec la raison la plus simple et les lois les plus élémentaires de la conduite de la guerre de s'exposer aux coups mortels de l'adversaire pour recueillir des naufragés.

KRANZBÜHLER. — D'après la conception du Ministère Public, monsieur le Grand-Amiral, vous auriez tout simplement utilisé cette occasion pour réaliser ce que vous désiriez depuis longtemps : à savoir la destruction des naufragés? Voulez-vous nous dire ce que vous en pensez.

Accusé DÖNITZ. — Je ne puis évidemment pas répondre à une telle accusation. Il y avait une alternative exclusive : recueillir les naufragés ou non. Or, tout ce qui précéda l'élaboration de cet ordre prouve que nous avons déployé tout notre dévouement pour les sauvetages et que nous avons été bombardés en le faisant. C'est également un fait que le commandement des sous-marins et moi eûmes à faire face à une pénible décision et que, du point de vue militaire, j'ai agi d'une façon répréhensible en adoptant la solution humaine. Je trouve que toute discussion est superflue devant cette évidence.

KRANZBÜHLER. — Monsieur le Grand-Amiral, je dois attirer votre attention sur la façon dont cet ordre est rédigé, d'où le Ministère Public tire ses conclusions. Je vous l'ai dit tout à l'heure, la seconde phrase contient ces mots : « Le sauvetage est en contradiction avec les lois les plus élémentaires de la conduite de la guerre, qui demande la destruction des navires ennemis et des équipages. » Que vouliez-vous dire par cette phrase?

Accusé DÖNITZ. — Cette phrase est évidemment une justification. Le Ministère Public déclare : « Vous auriez dû ordonner simplement que la sécurité et la supériorité de l'aviation ennemie ne le permettaient pas. » Cela, je l'ai toujours dit, mais comme nous venons de le voir, je l'ai dit quatre fois, dans le cas du *Laconia* et c'était un « disque usé », pour me servir de cette expression. Je désirais dès lors donner une raison générale excluant toute interprétation individuelle de la part des commandants, car l'expérience m'avait montré que, pour les raisons citées, on avait toujours tendance à considérer le navire en sécurité par beau temps, alors qu'il finissait par être perdu. Aucun commandant recueillant des naufragés n'était, à la fin, maître de ses décisions, comme l'a montré le cas du *Laconia*.

Par conséquent, dans aucune circonstance, absolument aucune, je n'ai voulu avancer le vieil argument qui donne au commandant la possibilité de dire : « Maintenant il n'y a plus de danger aérien », c'est-à-dire d'être lui-même juge en cette matière, de se tenir le raisonnement suivant : « Puisque le danger aérien ne le permet plus. » Cela, je ne le voulais pas. Je ne voulais pas qu'un de mes nombreux commandants, environ deux cents, se trouvât devant un tel dilemme. Je ne voulais pas dire non plus : « Si quelqu'un risque sa vie pour sauver un ennemi et qu'il est tué au cours de cette action, il y a là incompatibilité avec les lois élémentaires de la conduite de la guerre. » J'aurais pu le dire, mais je ne l'ai pas fait. C'est pourquoi j'ai fini par adopter cette formule.

LE PRÉSIDENT. — Vous n'avez pas mentionné cet ordre. Est-il indiqué à la page 36 de l'exposé du Ministère Public ou dans le livre de documents britannique?

KRANZBÜHLER. — Oui, monsieur le Président, page 36 du livre de documents britannique.

LE PRÉSIDENT. — On y mentionne deux ordres, n'est-ce pas?

KRANZBÜHLER. — C'est un seul ordre en quatre paragraphes.

LE PRÉSIDENT. — Il y a, de toute façon, deux paragraphes, paragraphe 1 et paragraphe 2, du 17 septembre 1942, n'est-ce pas?

KRANZBÜHLER. — Monsieur le Président, vous parlez certainement encore de l'extrait du journal de guerre du commandant des sous-marins, qui se trouve également page 36 du livre de documents.

LE PRÉSIDENT. — Ne serait-il pas préférable que vous lisiez la phrase dont vous parlez?

KRANZBÜHLER. — Je parle maintenant de la deuxième phrase de cet ordre du 17 septembre, qui figure à la page 36 du livre de documents britannique, sous le numéro 1.

LE PRÉSIDENT. — Bon.

KRANZBÜHLER. — La deuxième phrase dit : « Le sauvetage est en contradiction avec les lois les plus élémentaires de la conduite de la guerre, qui demandent la destruction des navires et des équipages ennemis. » C'est de cette phrase que parlait à l'instant l'amiral Dönitz.

LE PRÉSIDENT. — A la page 36, je vois un ordre : « A tous les commandants. » Le paragraphe 1 commence : « Aucune tentative de sauvetage d'aucune sorte ne doit être faite... » Est-ce le paragraphe que vous voulez dire?

KRANZBÜHLER. — Oui, c'est cela, il s'agit du deuxième paragraphe de cet ordre, Monsieur le Président. « Le sauvetage est incompatible avec les lois élémentaires de la guerre qui demandent la destruction des navires et des équipages ennemis. »

LE PRÉSIDENT. — Et le paragraphe suivant, 17 septembre 1942, paragraphe 2?

KRANZBÜHLER. — C'est justement ce que je voulais lui demander. C'est une note du journal de guerre que je voudrais aborder. (*A l'accusé.*) Monsieur le Grand-Amiral, je parle maintenant de votre note du 17 septembre 1942. La voici : « L'attention de tous les commandants est attirée sur le fait que les tentatives de sauvetage des équipages après torpillage des navires alliés sont en contradiction avec les lois les plus élémentaires de la conduite de la guerre. Les ordres concernant les capitaines et les officiers mécaniciens des bateaux restent en vigueur. »

LE PRÉSIDENT. — La traduction est différente de notre document. Vous avez dit : « ... après le torpillage des navires alliés. » Notre traduction porte : « ... faites en détruisant les bâtiments ennemis et en exterminant leurs équipages. »

KRANZBÜHLER. — Je crois qu'il faut entendre « en détruisant » et non « après le torpillage ».

Accusé DÖNITZ. — Cette inscription du livre de guerre se rapporte à ces quatre messages radio envoyés lors de l'affaire du *Laconia* et qui m'ont été confirmés.

KRANZBÜHLER. — Un instant, monsieur le Grand-Amiral. Veuillez, s'il vous plaît, expliquer au Tribunal comment le journal de guerre était rédigé? Qui le rédigeait? Vous personnellement? Sinon, qui?

Accusé DÖNITZ. — Si je ne dois rien cacher ici, je dois dire que la rédaction du journal de guerre était un point important pour moi, car je n'avais pas d'officiers suffisamment compétents pour s'en charger. Cette inscription — comme je l'ai supposé et comme on me l'a confirmé ici — a été faite par un ancien maître-timonier de la Marine, qui a essayé de résumer ici tous les ordres que j'ai donnés à cette occasion. Naturellement, je suis personnellement responsable de toute inscription, mais ces inscriptions n'ont eu aucune conséquence réelle. Ce sont mes ordres eux-mêmes qui ont été suivis.

KRANZBÜHLER. — Monsieur le Grand-Amiral, il me semble que l'essentiel est de savoir si cette inscription reflète réellement vos opinions, ou est-ce uniquement la rédaction d'un subalterne qui a cru bien faire?

Accusé DÖNITZ. — C'est la dernière supposition qui est exacte. J'ai réellement longtemps réfléchi pour savoir s'il fallait ou non renoncer à cette méthode, vu l'ordre de l'Etat-Major d'opérations, celui du Führer et la décision pénible qu'il me fallait prendre. Tous cela ne se trouve pas dans le journal de guerre.

KRANZBÜHLER. — Voulez-vous nous dire encore une fois ce que signifie cette inscription du journal de guerre : « Tout les commandants ont encore une fois l'attention attirée sur le fait que... »

Accusé DÖNITZ. — Je ne sais pas ce que cela veut dire. Mon chef d'Etat-Major, qui est ici, m'a dit que cela se rapportait aux quatre radiogrammes que j'avais envoyés, car avant l'affaire du *Laconia* aucune indication n'avait été donnée. « Encore une fois » signifie donc que c'était le cinquième radiogramme.

KRANZBÜHLER. — Monsieur le Grand-Amiral, l'ordre du 17 septembre 1942 était donc pour vous la conclusion de l'affaire du *Laconia* ?

Accusé DÖNITZ. — Oui.

KRANZBÜHLER. — A qui était-il adressé ?

Accusé DÖNITZ. — D'après mes premiers souvenirs, il n'était destiné qu'aux bâtiments qui opéraient en pleine mer. Nous avions des longueurs d'ondes différentes pour les diverses zones d'opérations : Atlantique nord, Atlantique centre, Atlantique sud. Car les autres unités qui se trouvaient en convoi où les manœuvres de sauvetage étaient exclues n'avaient que faire de cet ordre. Mais j'ai constaté, ou plutôt on m'a dit, que cet ordre avait été adressé à tous les bâtiments et qu'il avait été transmis sur toutes les longueurs d'ondes. Ce qui n'est pas un dommage non plus en la matière.

KRANZBÜHLER. — Vous avez dit ici que la raison fondamentale de tout cet ordre était le danger aérien sans cesse croissant. Si c'est exact, comment pouviez-vous, dans le même ordre, maintenir l'instruction de sauver les commandants et les officiers mécaniciens, comme le stipule le paragraphe 2 ?

Accusé DÖNITZ. — Entre des opérations de sauvetage qui entraînent l'arrêt des machines et le fait d'émerger rapidement pour recueillir un officier, il y a une grande différence du point de vue des risques encourus. En effet, le bâtiment reste ainsi prêt à faire face à toute alerte, alors que dans le premier cas cela devient impossible. Mais il est également clair que la prise des commandants était une action militaire qui m'avait été imposée par l'Etat-Major d'opérations et il est naturel, me semble-t-il, de s'exposer à un certain risque lorsqu'il s'agit non pas seulement de sauvetage de naufragés, mais de la capture d'officiers d'importance, ce qui représente un acte de guerre. D'ailleurs, je n'y attachais pas grande valeur, car je savais que l'avantage était maigre, sinon nul. Je me souviens très bien avoir demandé : « Pourquoi les recueillons-nous encore ? » Je sais que nous avons hésité à laisser lettre morte un ordre si général, dont le principe était pourtant juste. Le point important restait malgré tout que le risque, d'abord, était moins grand — au cours du sauvetage, le dispositif d'alerte était complètement abandonné — et qu'en second lieu, il s'agissait de la poursuite d'un but militaire de grande envergure.

KRANZBÜHLER. — Que veut dire la dernière phrase de l'ordre : « être dur » ?

Accusé DÖNITZ. — Etre dur vis-à-vis d'eux-mêmes. Je l'ai prêché à mes commandants de sous-marins, pendant cinq ans et demi, et en donnant cet ordre j'ai eu aussi l'impression qu'il était de mon devoir de leur expliquer, par un ordre très précis, mes craintes, mes soucis pour la sécurité des navires et la nécessité, en face de l'importance de l'aviation ennemie, d'interdire le sauvetage ; car il est clair, s'il faut tenir compte de la dureté de la guerre, de la nécessité de la sécurité de nos propres navires, qu'il y a aussi la tradition, le sentiment naturel du marin...

KRANZBÜHLER. — Nous avons entendu ici la déposition du capitaine de corvette Möhle. Il a déclaré qu'il avait mal compris cet ordre, qu'il avait cru qu'il fallait tuer les naufragés et qu'il avait donné des instructions dans ce sens à certains commandants de sous-marins.

Accusé DÖNITZ. — Möhle est...

KRANZBÜHLER. — Un instant, monsieur le Grand-Amiral, je voudrais d'abord poser une question. En votre qualité de Commandant en chef, ne devez-vous pas prendre la responsabilité d'une mauvaise interprétation de vos ordres ?

Accusé DÖNITZ. — Oui, je porte évidemment la responsabilité de tout ordre que j'ai donné, concernant sa forme et son contenu. Mais Möhle est le seul qui ait eu des doutes sur la signification de cet ordre. Je regrette qu'il n'ait pas trouvé l'occasion d'en vérifier aussitôt l'interprétation en s'adressant soit à moi-même, qu'il pouvait voir n'importe quand, soit à l'un des nombreux officiers de mon Etat-Major qui ont travaillé à la rédaction de ces ordres, soit à son chef hiérarchique à Kiel.

Je suis convaincu que, chez les rares commandants de sous-marins auxquels il a fait part de ses doutes, cet ordre n'a pas eu de conséquences. S'il y en a eu, j'en porte naturellement la responsabilité.

.. ..

L'avocat KRANZBÜHLER. — La partie décisive de toute la lettre se trouve, je crois, au paragraphe 3. Je vais vous la lire :

« Pour des raisons psychologiques, il est presque impossible de donner aux équipages des sous-marins l'ordre d'attaquer les canots de sauvetage et les membres des équipages des navires coulés qui sont à la mer, car de tels ordres sont contraires à l'esprit de la Marine. On ne pourrait envisager de telles instructions que si elles aidaient à obtenir un succès militaire décisif. »

Monsieur le Grand-Amiral, vous-même avez parlé, à différentes reprises, de la dureté de la guerre. Etes-vous tout de même d'avis que les équipages de sous-marins ne pouvaient, du point de vue psychologique, exécuter de telles mesures, et pourquoi ?

Accusé DÖNITZ. — Nous savions dans la Marine que nous avions à mener une lutte très dure contre les grandes puissances maritimes. L'Allemagne n'avait pas d'autres armes que ces sous-marins. C'est pourquoi, dès le temps de paix, j'ai formé les équipages de cette arme sous-marine dans un esprit de pur idéalisme et d'amour de la patrie. C'était nécessaire et j'ai poursuivi cette éducation en établissant des contacts personnels très étroits avec les hommes à leurs bases. Il fallait obtenir un moral de combattant très élevé, sinon nous aurions été moralement désemparés par les durs combats et les pertes énormes qu'indique ce diagramme. Malgré ces pertes et les luttes qui se poursuivaient, nous sommes restés fermes, car il le fallait ; nous avons à maintes reprises comblé les brèches par l'arrivée de volontaires enthousiastes ou conscients du sérieux de l'heure, grâce à ce même moral élevé. Et jamais je n'aurais permis, même à l'époque la plus dure, qu'on donnât l'ordre à ces hommes de commettre des actes inhumains qui auraient porté atteinte à leur moral. A plus forte raison, je n'aurais moi-même jamais donné un tel ordre, car toute ma confiance était placée dans ce moral élevé, que je voulais maintenir à tout prix.

KRANZBÜHLER. — Vous avez dit que les sous-marins reçurent toujours un grand apport de nouveaux volontaires ?

Accusé DÖNITZ. — Pratiquement, nous n'avions que des volontaires.

KRANZBÜHLER. — Pendant la période des plus grandes pertes également ?

Accusé DÖNITZ. — Oui, même pendant cette période-là, à l'époque où chacun savait qu'à sa troisième sortie il serait certainement coulé.

KRANZBÜHLER. — Quelle était l'importance de ces pertes ?

Accusé DÖNITZ. — Si je m'en souviens bien, nous avons perdu au total 640 ou 670 unités.

KRANZBÜHLER. — Et combien d'hommes d'équipage ?

Accusé DÖNITZ. — Dans l'arme sous-marine, il y avait en tout 40 000 hommes. Sur ces 40 000 hommes, 30 000 ne sont pas revenus. Sur ces 30 000, 25 000 sont morts et 5 000 seulement ont été faits prisonniers. La majorité des navires coulés l'ont été au large, dans l'Atlantique, à la suite de bombardements aériens, et sans qu'il soit question de possibilité de sauvetage.

Mardi 16 juillet 1946 — Audience du matin.

L'avocat KRANZBÜHLER. — Je passe maintenant au second grief capital de l'accusation : l'exécution intentionnelle des naufragés. Il n'est dirigé que contre l'amiral Dönitz et non contre l'amiral Raeder. La base juridique du traitement des naufragés est contenue, pour les navires qui bénéficient de la protection du Protocole de Londres de 1936, dans le texte même du Protocole. Il y est ordonné de mettre en sûreté l'équipage et les passagers, avant de couler le navire. On l'a fait aussi du côté allemand et la divergence d'opinion avec l'accusation ne porte que sur la question déjà traitée de savoir quels sont les navires qui bénéficient de la protection du Protocole et ceux qui en sont exclus.

Pour tous les navires qui n'en bénéficient pas, le torpillage doit être considéré comme une opération de combat. Dans ce cas, ce sont les accords de La Haye sur l'application des accords de Genève sur la guerre sur mer du 18 octobre 1907 qui forment la base juridique, quoiqu'ils n'aient pas été ratifiés par la Grande-Bretagne. D'après ceux-ci, les deux adversaires doivent, après chaque combat, prendre les dispositions pour rechercher les naufragés, dans la mesure où les buts militaires le permettent. En conséquence, il vaut également pour les sous-marins allemands, le principe selon lequel on doit prêter assistance aux naufragés des vapeurs coulés sans avertissement, à condition : 1° que le sous-marin ne soit pas mis en danger ; 2° que cela n'empêche pas l'exécution des missions militaires. Ces principes sont universellement reconnus.

.. ..

Cette situation a été modifiée par l'ordre du 17 septembre 1942 par lequel l'amiral Dönitz interdisait en principe les opérations de sauvetage. Voici les phrases décisives :

« Il ne doit plus y avoir de tentatives de sauvetage de membres des équipages des navires coulés. Le sauvetage est contraire aux exigences primitives de la guerre de destruction des navires et des équipages ennemis. »

L'accusation conteste qu'il s'agisse ici, en réalité, d'une interdiction de sauvetage. Elle fait de cet ordre une invitation dissimulée à tuer les naufragés et la presse du monde entier l'a publié comme un ordre d'assassinat. Si tant est que dans ce procès un reproche soit réfuté, il me semble que c'est l'interprétation ignominieuse de cet ordre.

Dans quelles conditions cet ordre a-t-il été donné ?

Depuis juin 1942, le chiffre des pertes des sous-marins allemands, causées par l'aviation alliée, est monté en flèche et a sauté d'une moyenne de quatre ou cinq bâtiments par mois à dix, onze, treize par mois et finalement jusqu'à trente-huit en mai 1943. Les ordres et les mesures se succédaient au commandement de flotte sous-marine pour parer à ces pertes. Ils ne donnaient aucun résultat et chaque jour apportait de nouvelles informations sur les attaques aériennes et les pertes d'unités. C'est dans ces circonstances qu'on annonça le torpillage du transport de troupes britannique *Laconia*, pourtant fortement armé, qui avait à son bord quinze cents prisonniers italiens, mille hommes d'équipages alliés et quelques femmes et enfants. L'amiral Dönitz retira plusieurs sous-marins des opérations en cours, pour les envoyer au secours des naufragés et sans faire aucune différence entre Italiens et Alliés. C'est là qu'il fut d'emblée préoccupé par le danger aérien. Tandis que les jours suivants les sous-marins opéraient avec dévouement des sauvetages, remorquaient des bateaux, distribuaient du ravitaillement, ils ne recevaient pas moins de trois avertissements de la part de leur commandant en chef d'avoir à être prudents, à se partager les rescapés et à être prêts à tout moment pour la plongée. Ces avertissements demeurèrent sans résultat. Le 16 septembre, l'un de ces sous-marins, qui, battant pavillon de la Croix-Rouge, remorquait plusieurs canots de sauvetage, fut attaqué et gravement endommagé par un bombardier allié, un canot de sauvetage fut atteint et il y eut des pertes parmi les naufragés. A l'annonce de ces nouvelles, le commandant en chef fit, au cours de la journée suivante, trois appels radiophoniques enjoignant l'ordre de faire une plongée d'alerte dès qu'il y aurait danger et de ne compromettre en aucun cas la sécurité du bord. De nouveau, aucun résultat. Le soir de ce même jour, le 17 septembre 1942, le second des sous-marins annonça qu'il avait été surpris par un avion au cours de l'opération de sauvetage et qu'il avait été attaqué à la bombe.

En dépit de ces expériences et d'un ordre exprès, venu du Quartier Général du Führer, de n'exposer en aucun cas les bâtiments, l'amiral Dönitz ne fit pas suspendre les opérations de sauvetage, mais ordonna de les poursuivre jusqu'à ce que les naufragés fussent recueillis par les bâtiments français envoyés pour leur porter secours. Mais cette affaire fut une leçon. Par suite de la surveillance aérienne exercée par l'ennemi sur tous les théâtres maritimes d'opérations, il était désormais impossible d'opérer des sauvetages sans mettre les sous-marins en péril. Il ne servait à rien de continuer à enjoindre aux commandants des sous-marins de n'entreprendre un sauvetage que s'ils n'exposaient pas leurs navires, l'expérience antérieure l'avait démontré. En effet, de nombreux commandants, dans leur mouvement humain à porter secours, commettaient l'erreur de sous-estimer le danger aérien. Il faut à un sous-marin, dont le pont est évacué, au moins une minute pour plonger en cas d'alerte, temps pendant lequel un avion parcourt 6 000 mètres. Cela signifie pratiquement qu'un sous-marin occupé à des mesures de sauvetage ne peut pas plonger à temps pour échapper à un avion arrivant dans son champ visuel. Telles ont été les raisons qui incitèrent l'amiral Dönitz, immédiatement après la conclusion de l'affaire du *Laconia*, à interdire en principe toute mesure de sauvetage. Cette formule correspondait au désir d'éliminer toute liberté d'appréciation chez les commandants et de supprimer toute idée que, dans les cas isolés, il fallait d'abord examiner les dangers aériens, puis, le cas échéant, procéder au sauvetage.

.. ..

Comment le Ministère Public peut-il en venir dès lors à voir dans cet ordre un ordre d'assassinat ? Son point de départ est la conversation qui eut lieu en janvier 1942 entre Hitler et l'ambassadeur japonais Oshima, au cours de laquelle Hitler laissa entrevoir son intention de donner à des sous-marins l'ordre de tuer les survivants des navires coulés. Cette intention, conclut l'accusation, a été sans aucun doute réalisée par Hitler, et l'amiral Dönitz l'a exécutée en donnant l'ordre *Laconia*. En fait, le Führer avait, à l'occasion d'une conférence sur des questions de sous-marins que les deux amiraux devaient faire au mois de mai 1942, suggéré d'agir activement à l'avenir contre les naufragés, c'est-à-dire de tirer sur eux. L'amiral Dönitz s'est immédiatement opposé à un tel procédé, jugeant qu'il était totalement irréalisable ; le Grand-Amiral Raeder lui a donné son accord sans restriction. Les deux amiraux considéraient que le seul moyen licite d'augmenter les pertes pour les équipages était l'amélioration des torpilles. Devant la résistance des deux amiraux, Hitler renonça à son projet, et on ne donna, à la suite de cette conférence, aucun ordre concernant les naufragés et, à plus forte raison, prescrivant de les supprimer...

La déposition du capitaine de corvette Möhle est plus sérieuse. Car celui-ci, et aucun doute n'est permis à ce sujet, a fait tout au moins entendre à plusieurs commandants de sous-marins que l'ordre du *Laconia* exigeait ou permettait pour le moins la mise à mort de naufragés. Möhle ne tenait cette interprétation ni de l'amiral Dönitz lui-même, ni de son chef d'Etat-Major, ni de son premier collaborateur, le capitaine de frégate Hessler, donc des seuls officiers qualifiés pour transmettre une telle interprétation à un commandant de flottille. Il me semble qu'il n'a pas été établi clairement, au cours de ce procès, comment Möhle est arrivé à son interprétation... En tout cas, il est prouvé que l'amiral Dönitz et son Etat-Major n'ont ni donné de telles instructions, ni n'en ont eu la moindre connaissance...

TRIBUNAL MILITAIRE INTERNATIONAL DE NUREMBERG

Crimes de guerre.

Dönitz est accusé d'avoir mené une guerre sous-marine totale contrairement aux règles fixées par le Protocole naval de 1931 que l'Allemagne avait accepté et qui posait une fois de plus les règles de la guerre sous-marine, telles qu'elles étaient énoncées dans l'accord naval de Londres en 1930...

Il a été également soutenu que des sous-marins allemands non seulement n'observèrent pas les stipulations du Protocole relatives aux sommations et au sauvetage, mais que Dönitz ordonna délibérément d'exécuter les survivants des navires naufragés, qu'ils fussent ennemis ou neutres. Le Ministère Public a fourni de nombreux documents relatifs à deux ordres de Dönitz, l'ordre de guerre n° 154, datant de 1939, et l'ordre concernant le *Laconia*, datant de 1942. La défense allègue que ces ordres, ainsi que les documents qui s'y rapportent, ne révèlent pas l'existence d'une telle politique, et a fourni un grand nombre de preuves contraires.

Le Tribunal estime qu'au cours des débats il n'a pas été établi avec une certitude suffisante que Dönitz ait ordonné délibérément l'exécution des naufragés survivants. Il n'est pourtant pas douteux que ces ordres étaient ambigus et que Dönitz encourt, de ce fait, de graves reproches. Ce qui est prouvé cependant, c'est que les stipulations relatives au naufrage ne furent pas observées et l'accusé ordonna qu'elles ne le fussent pas. L'argument présenté en réponse par la défense est que, suivant une règle maritime primordiale, la sécurité du sous-marin l'emporte sur le sauvetage rendu impossible par suite du développement de l'aviation.

Il peut en être ainsi, mais le Protocole est explicite. Aux termes de ce dernier, un commandant de sous-marin ne peut couler un navire marchand que s'il est en mesure d'opérer le sauvetage de l'équipage; sinon, il doit le laisser passer sain et sauf devant son périscope.

Dönitz est donc, par les ordres qu'il a donnés, coupable de violation du Protocole. Vu les faits, vu en particulier un ordre de l'Amirauté britannique en date du 8 mai 1940, suivant lequel tous les bateaux naviguant de nuit dans le Skager-rak devaient être coulés, et vu les réponses données par l'amiral Nimitz aux questionnaires qui lui furent adressés et indiquant qu'une guerre sous-marine sans restriction fut menée par les Etats-Unis dans l'océan Pacifique, dès le premier jour de leur entrée en guerre, Dönitz ne peut être condamné pour violation du Droit international en matière de guerre sous-marine.

CONCLUSION

Le Tribunal déclare :
Que l'accusé Dönitz n'est pas coupable des crimes visés par le premier chef de l'acte d'accusation [1].
Que l'accusé Dönitz est coupable des crimes visés par les deuxième et troisième chefs de l'acte d'accusation.

CONDAMNATIONS

Selon l'article 27 du Statut, le Président du Tribunal militaire international a prononcé à l'audience finale du 1er octobre 1946 les condamnations des accusés désignés comme coupables de l'acte d'accusation.

.. ..

« Accusé Karl Dönitz, suivant les chefs de l'Acte d'Accusation dont vous avez été reconnu coupable, le Tribunal vous condamne à dix ans d'emprisonnement... »

---

1. Acte d'accusation :
   1° Plan concerté ou complot.
   2° Crimes contre la paix.
   3° Crimes de guerre.

DOCUMENT 7

L'INSTRUCTION «LACONIA[1]»

Dans la marine de guerre allemande, conformément à la Convention de Genève d'octobre 1907, l'assistance aux naufragés était autorisée et ordonnée lorsque l'opération ne mettait pas en péril le bâtiment allemand, et qu'elle ne risquait pas d'entraver l'accomplissement de sa mission. Par conséquent, le sauvetage, évident devoir d'honneur, supposait la fin de l'engagement. Il ne fallait donc même pas songer au sauvetage tant que durait la bataille, ni même tant que d'autres actions navales restaient possibles.

La question de savoir si l'action devait être considérée comme terminée, et si la sécurité du bâtiment permettait de procéder au sauvetage, était laissée à la seule appréciation de chaque commandant d'unité.

Les mêmes principes étaient en vigueur dans les flottes d'autres puissances.

En s'inspirant de cette ligne de conduite, des sous-marins allemands, pendant les premières années de la guerre, se portaient fréquemment au secours des naufragés.

En 1942, cependant, donc au cours de la troisième année de la guerre, la situation dans l'Atlantique avait brusquement évolué : à présent, il devenait impossible de considérer un engagement naval comme définitivement terminé. Presque partout dans l'espace atlantique, il fallait constamment s'attendre à l'apparition soudaine d'avions ennemis. Danger particulièrement redoutable pour le sous-marin qui, pour plonger, a besoin d'une minute environ ; or, étant donné l'énorme vitesse des avions modernes, ce bref laps de temps suffit à l'appareil pour arriver à la verticale du submersible, à moins que celui-ci ne l'ait aperçu à temps, c'est-à-dire à l'extrême limite de visibilité. De plus, le sous-marin ne

---

1. L'amiral Dönitz a remis à l'auteur de cet ouvrage ce dernier plaidoyer. Nous le publions en laissant au lecteur le soin de se faire une opinion sinon de juger.

peut plonger rapidement que lorsqu'il est en marche, et que le nombre des marins montés sur le pont ou dans le kiosque reste assez réduit pour permettre une descente rapide dans la coque. En d'autres termes, le submersible qui, ayant fait surface, a stoppé ses machines, ce qui est indispensable pour procéder au sauvetage des naufragés, et dont une grande partie de l'équipage se trouve à l'extérieur, ne se trouve plus en état d'alerte. Il est donc livré aux attaques aériennes.

Au cours de la seconde moitié de l'année 1942, l'intensité croissante de la surveillance aérienne dans tous les secteurs maritimes me causait de graves soucis. Dans mon Journal de Guerre, à la date du 21 août 1942, donc immédiatement avant l'affaire du *Laconia*, j'exposai ce danger croissant pour en tirer la conclusion suivante : « Si cette aggravation de nos difficultés sur mer doit aller en s'accentuant, il en résultera nécessairement des pertes élevées au point de devenir intolérables, ainsi qu'une diminution de nos succès et, partant, de nos chances de remporter une victoire décisive par la guerre sous-marine. »

La situation dangereuse des submersibles, qui, à tout instant, devaient s'attendre à une attaque, se reflète également dans d'autres passages du Journal de Guerre où, du 2-14 septembre 1942, il est à plusieurs reprises fait mention d'interventions aériennes contre nos sous-marins, d'appareils ennemis aperçus par nos vigies et de pertes de bâtiments bombardés. Ces passages furent cités, par le juge de la Marine Kranzbühler, au procès de Nuremberg (voir IMT, vol. XIII, p. 131).

Malgré cette aggravation constante de la situation qui excluait pratiquement la phase de l'engagement clos et terminé, l'opportunité du sauvetage des naufragés était, comme par le passé, laissée à l'appréciation des commandants d'unité.

Ce fut dans ces conditions qu'eut lieu, le 12 septembre 1942, le torpillage du *Laconia*, dans l'Atlantique, au sud de l'équateur. Le *Laconia* était un transport de troupes, armé, selon le registre officiel britannique, de quatorze canons. Le torpillage était donc justifié ; il ne fut d'ailleurs jamais critiqué. A bord, se trouvaient huit cent onze Anglais, dont des soldats permissionnaires accompagnés de femmes et d'enfants, ainsi que mille huit cents prisonniers de guerre italiens gardés par des Polonais.

Après le torpillage, le commandant du sous-marin, conformément à la règle traditionnelle, se demande si l'engagement devait être considéré comme terminé, et s'il avait le droit et la possibilité de procéder au sauvetage. Ayant répondu à ces questions par l'affirmative, il entama l'opération de sauvetage et m'en informa.

De mon côté, ayant une plus grande expérience et une meilleure vue d'ensemble, je n'étais nullement certain que l'engagement fût vraiment terminé. A moi de prendre une décision : ou bien interdire le sauvetage, ce qui aurait été justifié sur le plan strictement militaire, ou bien l'autoriser, mais en soutenant l'opération de mon mieux. Ayant opté pour la seconde solution, bien que celle-ci m'obligeât à renoncer à plusieurs autres missions, j'entrepris une opération qui allait permettre le sauvetage d'environ huit cents Anglais sur huit cent onze, et de quatre cent cinquante Italiens sur mille huit cents. J'interrompis une opération préparée de longue date au large du Cap pour diriger les sous-marins destinés à cette action sur les lieux du torpillage du *Laconia*. J'y expédiai également d'autres sous-marins stationnés dans l'Atlantique Sud.

Mes messages radio furent, comme toujours, enregistrés par la Direction des Opérations navales et, de ce fait, communiqués au G.Q.G. du Führer. L'amiral en chef, tout en approuvant ma décision, me fit savoir qu'en aucun cas les submersibles engagés dans le sauvetage ne devaient se trouver exposés à un danger quelconque. Hitler lui-même déclara que la mission des submersibles engagés devant Le Cap ne devait être ni retardée ni entravée, et que les sous-marins occupés au sauvetage ne devaient courir aucun danger.

Utilisant la longueur d'ondes internationale, nous informâmes le monde entier, en clair, du sauvetage entrepris par les sous-marins et réclamâmes des renforts.

Soucieux de la sécurité des sous-marins engagés dans cette action périlleuse, redoutant que la condition indispensable — la cessation de tout engagement — ne fût point remplie, j'instruisis à plusieurs reprises, par radio, les submersibles sauveteurs de rester à tout prix parés à plonger.

Ces mises en garde répétées devaient rester vaines. Le premier des sous-marins occupés au sauvetage avait déjà pris à bord deux cent soixante naufragés, chiffre vraiment énorme, et plusieurs canots également surchargés en remorque quand, le 16 septembre, un avion ennemi lança des bombes sur le bâtiment et au milieu des canots. L'un de ceux-ci chavira, et plusieurs naufragés se noyèrent. Le sous-marin fut endommagé, bien qu'il échappât à la destruction.

Lorsque j'en fus informé, il m'apparut que, du point de vue militaire, j'aurais vraiment eu le droit d'arrêter complètement le sauvetage. Ce fut certainement à juste titre que plusieurs membres de mon état-major préconisèrent cette solution. Je fus cependant incapable de m'y résoudre, ne pouvant décemment, pour employer mes propres paroles, « rejeter à l'eau les gens qu'on venait de repêcher ». Je continuai donc, tout en me rendant compte que la perte d'un seul sous-marin me vaudrait sans aucun doute, et très logiquement, le Conseil de Guerre.

De nouveau, j'ordonnai aux sous-marins de rester constamment parés à plonger.

La suite des événements devait me donner tort. Le 17 septembre, un second submersible, après avoir pris à bord cent quarante-deux naufragés dont des femmes et des enfants, fut bombardé par un appareil ennemi. Seule la vigilance des guetteurs permit au bâtiment d'échapper à la destruction. Les trois bombes éclatèrent alors que le sous-marin avait déjà atteint une profondeur de soixante mètres. Après cette attaque, nos sous-marins transférèrent les naufragés à bord de deux navires de guerre français.

De cette affaire, je pus tirer au moins une conclusion : plus jamais il ne fallait exposer des sous-marins aux dangers d'un sauvetage. L'omniprésence de l'aviation ennemie et son comportement l'interdisaient, à présent, de façon absolue. L'époque où l'on pouvait considérer une action isolée comme terminée était bel et bien révolue. Je ne pouvais plus laisser aux commandants d'unité l'appréciation des conditions de sécurité. Trop souvent, l'expérience avait montré que les commandants sous-estimaient le danger aérien. Du moment qu'aucun avion ennemi n'était en vue, la situation du sous-marin paraissait sans danger, pour devenir désespérée l'instant d'après, dès l'apparition d'un seul appareil. Par conséquent, la sécurité aérienne, supposée ou réelle, ne pouvait plus décider du sauvetage ou de l'abandon des naufragés.

Puisque j'étais obligé de retirer aux commandants de sous-marin leur pouvoir d'appréciation, je devais leur donner les raisons de cette mesure. Il fallait leur expliquer qu'il était illogique de détruire un navire ennemi avec son équipage pour, ensuite, s'efforcer de sauver le même équipage, bien que le combat n'eût point cessé et que le sauvetage exposât le submersible lui-même aux plus graves dangers — bref, d'agir contrairement aux principes admis dans toutes les marines de guerre.

Ce fut dans ce but que j'édictai ce qu'on appelle aujourd'hui « L'instruction LACONIA ». Dans ce texte, le terme « destruction de navires ennemis et de leurs équipages » s'applique à des navires ayant leur équipage à bord.

Il est hors de doute que les équipages des bâtiments de commerce alliés étaient des combattants, qu'ils faisaient donc, normalement et en droit, l'objet d'actions offensives. Les navires de commerce étaient équipés de canons et de grenades sous-marines, leurs marins avaient reçu une instruction spéciale pour la lutte contre les sous-marins qu'ils combattaient en accord et en collaboration avec des soldats appartenant à leur marine de guerre et embarqués en supplément. De plus, les navires de commerce étaient entièrement intégrés au dispositif militaire de l'ennemi. (Dans la guerre sur terre, un civil qui offrirait une résistance active serait traité en franc-tireur.)

D'ailleurs, d'autres nations avaient adopté une attitude identique vis-à-vis du problème du sauvetage. Au procès de Nuremberg, l'amiral de la flotte Nimitz, commandant en chef de la Marine américaine, fit la déposition suivante : « D'une façon générale, les sous-marins des Etats-Unis renonçaient au sauvetage des naufragés du moment que cette opération les exposait à des risques inutiles et supplémentaires, ou encore lorsque le sauvetage empêchait le bâtiment d'accomplir une autre mission. » Or, de toute évidence, les sous-marins américains couraient bien moins de dangers dans les espaces beaucoup plus vastes du Pacifique et contre l'aviation japonaise nettement moins puissante, que les sous-marins allemands dans l'espace plus resserré de l'Atlantique et contre l'énorme aviation des deux principales puissances maritimes, aviation engagée à fond contre les submersibles allemands.

Ce ne furent pas les commandants d'unité allemands qui donnèrent une interprétation erronée de l'instruction *Laconia*, mais bien les représentants de l'accusation au procès de Nuremberg lorsqu'ils prétendirent que cet ordre tendait au massacre des naufragés.

La Cour Internationale n'a d'ailleurs pas retenu cette interprétation.

De même, au cours des milliers d'actions entreprises par les sous-marins allemands, il n'y eut pas un cas, à l'exception de l'affaire Eck, où un commandant se serait attaqué aux naufragés. Même dans l'affaire Eck, ce ne fut pas, d'après la déposition formelle du commandant, l'instruction *Laconia* qui l'incita à agir comme il le fit, mais le désir d'empêcher la découverte de son bâtiment. Ce fut dans cette intention qu'il « liquida » les débris du bateau torpillé, intention qui lui interdisait de ménager les naufragés.

Sur ce point, je me réfère aux documents présentés à Nuremberg. Ces documents établissent de façon certaine que, même après l'affaire du *Laconia*, j'ai refusé de combattre les naufragés.

J'estime d'ailleurs que le moral des sous-mariniers allemands n'aurait pu rester aussi élevé jusqu'à la fin de la guerre, et cela malgré des pertes effrayantes, si je leur avais demandé de commettre des actes criminels. Tous les ouvrages étrangers tant soit peu sérieux rendent justice à ce moral exceptionnel. Churchill, dans le dernier volume de ses Mémoires, termine le chapitre consacré à la guerre sous-marine par cette phrase : « Telle était la grandeur d'âme des sous-mariniers allemands. »

En ce qui concerne plus particulièrement l'affaire du *Laconia*, le capitaine S. W. Roskill, historien maritime britannique, essaya de justifier l'attitude de ses compatriotes qui, au lieu d'aider au sauvetage, bombardèrent nos submersibles en surface. Puis il ajouta : « Dans cette affaire, Dönitz et ses équipages ont sans doute largement le bon droit pour eux[1]. »

Une dernière preuve pour démontrer que le danger aérien était immense, que l'époque était révolue où, selon la tradition, on pouvait considérer l'engagement proprement dit comme terminé, que l'ordre de ne pas sauver les naufragés était nécessaire pour protéger nos propres submersibles : les trois sous-marins qui avaient participé au sauvetage des hommes du *Laconia* furent, dès leur prochaine mission, attaqués par l'aviation alliée et coulés avec leurs équipages.

---

1. Article paru dans le *Sunday Times* du 1er février 1959 : *Mystery of U.S. Plane's attack*.

TABLE DES MATIÈRES

Documents

Aubin Imprimeur
LIGUGÉ, POITIERS

Composition Charentes-Photogravure

Achevé d'imprimer en août 1988
No d'édition 31209 / No d'impression L 28057
Dépôt légal, septembre 1988
Imprimé en France